대승불교 시리즈 6

공과 중관

사이토 아키라 외 저
남수영 역

씨아이알

SERIES DAIJŌ BUKKYŌ 6- KŪ TO CHŪGAN
Supervised by TAKASAKI Jikidō
Compiled by KATSURA Shōryū, SAITŌ Akira, SHIMODA Masahiro, SUEKI Fumihiko

Originally published in Japan by Shunjusha Publishing Company
Korean translation rights arranged with Shunjusha Publishing Company
through BESTUN KOREA AGENCY

머리말

중관사상은 유가행유식사상과 함께 인도에서 대승불교사상의 한 날개를 담당하고 있다. 중관사상이란 문자 그대로 '중[도]를 관찰하는 사상'이라는 의미를 갖지만, 거기서 말하는 '중도'란 유有와 무無의 극단에 집착하는 잘못을 지적하고, 비유비무非有非無의 관점에서 연기를 설한 불타의 사상적 입장에서 유래한다. 따라서 인도불교사의 문맥에서는 '중관사상'이라고 하기보다는 '중도사상'이라고 부르는 것이 더 적절하고, 그 사상을 기초로 6세기에 성립한 중관학파에 대해서도 '중도학파'라고 부르는 것이 더 적절하다고 생각된다.

한편 유가행파의 기본적인 논서 가운데 하나가 『중변분별론』, 즉 '중[도]와 극단의 구별'이라는 제목을 가지는 것처럼, 비유비무의 중도는 학파의 구분을 넘어서 불교에 공통하는 전통적인 관점이다. 그런 의미에서 보면 대승불교 사상사에는 유가행유식파와 중관파 사이에 중도에 대한 정통 논쟁이라고 할 수 있는 사태가 있었다고도 생각할 수 있다. 그러므로 중도를 둘러싼 그와 같은 논쟁의 역사를 염두에 두고서, 중관이라는 호칭의 견고한 느낌과 정착도를 고려해서 본권에서는 '중관사상'이라는 전통적인 용어를 채용하였다.

『중관사상 中觀思想』(講座大乘佛教 7, 1982)이 출판된 후 어느덧 30년이 지났다. 그 사이에 다른 계통의 『중론』 게송 일부분, 『붓다팔리타주』의 일부분, 바비베카의 『중관심론』, 그리고 찬드라키르티의 『입중론』과 『명구론』 등 중요한 논서들의 산스크리트어 사본이 새롭게 발견되어 교정본의 출판과 주석적 연구에서 중요한 성과가 나타나고 있다. 또한 티벳어역과 한역에 근거한 상세한 분석적 연구도 주목할 만한 성과를 보이고 있다. 아울러 새롭게 발견되어 공개되고 있는 티벳어 자료는 특히 10세기 후반 이후 후전기 後傳期 티벳 중관사상의 연구에 큰 자극을 주고 있다.

본권은 이와 같은 근년 중관사상 연구의 전개를 고려하여, 최신의 연구 성과를 알기 쉽게 소개하면서, 그와 관련되어 있는 다양한 주제들에 대한 연구에 초점을 맞추었다.

제1장은 중관 Madhyamaka 사상이란 무엇인가를 고찰하면서, 중관사상사를 재고찰한다. 특히 종래의 연구가 중관사상사와 중관파의 사상사를 혼용했던 점을 비판적으로 고찰하고, 『중론』(=『중관론』)과 그에 대한 일부 주석 및 관련 논서들의 사상을 '초기 중관사상'이라고 부른다. 그것은 중관파 성립 이전의 『중론』을 중심으로 하는 사상이다. 그리고 학파로서의 중관파 Mādhyamika가 성립한 6-7세기경 중관파의 사상을 중기 중관사상, 유가행중관사상이 등장하는 8세기 이후 중관파의 사상을 후기 중관사상이라고 불러서 구분한다. 그리고 『중론』의 저자인 나가르주나를 전前 유가행파, 전前 중관파 시대에 대승 아비달마를 확립한 논사로 규정하는 것이 올바르다고 논한다.

제2장은 나가르주나 龍樹의 작품으로 전해진 『십이문론』(1권, 라집역)을 『중론송』, 『무외론』, 『청목주』, 『공칠십론주』, 『회쟁론』 등과 비교해서 연구하면서 상세한 분석과 고찰을 가했다. 본장은 종래에는 없었던 다각적인 관점에서의 검토를 통하여 『십이문론』의 내용적인 특색, 저자, 그리고 성립연대에 대하여 참신하고 설득력 있는 연구 성과를 도출하였다. 그에 따르면 『십이문론』은 라집 羅什이 편찬자로서 관여했던 '용수문헌군'('용수문헌군'이란 아리야데바로부터 붓다팔리타의 시기에 성립하여 용수에게 귀속되는 일군의 문헌들을 말한다 – 역자) 가운데 하나라고 한다.

제3장은 찬드라키르티의 중관사상에 초점을 맞추고 있다. 특히 찬드라키르티의 재세 연대, 저술, 이제설, 공성 논술의 방법, 실천론, 그리고 유식학파에 대한 대응이라는 여러 가지 중요한 관점들에 대해서 빠짐없이 고찰하고 있다. 찬드라키르티에게는 『입중론』, 『프라산나파다 明句論』, 『사백론주』 등의 중요한 저술이 남아 있다. 본장은 지금까지의 연구를 근거로 하면서, 찬드라키르티의 중관사상이 가지는 특색을 포괄적으로 부각시켜서 이해하기 쉽게 해설하고 있다.

제4장은 카말라실라의 중관사상, 특히 그의 무자성 無自性 논증 방법에 초점을 맞추었다. 논자는 카말라실라에 의한 무자성 논증이 경전의 의미까지 포함하여 기본적으로 다르마키르티의 논증 방법에 기초하고 있음을 자세히 설명한다. 그런 후에 무자성 無自性과 법무아 法無我라는 진실지 眞實知는 요가행자의 직접 지각에 의해서 이해된다고 하는, 수행론에도 깊이 관련되는 논증을 중심으로 다각도에서 고찰한다. 논자는 카말라실라가 다르마키르티의 무지각 無知覺을 이유로 하는 비존재 증명에 의거하면서도, 그것을 확대 적용함으로써 진실지가 요가행자의 자기 인식에 의해서 확정된다는 논증을 이끌어냈다고 말한다.

제5장은 『이제분별론게』와 『이제분별론』을 중심으로 해서 즈냐나가르바의 중관사상, 특히 그의 이제설 二諦說을 자세히 설명한다. 즈냐나가르바에 의하면 이제란 '일체의 희론을 떠나고, 언어 표현을 결여한 것'이라고 정의되는 승의제 勝義諦와 '현현한 그대로의 것'이라고 규정되는 세속제 世俗諦이다. 세속제는 또 현실의 물과 같이 '효과적 작용을 가진 것'과 아지랑이의 물처럼 물로서의 '효과적 작용을 갖지 않은 것'으로 구별되고, 그것은 각각 정세속 正世俗과 사세속 邪世俗이라고 부른다. 그가 제시하는 '효과적 작용 능력의 유무 有無'라는 기준은 일반적으로 다르마키르

티에서 유래한다고 이해되고 있다. 한편 동론同論에서 '논리'는 승의와 세속의 양의兩義적인 의미가 부여된다. 논자는 그런 점에서 즈냐나가르바의 사상에서 바비베카와 다르마키르티의 영향을 엿보는 것이 가능하다고 말한다.

제6장은 후전기後傳期에 티벳불교의 부흥에 힘썼던 아티샤, 즉 디팡카라슈리즈냐나의 중관사상에 초점을 맞추고 있으며, 특히 『보리도등세소』를 중심으로 아티샤의 사상적인 특색을 설명한다. 그중에서도 아티샤의 찬드라키르티와 바비베카에 대한 평가와 함께, 아티샤의 이제설을 중·후기 중관사상을 대표하는 여러 논사와 비교함으로써 넓은 시야에서 재고찰한다.

제7장에서는 티벳의 중관사상 해석사解釋史를 인도의 중관사상사를 염두에 두면서, 중관파에 있어서 주장 명제의 유무有無, 부정의 의미, 이제설과 연기, 공과 승의에 대한 견해 차이 등에 대한 논점과 그 배경을 자세히 설명한다. 티벳불교의 후전기後傳期 초기初期(10-13세기)의 사상적 상황에 대해서는 카담파와 관련된 일차 자료가 차례로 공개되어 연구가 진행되고 있다. 본장은 그 성과들을 반영하면서 티벳의 중관사상에서 발견되는 몇 가지 특색들을 부각시키고 있다.

제8장은 중국의 중관사상, 특히 삼론 교학을 대성한 길장吉藏(549-623)의 중관사상에서 발견되는 특색을 논한다. 그와 함께 길장이 '비유비무의 중도'를 중시하는 라집羅什과 청목靑目의 '이변중관설離邊中觀說'적인 중관사상에 입각해 있다는 것, 그의 이제 해석이 '사중이제설'로 특징지어진다는 것, 그리고 그가 『중론』「관사제품」의 제32송에서 불성설佛性說을 포착하거나, 『중론』에서 『법화경』과 『열반경』에 상응하는 교설을 포착하는 점 등을 둘러싸고 비판적인 고찰을 가하고 있다.

이상과 같이 이 책은 인도, 티벳, 중국의 중관사상의 전개를 시야에 두고서, 각각 근년의 중요한 연구 성과를 반영하면서 고찰을 행하고 있다. 바비베카 등 여러 논사와 그들의 저술에 대한 근년의 연구 성과를 반영한 고찰은 남겨져 있지만, 금후 중관사상 연구의 심화와 발전을 향한 최신의 성과를 시야에 넣고자 하는 시도를 통해서 하나의 이정표를 제시했다고 생각된다. 집필자 여러분께 깊은 감사를 표한다.

2012년 11월

사이토 아키라(齋藤明)

목차

제1장

중관사상의 성립과 전개
용수의 사상사적 위치를 중심으로

사이토 아키라

1.
머리말

중관사상은 일반적으로 나가르주나 龍樹(150-250년경)가 확립한 중관학파의 사상이라고 말해진다. 티벳의 전승에서 나가르주나는 제자인 아리야데바 聖提婆(170-270년경)와 함께 중관학파를 기초 지은 이른바 개조 開祖의 위치에 놓여 있다. 한편 『중론』, 『백론』, 『십이문론』을 중시하고, 길장 吉藏(549-623)이 그 교학을 대성한 중국의 삼론학파에서도, 『중론』과 『십이문론』의 저자인 용수는 『백론』의 저자인 아리야데바와 함께 중관의 사상을 설한 논사라는 의미에서 문자 그대로 중관사상의 확립자이다.

이상과 같이 중국과 티벳에 전해진 중관사상을 중심으로 한 전승에는 큰 문제가 없다. 그러나 인도불교사상사에서 나가르주나의 역할과 위치를 고찰해보면 하나의 문제가 발생한다. 그것은 역사적으로, 혹은 사상사적인 관점에서 볼 때, 나가르주나를 중관학파의 조사 祖師로 보는 것이 옳은가 그렇지 않은가 하는 문제이다.

나가르주나는 스스로를 초기 반야경전의 사상을 해명하고, 공의 논증에 노력한 공성론자 空性論者라고 말한다.[1] 그러나 실제로 중관파 Mādhyamika라는 호칭을 처음으로 분명하게 사용했던 것은 나가르주나가 아니라 바비베카 淸辯(490-570년경)이다.[2] 그것은 다만 단순한 명칭의 문제에 머물지 않는다. 대승불교 사상사에서 나가르주나와 아리야데바의 영향은 매우 커서, 현존하는 주석 문헌에 한정한다고 해도, 아상가 無着(395-470년경)와 스티라마티 安慧(510-570년경)는 나가르주나의 『중론』에 대한 주석을 지었고, 다르마팔라 護法(530-561)는 아리야데바의 『사백론』 후반부에 대한 방대한 주석인 『대승광백론석론』을 남겼다. 아상가와 바수반두 世親(400-480년경)로 대표되는 초기 유가행파도 나가르주나의 『중론』을 바탕으로 하여, 설일체유부로 대표되는 전통 부파와 교리적 논쟁, 비판적 섭취, 그리고 상호영향을 거쳐서 유식학설을 포함하는 사상을 형성하였다.

초기 유가행파에서 사용되었던 논서 가운데 『보살지』는 나가르주나가 설한 공사상과 이제설, 그리고 번뇌의 근원으로 간주되는 분별과 개념[화], 즉 확산(=戲論)의 이론을 부각시켜서, 오사설 五事說과 삼성설 三性說이라는 유가행파의 주요 교리를 형성하는 데 큰 역할을 하였다.[3]

본장에서는 이와 같은 문맥을 고려하여, 나가르주나를 초기 팔천송계 『반야경』을 근거로 하여 대승의 아비달마[4]를 기초 지은 논사로 규정하는 것이 타당한가에 초점을 맞추면서, 중관사상의 성립과 전개를 재고찰하고자 한다. 먼저 중관사상의 의미를 확인한 후에, 중관사상사를 티벳의 전통적인 학설강요서의 관점, 역사적 문헌사적인 관점, 그리고 철학적 사상사적인 접근이라는 세 종류의 관점에서 바라봄으로써 나가르주나의 위치를 재고찰한다. 그런 후에 특히 철학적 사상사적인 관점에서 『중론』이 초기 유가행파의 사상 형성에 어떻게 관여했던가에 초점을 맞추어 구체적인 몇 가지 술어의 의미를 중심으로 고찰을 가해보고자 한다.

2.
중관사상이란 무엇인가?

중관사상이란 '중도를 관찰하는 불교의 사상'을 말한다. 그러므로 그것은 초기

불교에서 유래하는 비유비무 非有非無의 중도설을 기초로 하는 불교사상(=중도사상)을 확대한 것이 되지만,[5] 일반적으로 '중관사상'은 용수의 '『중관론』, 즉 『중론』에 입각한 사상', 혹은 그런 흐름을 형성한 학파인 '중관파의 사상'이라는 의미로 사용되었다. 그러므로 본장에서는 그와 같이 『중론』에 입각한 사상을 초기(2-5세기) 중관사상이라 부르고, 6세기 전반 학파로서 성립한 이후 중관파의 사상을 중기 중관사상, 그리고 8세기 이후 샨타락시타 寂護(725-784년경)와 카말라실라 蓮華戒(740-797년경)를 중심으로 한 중관파의 사상을 후기 중관사상으로 부르고자 한다.

초기 중관사상은 중관파의 성립 이전으로서, 용수의 『중론』과 그에 대한 논서 및 초기의 『중론』 주석서에 의해서 특징지어지는 시대이다. 한편 중기와 후기는 티벳의 전승에 따르면 중관파가 학파로서 성립하여, 바비베카에 의해 형성된 경부중관파 經部中觀派와 샨타락시타와 카말라실라를 중심으로 하는 유가행중관파 瑜伽行中觀派의 학설이 성립한 시대를 말한다.[6]

한편 바비베카의 『중론』에 대한 주석 방법과 내용을 비판하고, 『중론』과 『사백론』 등에 대한 방대한 주석을 지은 찬드라키르티 月稱(600-650년경)는[7] 이후 티벳의 전승에서는 종종 귀류논증파의 개조로 간주된다. 그러나 그의 인도에서의 활동은 분명하게 밝혀져 있지 않다. 또한 찬드라키르티가 『중론』에 대한 8대 주석자 가운데 한 사람이라는 전승도 있지만,[8] 실제로 그의 영향이 현저하게 나타난 것은 아티샤(982-1054), 니마닥(1055-?), 자야난다(11세기경)가 활약한 11세기 이후이다.

그러나 여기서는 우선 '중관사상'이라고 할 때의 '중관 中觀'의 의미를 재고찰하고자 한다. '중관'이란 문자 그대로 '올바른 견해'로서 불교가 전통적으로 중시했던 '중'(中, madhya, majjha)과 '중도'(中道, madhyamā pratipat, majjhimā paṭipadā)에 대한 관찰을 의미한다.[9] 나가르주나도 『중론』에서 『가전연경』에서 발견되는 비유비무의 중도설을 언급하면서 중도설을 중시하였다. 나중에 티벳에서 『반야론』 혹은 『근본반야론』이라고도 불렀던 나가르주나의 주저는 청목의 주석에 대한 구마라집의 번역에서 발견되는 것처럼, 오래전부터 『중론』이라는 호칭으로 불려졌다. 찬드라키르티도 『중론』의 주석인 『명구론 *Prasannadapā*』의 끝부분에서 그 논서를 『중론 *Madhyamaka-śāstra*』이라고 부르고 있다.

근현대 동아시아 연구자들이 전통적으로 사용하였던 '중관'이라는 호칭은 『중론』이 때때로 『중관론』이라고 불려졌던 것에서 유래한다. 구마라집의 제자인 담영曇影은 『중론』의 서문에서 당시 이미 『중관론』이라는 별칭이 있었음을 전하면서, '관觀은 마음을 밝히고, 론論은 말을 밝힌다.'라고 하여 '관觀'이라는 글자의 의미를 설명하고 있다.[10]

'중관'에 대응하는 인도어는 일반적으로 '마디야마카 Madhyamaka'이고, 티벳어로는 '우마 dBu ma'인데, 이것은 '중도의 학설을 설하는 논서와 사상의 입장'을 표명한다. 이 '마디야마카'라는 말은 '중 中'을 의미하는 '마디야 madhya'에 접미사인 '마 ma'와 '카 ka'가 부가된 파생어이다.

바비야는 이 '마디야마카'의 의미에 대해서 『중관심론』에 대한 자주 自註라고 말해지는 『논리의 불꽃』에서 『중관심론』의 마지막 게송을[11] 주석하면서 다음과 같이 설하고 있다.

[A] [유와 무라는] 두 개의 극단을 떠나 있다는 점에서 '마디야(中, madhya)'와 같기 때문에 '마디야마 madhyama'이다. 요컨대 '마디야'가 곧 '마디야마'이기 때문에

[어간] 그 자신의 의미를 ['마 ma'라는] 2차 접미사가 표시하고 있다.

[B] 중도 madhyamā pratipat를 설하고 주장하기 때문에 '카 ka'라고 말한다. 요컨대 '카 ka'라는 어근의 말이 있을 때, '마디야마카 샤스트라'(=중도를 설하는 논서), 혹은 '마디야마카'라는 명칭을 [합성어의 일부로] 가지는 사람, 그 [양자]가 '마디야마카'이다. 혹은 또 '카'는 명사를 표시하는 것으로서 '마디야마카'라고 불려진다. 즉 '마디야마카 싯단타'(madhyamaka-siddhānta 中道定說)이다.[12]

이와 같은 바비야의 설명은 중관파라는 학파 성립 이후의 '마디야마카'에 대한 이해로서 다음과 같은 점에서 흥미롭다. [A]에서 바비야는 '마디야'와 '마디야마' 사이에 의미상의 차이는 없으며, 그것은 '마디야'인 [도道], 즉 '중[도]'를 의미한다고 말하고 있다. 그것은 초기불교 이래의 전통에 따른 이해라고 할 수 있다.

[B]에서 바비야는 '마디야마카 madhyamaka'의 두 가지 유형과 세 가지 용례를 설명하고 있다. 그는 첫 번째 유형에서 접미사 '카'를 동사 어근 √kath(=말하다)와 관련시켜서 '중도를 설명하는 논서', 혹은 '중도를 주장하는 사람'이라는 두 종류의 용례를 설명한다. 접미사 '카'에 대한 어원적 설명의 타당성은 어찌됐든, 그 가운데 첫 번째는 '마디야마카'를 '중도를 설한다.'라는 의미를 가지는 형용사로 이해하여 '마디야마카 샤스트라 madhyamaka-śāstra', 요컨대 '중도를 설하는 논서'의 용례에 적용시킨다. 두 번째 용례는 제시되지 않지만, 예를 들면 '마디야마카 바딘 madhayamaha-vādin', 즉 '중도를 주장하는 자'라는 용례와 같이 마디야마카라는 말을 합성어의 일부로 가지는 사람이 거기에 해당한다. '카'의 용례는 공통임에도 불구하고, 논서와 사람을 가리키는 경우의 두 가지로 나누어 각각을 해설한다.[13]

그는 마디야마카의 두 번째 유형은 중도라는 명사적 용법으로서, 마디야마카 싯단타, 즉 '중도의 정설定說'을 의미한다고 말한다.[14]

따라서 바비야에 의하면 마디야마카의 첫 번째 유형은 형용사적 용법으로서, '중도를 설하는 논서, 혹은 중도를 주장하는 사람'이라는 의미가 되고, 두 번째 유형은 명사적 용법으로서 '중도의 정설'이라는 의미가 된다. 바비야의 설명은 모든 용례가 합성어의 형태를 취하고 있는 마디야마카에 포함되어 있는 의미를 고찰할 수 있다는 점에서 중요하다.[15] 그의 설명에 의하면 '마디야마카'는 '정설定說로서의 중도', 혹은 그와 같은 '중도의 정설을 주장하는 논서나 사람'을 가리킨다. 그러므로 인도불교사상사의 문맥에서 보면 '마디야마카'는 '중관'보다 '중도'가 더 적합하다고 생각할 수 있다.

그것은 사람이나 학파를 직접적으로 가리키는 마디야미카Mādhyamika의 예에서도 마찬가지이다. 지금까지 알려져 있는 자료에 의하면, '마디야미카'라는 말을 처음으로 사용했던 것은 바비베카이다. 그는『중론석·반야등론』에서 '마디야미카'와 '마디야마카 바딘 *madhyamaka-vādin'[16]이라고 추정되는 호칭을 사용하고 있는데, 그 둘은 모두 '중도론자'를 의미한다. 또한『반야등론』에 대한 방대한 복주複注를 저술한 아바로키타바라타(8세기경)는 '대승중도론자 *mahāyāna-madhyamā-pratipad-vādin'[17]라는 호칭도 사용하고 있다.

그러므로 인도불교사상사의 관점에서 보면 초기든 중·후기든 '중관'보다 '중도사상' 혹은 '중도학파'라고 부르는 것이 더 자연스럽다고 말할 수 있다. 다만 앞에서 언급했던 것처럼 여기서는 '중관'이라는 호칭의 정착도와 '중관'이라는 호칭의 견고한 느낌, 그리고 '중[도]에 대한 관찰'이라는 어의가 앞에서 설명한 마디야마카의 의미 내용에 대체로 합치하는 것을 고려하여, '마디야마카'와 '마디야미카'라는 두 용어에 대하여 '중관'과 '중관파'라는 전통적인 호칭을 채용하는 것으로 한다.

중국에서 '중관'이라는 호칭은 삼론학파의 용례를 기초로 하며, 그 후 의정義淨(635-713)이 『남해기귀내법전』의 서문에서 그 용어를 채용한다. 즉, 그는 다음과 같이 말한다. '이른바 대승은 두 종류에 지나지 않는다. 첫째는 중관中觀이고, 둘째는 유가瑜伽이다. 중관은 "속俗은 유有이지만, 진眞은 공空이니, 실체가 없어서 환영과 같다."[라고 말하며], 유가는 "외[계]는 무無이지만 내[계]는 유有이니, 모든 사물은 [다만] 식識일 뿐이다."[라고 말한다.]'[18] 인용문에서 '유가'는 유가행파라는 의미에서 '요가짜라Yogācāra'의 약칭이고, 중관은 '마디야미카', 즉 중관파라는 의미라고 이해된다.[19] 의정이 어떤 원어를 상정하면서 그렇게 언급했는가는 분명하지 않지만, 각각의 설명 내용은 중관파와 유가행파의 기본 입장을 잘 설명하고 있다.

3.
중관사상사의 재고찰

『중론』의 저자인 나가르주나는 지금까지 알려져 있는 한 대승불교에서 그 이름이 알려져 있는 최초의 논사이다. 그러나 그가 인도불교사상사에서 행했던 역할에 대해서는 조금 더 넓은 시야에서 재고찰할 필요가 있다.

근년에는 나가르주나를 대승불교도라고 부르는 것에 대해 의심을 가지는 연구자들도 발견된다.[20] 그것은 『중론』에서 대승, 반야, 혹은 반야바라밀이라는 용어가 발견되지 않고, 유일하게 발견되는 경전도 대승 경전이 아니라 『가전연경』이라는 사실에도 관계한다. 그러나 『중론』의 저자인 나가르주나가 대승불교, 특히 초기 반야경전의 공 및 무자성의 학설을 높이 평가하고, 그것이 불타의 의도에 합치됨을 강조한 것도 사실이다.

그런데 나가르주나는 『중론』 제24장 제32송에서 '그대에게 있어서는 자성 自性으로서 불타가 아닌 자는 보살행 菩薩行을 통해서 깨달음을 위해 정진한다고 해도 깨달음에 도달하지 못할 것이다.'라고 말한다. 여기서 '보살행 bodhisattvacaryā'이 성도 이전의 불타 개인에게 한정되는 것이 아니라, 깨달음을 목적으로 하는 유정 일반, 즉 출가와 재가를 불문하고 보살행을 통해서 불타와 동일한 깨달음[無上正等覺]을 얻을 수 있다고 하는 대승불교적 의미에서 수행자에게 기대되는 실천행을 가리키는 것은 문맥으로부터 분명하다.

『중론』에서 발견되는 나가르주나의 논의를 한마디로 말하면, 대승 특유의 술어에 과도하게 의지하지 않고, 초기 팔천송계 반야경전의 사상을 확립하는 것이었다. 여기서 말하는 '확립'이란 공을 비존재로 간주하는 당시의 오해를 바로잡고, 연기와 무자성과 공 각각의 의미와 상호 관계를 논하면서, 공의 사상이 초기불교 이래의 전통에서 기인함을 입증하는 것을 의미한다. 그가 『중론』 제24장 제7송에서 공 자체와 '공'의 의미, 그리고 공인 여러 사물의 유용성이라고 하는 공을 둘러싼 세 가지 항목에[21] 대한 올바른 이해의 중요성을 강조하는 것도 바로 그런 이유 때문이다.

나가르주나와 연기, 중도, 무기 등으로 대표되는 초기불교 교리와의 관련에 대해서는 본 시리즈의 제2권에서 이미 논했다.[22] 그러므로 여기서는 대승불교 사상사에서 나가르주나가 행했던 역할을 조금 폭넓은 시야에서 재고찰하고자 한다.

대승불교사에서 『중론』의 저자인 나가르주나는 그 이름이 알려진 최초의 논사이다. 이하에서는 (1)티벳 학설강요서(=宗義書)에서 발견되는 교리사적인 관점, (2)인도에서의 역사적, 문헌사적인 관점, (3)인도 대승불교사상의 전개라는 사상사적인 관점과 함께, 특히 (3)에서는 『중론』의 대표적인 술어가 초기 유가행파의 주요 논서에서 어떻게 다루어졌는지를 살펴봄으로써 대승불교의 형성 과정에서 나가르주나의 위치를 고찰하고자 한다.

1) 티벳 학설강요서의 교리사적인 관점에서 나가르주나의 위치

앞에서도 언급했듯이 나가르주나는 전통적으로 중관학파의 개조로서 규정되어져 왔다. 그러므로 중관학파의 사상사는 나가르주나의 생애, 저술, 사상을 해설하는 것으로부터 시작하는 것이 통례이다. 그런 종류의 기술은 라훌라바드라를 나가르주나의 스승으로 규정하는 일부 역사서와 학설강요서를 제외하고는 널리 인정되고 있다. 또한 앞에서 언급했던 것처럼 초기 중관학파는 『중론』 및 그에 대한 다수의 주석 문헌과 함께 나가르주나의 제자인 아리야데바(聖提婆, 聖天)의 『사백론』 내지 『백론』의 등장에 의해서 특색지어진다.

이상과 같은 사정을 바탕으로 창꺄 2세 롤페 도르제(1717-1786)는 자신의 저술인 『학설설정 學說設定』에서 나가르주나와 아리야데바를 '근본 전적 典籍의 중관파'라고 부르고, 붓다팔리타, 바비베카, 찬드라키르티 등의 주석자와 논사들을 '분파전지 分派傳持의 중관파'라고 부르고 있다.[23] 그런 후에 창꺄는 나가르주나와 아리야데바를 '근본 전적의 중관파'라고 불렀던 이유를 다음과 같이 설명한다.

[나가르주나와 아리야데바] 부자(=師弟) 두 사람의 최종적인 의도는 프라상기카파(=歸謬派)의 교리이지만, [그들의] 저술에서 설해지는 바로는 언어 습관(=言說)에 있어서 (1)사물의 개별적 특징(=自相)이 인정되는가 아닌가, (2)외계의 대상을 승인하는가 아닌가, (3)타자에게 알려진 [논증]만으로 대론자에 대한 [비판적] 추리를 형성하는 것이 적당한가 아닌가 등의 설정을 명료하게 구별하지 않았다. 그러므로 [그들의 전적은] 귀류파와 자립파의 양 학파에 공통하기 때문에 '근본'이라고 말하는 것이다.[24]

이와 같은 학설강요서에서 발견되는 이해 방식은 나가르주나가 불교사에서 달성했던 중요한 역할을 이해하기 위한 하나의 방법인 것은 분명하다. 그러나 학설강요서에는 피하기 힘든 특색이 있다. 그것은 특정 학파의 학설 전개를 때로는 고저高低의 가치 판단을 동반하면서, 시대적으로 뒤에서 앞으로 소급하면서 고찰하고, 그런 관점에서 새롭게 시대의 흐름에 따라 기술한다고 하는 특색이다.

창캬 2세의 학설강요서도 예외는 아니다. 그는 겔룩파의 전통에 따라 인도불교사상사에서 중관 귀류파의 교리를 현교顯敎에서 더욱 높은 위치에 놓고 있다. 학설강요서는 특정 학파의 교리적인 전개와 배경을 고찰하는 데 유효한 도구가 되는 것은 분명하지만, 학파의 교리와 그 사상의 전개를 고찰하는 데 어디까지나 '하나의' 유용한 관점과 지식을 제공하는 데 지나지 않는다는 점에 유의할 필요가 있다.

덧붙여서 말하면 창캬 2세가 앞의 논술에서 언급한 중관파의 분기와 관련되어 있는 세 가지 관점 가운데 (1)과 (3)은 자립파인 바비베카 등과 귀류파인 찬드라키르티 등의 차이를 보여준다. 한편 (2)는 소위 경중관파經中觀派인 바비베카 등과 유가행중관파 瑜伽行中觀派인 샨타락시타 등을 구분하는 관점이다. 언어 습관, 즉 세속에 있어서 외계의 존재를 인정하는가, 아닌가라는 이 요점은 8세기에 활약했던 샨타락시타와 카말라실라 사제 師弟의 시대까지 중관파 내부에서 최대의 쟁점이었다.[25]

2) 인도의 역사적, 문헌사적 관점에서 나가르주나의 위치

다음에 앞에서와 같은 티벳 학설강요서의 논술을 떠나 지금까지 알려져 있는 인도의 문헌 정보를 바탕으로 한 역사적인 관점에서 나가르주나의 위치를 고찰해 보자. 나가르주나를 역사적 사실이라는 점에서 포착하면 다소 양상이 달라진다.

첫째 나가르주나는 늦어도 5세기 초에는 『중론』이라고 불려지고 있었던 책의 저자임에 틀림없다(구마라집은 409년에 청목의 주석을 『중론』이라는 이름으로 번역하였다 – 역자). 그러나 나가르주나 자신은 『공칠십론』 및 『회쟁론』에서 '공성론자 Śūnyatāvādin'를 자인하면서도 '중관파(Mādhyamika/dBu ma pa)'라는 호칭은 사용하지 않는다.

둘째 지금까지 알려져 있는 문헌에 따르는 한, '중관파', 엄밀하게 말하면 '중[도]파' 혹은 '중[도]론자(dBu mar smra ba = *Madhyamaka-vādin)'를 자칭한 최초의 논사는 바비베카이다. 그는 나가르주나의 이제설을 바탕으로 당시 대승불교사상으로서 커다란 영향력을 발휘하던 유식파의 학설, 특히 그중에서도 삼성설 三性說과 유식무경설 唯識無境說을 비판하고, 비유비무라는 중도의 입장과 의미를 논하면서 학파로서의 중관파를 창시했다. 또한 『중론』의 주석과 자신의 주장에 대해서도 디그나가 陳那(470-540년경)가 확립했던 주장 명제, 이유, 유례 類例라는 세 부분으로 이루어진 논증 방법을 적극적으로 채용하였다. '중관파'의 호칭은 그 후 바비베카를 비판했던 찬드라키르티 月稱(600-650년경)에 의해서도 추인되었다. 또한 찬드라키르티는 자신이 높이 평가했던 붓다팔리타 佛護(370-450년경)와 함께 자신을 '연기론자'라고도 불렀다.[26]

셋째 유가행파에 속하는 여러 논사들과 『중론』의 관계이다. 아상가 無著(395-470년경) 및 스티라마티 安慧(510-570년경)는 각각 『순중론』 및 『대승중관석론』이라고 부르는 『중론』에 대한 주석을 저술하였고, 다르마팔라 護法(530-561)는 『사백론』의 후반부에 대한 방대한 주석인 『대승광백론석론』을 남겼다.[27] 그 속에서 다르마팔라는 바비베카에 의한 『중론』 해석과 『천유경 遷有經』 및 『능가경』 인용 부분 이해에 대하여 비판을 가하고 있다.[28]

이와 같은 여러 가지 사실로부터, 역사적으로 보는 한 나가르주나는 유가행파와 중관파라는 학파가 성립하기 이전에, 초기 팔천송 계통의 『반야경』에 근거해서 대승불교의 아비달마를 확립했던 최초기 논사로서 규정하는 것이 합리적임을 알 수 있다. 특히 『중론』에 대해서 우이 宇井伯壽가 '인도에서 두 종류의 대승 가운데 중관파는 말할 것도 없고, 유식파 역시 그 학설의 기초를 얻어서 발달했다.'라고 말하거나,[29] 에지마 江島惠教가 '대승불교 전체의 공유 재산으로 널리 이용되었다.'라고 말했던 것처럼,[30] 『중론』은 그 이후 학파와 종파를 넘어서서 대승불교 사상사의 전개에 큰 영향을 주었던 것이다.

그런 가운데 대략 4세기 이후에 나가르주나의 논증을 근거로 『반야경』이 설하는 공과 무자성의 교리를 어떻게 이해할 것인가 하는 문제, 그리고 설일체유부 등의 전통 부파들이 설하는 법의 체계를 어떻게 비판적으로 섭취할 것인가 하는 문제의식에 따라 유가행파가 탄생하게 되었고, 6세기경에는 유가행유식학설의 영향과 그에 대한 비판이라는 맥락에서 중관파가 성립하게 되었다.

3) 인도의 철학적, 사상사적인 관점에서 나가르주나의 위치

다음으로 공과 무자성 등, 초기 『반야경』에서 발견되는 주요 술어의 심화 및 전개라는 관점에서 이 문제를 고찰해보자. 이는 철학적 혹은 사상사적인 접근으로부터의 고찰이다. 구체적인 술어를 검토하기 전에, 여기서는 우선 나가르주나 당시 불교사상의 상황과 그중에서 문제시되었던 몇 가지 논점에 대해서 『중론』이 어떻게 답변했는가를 고찰해보자.

첫째, 『중론』과 관련 논서들에 발견되는 언급들로부터 2세기 후반에 초기 팔천송 계통의 『반야경』이 설한 공은 상당히 엄격한 비판에 직면해 있었던 것을 알 수 있다. 『중론』과 『회쟁론』은 고유 불변하는 본질의 결여를 의미하는 공을 비존재의 의미로 포착하여, 공은 사성제와 삼보, 선악의 행위와 그 과보, 그리고 세간적인 언어 습관을 모두 파괴한다는 비판을 설정하고 논의를 전개하는데, 그것들은 모두 나가르주나 당시에 있었던 논의를 반영한다고 생각된다.

둘째 나가르주나는 설일체유부와 정량부 正量部로 대표되는 아비달마 논사들에 의해서 제기된 이상과 같은 비판에 대해서 어떤 답변을 제시했던 것인가? 그는 『가전연경』의 중도설을 언급함으로써, 공 즉 무자성의 의미를 존재나 비존재로 포착하는 것이 잘못임을 보여준다. 『가전연경』은 팔리 「상응부」 제12 「인연상응」의 제15경에 상응한다.[31] 불타는 거기서 팔정도의 첫 번째 항목인 정견 正見이 무엇인지를 묻는 가전연의 질문에 대하여 비유비무의 중도설을 설한다. 즉, 세간의 어리석은 사람들은 대체로 존재와 비존재에 잘못 의지하고 있다. 그러나 세간의 발생과 소멸을 여실하게 올바른 지혜 sammappaññā를 가지고 본 사람에게 세간에 비존재인 것이나 존재인 것은 존재하지 않는다. '일체는 존재한다.'라고 말하는 것은 첫 번째 극단이고, '일체는 존재하지 않는다.'라고 말하는 것은 두 번째 극단이다. 그러므로 여래는 그 두 가지 극단에 다가가지 않고, 중[도]에 의해서 법을 설한다. 그리고 그와 같은 중도에 의해서 설해진 법이 바로 무명을 연으로 해서 행이 있고, 행을 연으로 해서 식이 있다고 하는 연기라는 것이다.[32]

그러나 이미 언급했던 것처럼,[33] 『가전연경』과 『중론』 사이에는 비유비무의 논거에 대해서 미묘하면서도 중요한 차이가 있다. 『가전연경』은 비유와 비무의 논거를 각각 올바른 지혜를 가지고 세간의 발생과 소멸, 즉 연기의 유전문과 환멸문을 보는 것에서 구하고 있다.

한편 나가르주나에 의하면, '고유한 본질은 만들어지는 것이 아니고, 다른 것에 관계하는 것이 아니기 때문'(『중론』 제15장 제2송 후반)이라는 규정에 따라서, 연기하는 것은 고유한 본질 自性을 결여한다. 그러므로 엄밀하게 말하면 자 自와 타 他로 구별되는 존재물은 있을 수 없고 非有, 존재물이 아니라면 그것의 변화인 비존재도 있을 수 없다 非無고 말한다. 연기를 근거로 비유비무의 중도를 설한다는 점에서는 양자 모두 동일하지만, 연기의 의미에 대한 양자의 상위 相違는 간과할 수 없는 부분이다.

셋째 나가르주나는 공의 의미에 대해서 다음의 두 가지를 강조한다. (1)공은 이미 『팔천송반야경』에서 규정된 것처럼, 고유한 본질 自性을 결여한 것, 즉 무자성을 의미한다. 『팔천송반야경』이 제법의 무자성을 강조한 이유는 제법에 자성이 있다고 생각하는 설일체유부로 대표되는 전통적인 아비달마에 의한 요소주의적 법 해석을 비판하고, 붓다의 의도는 제법에 공통하는 도리인 연기와 법성 등을 지혜(prajñā 般若)를 가지고 있는 그대로 통찰하도록 하는 데 있다는 사실을 강조하기 위한 것이다. 그와 함께 중요한 것은 나가르주나의 해탈론이 보여주는 것처럼,[34] 그런 의미의 공을 올바르게 이해하는 것은 번뇌의 근원에 자리 잡은 대상對象이나 사상事象의 개념화(prapañca 戱論)로부터의 해방이라는 수행론상의 의미가 있다는 점이다.

(2)공의 의미에 대한 나가르주나의 두 번째 강조는 앞에서 언급했던 '고유한 본질' 自性의 정의와 관계되어 있다. 요컨대『중론』제15장에서 발견되는 바, '고유한 본질은 지어진 것이 아니고, 타자에 관계하는 것이 아니다.'라는 정의에 따르면, '지어진 것', 혹은 '다른 사물과 관계하고 있는 모든 것'은 고유한 본질이 없는 것이 된다. 고유한 본질을 가진 것에 인과因果와 변화는 있을 수 없다. 이에 대해서 고유한 본질을 갖지 않은 것은 질량인質量因에 의거해서 명칭이 주어지고(upādāya prajñaptiḥ 因施設), 그것들은 변화하면서 원인이 되고 결과가 되어서, 목적에 적합한 작용을 하게 된다. 이와 같은 사실은 자칫하면 간과되지만,『중론』제24장과『회쟁론』에서 발견되는 중요한 요점이다.

'공'이라는 말을 포함한 모든 사물은 고유한 본질을 결여하지만, '마차'라고 부르는 사물은 나무와 흙과 물을 운반하고, '항아리'라고 부르는 사물은 꿀과 물과 우유를 담기 위해 작용한다.[35] 그러므로 나가르주나는 공을 승인하는 사람에게는 모든 것이 성립하지만, 공을 승인하지 않는 사람에게는 어떤 것도 성립하지 않는다고 말한다.[36]

넷째 공의 어의語義 이해에 대한 앞의 두 가지 강조는 그 후『보살지』,『해심밀경』,『유가사지론』「섭결택분」등의 초기 유가행파 경론에서 부각되어졌다. 그러므로 나가르주나의 공 개념에 대한 이해와 그에 따른 번뇌론으로서의 분별과 개념화(=戱論)에 대한 비판적 고찰이라는 작업을 바탕으로 초기 유가행파의 대표적 학설인 오사설(五事說; 名, 因相, 分別, 正智, 眞如)과 삼성설(三性說; 遍計所執性, 依他起性, 圓成實性)이 처음으로 성립하게 되었다고 하는 경위를 놓쳐서는 안 된다. 그와 함께 5세기에 활약했던 아상가 無著와 바수반두 世親 등에 의한 유가행유식설의 형성 및 5세기 후반으로부터 6세기 전반에 걸쳐 불교 논리학과 인식론을 확립한 디그나가 陳那의 존재가 없었다면, 6세기에 바비베카에 의한 중관학파의 성립도 없었을 것이다.

다음 장에서는 나가르주나의 사상이 초기 유가행파에 의해서 어떻게 수용되어 발전적으로 논해지고 고찰되었는가를 몇 가지 사례를 중심으로 구체적으로 검증해 보기로 한다.

4.
나가르주나와 초기 유가행파의 사상 형성

초기 유가행파의 최초기 논서로 『보살지』가 있다. 그 책에는 『중론』에 대한 직접적인 언급은 분명하게 발견되지 않는다. 그러나 『중론』의 내용과 대조하는 관점에서 조망해보면, 『보살지』가 『중론』의 사상을 심화 발전시켰다고 생각할 수 있는 흔적들이 발견된다. 여기서는 그 흔적들을 (1)진실 tattva, (2)올바르게 혹은 잘못 포착한 공 su/dur-gṛhītā śūnyatā, (3)언어 표현 vyavahāra / abhilāpa, 그리고 (4)분별 vikalpa과 개념화, 즉 확산(prapañca 戲論)이라는 네 가지 주요 개념을 중심으로 생각해보고자 한다. 이는 모두 공의 이해 및 설명과 관련되어 있는 주요 개념들이다.

1) 진실

'진실'은 『중론』에서 불타의 가르침과 관련해서 사용된 가장 중요한 술어 가운데 하나이다. 그러나 『중론』에서는 초기 유가행파가 중시하고, 바비베카도 4무위無爲 가운데 하나로서 인정했던 중요한 진리 개념인 '진여(眞如 tathatā)'는 아직 등장하지 않는다. 나가르주나가 불설佛說의 의도하는 바를 단적으로 표현하기 위해 사용한 술어는 지금 '진실'로 번역한 타트바(tattva '그것인 것'이라는 의미)이다. 그 술어는 『중론』에서 '그것을 본성으로 해서 tattvataḥ'(제7장 제26송, 제23장 제2송) 및 '동일성과 별이성 tattva[-anyatva]'(제22장 제8송)으로 사용된 두 용례를 제외하면, 아래와 같은 4개의 『중론』 게송에서 모두 '진실'로 번역되어진다.

- 제15장 제6송 : 고유한 본질과 타자의 고유한 본질, 존재와 비존재를 보는 자는 불설佛說에서 **진실**을 보지 못한다.
- 제18장 제9송 : 타자에 의하지 않고, 적정이고, 개념에 의해서 개념화되지 않고, 분석적 사고가 작용하지 않고, 여러 가지 의미 대상을 갖지 않는 것, 그것이 **진실**의 특징이다.
- 제24장 제9송 : 그것들 두 가지 진리의 구별을 알지 못하는 자는 심원한 불설에서 **진실**을 알지 못한다.
- 제26장 제10송 : 그러므로 지자智者는 윤회의 근본인 [신체, 언어, 사고에 의한] 제행諸行을 행하지 않는다. 그러므로 무지한 자는 행위자이지만, 지자智者는 그렇지 않다. **진실**을 지견知見하기 때문이다.[37]

이상의 인용에서 볼 수 있는 것처럼, 『중론』에서 '진실'은 불설佛說의 올바른 의도에 해당하고, 지자智者에 의해서만 보여지고 알려지는 것이라고 말해진다. 그것은 또한 앞의 제24장의 용례에서 발견되는 2제설의 문맥으로부터도 언어 표현을 통해서 보여진 불설佛說의 승의(勝義 paramārtha), 즉 '최고의 목적 내지 대상'이고, 전통적인 표현을 사용하면 제24장의 이어지는 제10송에서 언급하는 것처럼, 니르바나(=열반, 번뇌의 불꽃이 꺼진 상태)에 다름 아니다.

그런데 『중론』 이후에 그와 같은 진실을 본격적으로 파헤쳤던 논서는 초기 유가행파의 논서 가운데 하나인 『유가사지론』 「보살지」(이하 『보살지』로 약칭), 특히 '진실의 의미 tattvārtha'를 장의 제목으로 하는 제4장이다.

그 책의 첫머리에는 먼저 '진실의 의미란 무엇인가? 요약하면 두 종류이다.'라고 설한 후에, 그 '진실의 의미'를 아래와 같이 두 가지 의미로 요약한다.[38]

(1) 존재하는 그대로의 것(yathāvadbhāvikatā 如所有性), 즉 제법의 진실성 dharmāṇāṃ bhūtatā.

(2) 존재하는 한계 내의 것(yāvadbhāvikatā 盡所有性), 즉 제법의 일체성 dharmāṇāṃ sarvatā.

전통적인 표현을 사용하면 위의 두 가지는 각각 제법의 공통 성질로서의 '법성 dharmatā'과 '일체법 sarvadharmāḥ'에 해당한다. 전자를 법성 대신에, '진실성'이라고 부르는 사실도 사상사적으로 주목되지만, 그와 함께 위의 두 가지 '진실의 의미'를 『보살지』보다 다소 나중에 체계화된 삼성설과 관련하여 말하면, 각각 원성실성과 의타기성의 두 가지 성질에 관련된다는 점도 주목된다.[39]

2) 올바르게 포착된 공 sugṛhitā śūnyatā과 잘못 포착된 공 durgṛhitā śūnyatā

『중론』과 『보살지』의 저자에게는 공통된 문제의식이 있었다. 그것은 공에 대한 오해를 바로잡는 일의 필요성이었다. 『중론』에서는 제24장 「사성제의 고찰」이 그 문제를 다룬다. 나가르주나는 '공'과 '공에 대한 표현'의 관계를 승의와 세속, 즉 '최고의 목적 내지 대상'과 '언어 관습'이라는 이제설 二諦說(제24장 제8-10송)을 통하여 설명한다. 그런 후에 그는 이렇게 말한다.

> 제24장 제11송 : 잘못 파악된 공 durdṛṣṭā śūnyatā은 지혜가 모자란 자를 파괴한다. 마치 잘못 포착된 뱀 sarpo …… durgṛhītaḥ이나 잘못 행해진 주술과 같다.[40]

나가르주나는 『중론』 제24장에서 공은 비존재를 의미하는 것이 아니라, 고유한 본질을 갖지 못하고 연기하는 것을 의미하며(제18송), 공을 올바르게 이해한 자에게는 사성제 四聖諦, 행위와 결과, 사물의 인과, 세간의 언어 관습 등의 모든 것이 가능해진다고 설한다. 또한 그와 같은 의미의 공을 이제설에 대한 올바른 이해를 통해서 포착하는 것은 쉽지 않고, '잘못 포착된 공'은 잘못 포착된 뱀과 같이 위험하다고 지적한다.

한편 『보살지』는 『중론』과는 다른 의미 내용을 가지고 '올바르게 포착된 공'과 '잘못 포착된 공'을 문제 삼는다. 『보살지』에서 '공을 잘못 포착한 자'란 어떤 사물이 무엇인가를 결여하고 있을 때, 즉 어떤 사물에 있어서 무언가가 비존재일 때, 그 무언가만이 아니라, 그 어떤 사물을 공이라거나 비존재로 보는 자를 가리킨다. 그러므로 『보살지』는 『소공경』을 인용하면서, 잘못 포착된 공과 올바르게 포착된 공을 다음과 같이 설명한다.

[어떤 사물 (A)가 어떤 사물 (B)를 결여하고 있을 때, 즉 어떤 사물 (A)가 어떤 사물 (B)에 대해서 공일 때,] 사문이든 바라문이든, 어떤 사람이 그 공인 것 (B)를 인정하지 않을 뿐 아니라, 그 (B)를 결여하고 있는 것 (A)도 인정하지 않을 때, 그와 같은 특징을 가진 것이 '잘못 포착된 공'이라고 말해진다. …… [그 경우에는] 모든 것이 비존재가 되기 때문에, 어디에서, 무엇이, 무엇에 대해서 공인 것이 될 것인가 …….

한편 또한 어떻게 해서 '올바르게 포착한 공'이 되는 것인가? 왜냐하면 "어떤 사물 (A)에 어떤 사물 (B)가 존재하지 않을 때, 그 (A)는 그 (B)에 대해서는 공이라고 보지만, 그 (A)에 어떤 사물 (C)가 남아 있을 때, 그 존재하는 사물 (C)는 여기에 있다고 있는 그대로 안다." 이것이 있는 그대로 오해 없이 공에 들어가는 것이라고 말해진다. …… 그것이 '올바르게 포착된 공'이고, 올바른 지혜에 의해서 통찰되어진 것이라고 말해진다.[41]

이처럼『보살지』의 공에 대한 이해는 나가르주나의 그것과는 미묘하게 다르다.『보살지』의 해설에 의하면 앞의 (A), (B), (C)는 각각 다음에 해당한다.

(A)='색형'(色形 rūpa) 등과 같이 명칭을 가진 사물

(B)='색형' 등과 같이 가설假說인 말을 본질로 하는 법

(C)='색형' 등과 같이 '가설인 말의 의지처'와 '가설인 말뿐'이라는 양자[42]

여기서 '공이 아닌 것'으로서 '남아 있는 것'인 (C)는 '지금 있는 사물 자체뿐인 것 vastumātra'과 '그 사물 자체에 대한 가설뿐인 것(prajñaptimātra 惟假說)'이라고 바꾸어 말할 수 있다. 그리고 『보살지』는 '지금 있는 사물'을 비존재라고 손감하는 것과 '가설인 말'에 지나지 않는 것을 부당하게 증익하는 것을 경계하고 있다. 또한 『소공경』의 인용 말미에 있는 '있는 그대로 안다.'라는 문구에 대해서는 '있는 그대로의 진여(眞如 tathatā)를 언어 표현할 수 없는 본질을 가진 것이라고 사실 그대로 아는 것'이라고 주석하고 있다.

여기서도 『보살지』가 나가르주나의 이제설과 함께, 최고의 의미 대상인 승의를 유위와 무위의 일체법이라고 주장하는 유부 아비달마의 입장을 바탕으로 하면서, '올바르게 포착된 공'을 위와 같이 설명하게 된 경위를 알 수 있다. 『보살지』는 『중론』과 마찬가지로 언어 표현이 가설假說로서, 그 가설의 의지처인 일체법(=사물)에 대해서 적용된다는 것과 '있는 그대로의 진여'가 본래 언어 표현될 수 없다는 것을 인정한다. 다음 절에서 검증하게 될 것처럼, 양 논서에는 언어 표현의 역할에 대해서 공통적인 면이 많다. 그러나 『보살지』는 색형이나 음성 또는 니르바나 등이 가설假說을 본질로 하는 것처럼, 그와 같은 가설인 말의 개념에 그대로 대응하는 법은 존재하지 않지만(=공이지만), 가설인 말 전체와 그 근거가 되는 '있는 그대로의 진여'는 존재한다(=공이 아니다)고 말한다. 앞절에서 보았던 두 가지 진실의 의미와 관련해서 말하면, 그 '있는 그대로의 진여'가 일체법이 공유하는 진실성 bhūtatā에 해당한다.

3) 언어 표현 vyavahāra, abhilāpa

나가르주나의 『중론』에서 '언어 표현과 언어 습관'을 의미하는 비야바하라

vyavahāra는 이제설 가운데 삼브리티(saṃvṛti 世俗)와 그 의미 내용이 거의 겹친다. 『중론』 제24장에 의하면 그 양자는 모두 최고의 목적 내지 대상을 의미하는 파라마르타(paramārtha 勝義)를 보여주기 위해서 불가결의 역할을 하지만, 앞에서 인용했던 제24장 제9송이 말하는 것처럼, 승의와 '언어 표현과 언어 습관'에 의해서 보여진 승의로서의 니르바나의 사이에는 구분이 있어서, 두 가지 진리의 구별을 이해하는 것은 불설佛說의 진실인 공, 즉 열반을 올바르게 이해하기 위해 필수적이라고 말하고 있다. 나가르주나는 이렇게 말한다.

> 제24장 제10송 : 언어 표현에 의하지 않으면 승의는 알려지지 않는다. 승의에 도달하지 않으면 열반은 얻어지지 않는다.[43]

한편 『보살지』도 제법이 본래 언어 표현될 수 없는 성질의 것이지만, 그에 대한 언어 표현의 불가결한 역할을 다음과 같이 말한다.

> 그와 같이 언어 표현될 수 없는 본질을 가지는 일체법에 대해서 어째서 언어 표현이 적용되는 것인가? 왜냐하면 언어 표현이 없으면, 그 언어 표현될 수 없는 법성은 다른 사람들에게 설해질 수도 없고, 들려질 수도 없기 때문이다. 설하는 것도 없고, 들려지는 것도 없을 때, 그 언어 표현될 수 없는 법성의 본질을 아는 것은 불가능하다. 그러므로 들어서 알도록 하기 위하여 언어 표현이 적용되는 것이다.[44]

두 논서에서 언어 표현을 가리키는 술어는 vyavahāra와 abhilāpa로서 서로 다르지만, 『중론』과 『보살지』는 모두 승의, 즉 열반 및 언어 표현될 수 없는 일체법의 성질을 알도록 하기 위하여 언어 표현이 불가결이라고 설하고 있는 것이다.

4) 분별 vikalpa과 개념화 prapañca, 즉 확산

나가르주나의 해탈론에 의하면 번뇌는 '분석적 사고', 즉 분별(分別 vikalpa)을 원인으로 하고, 분석적 사고는 개념화 prapañca를 원인으로 한다. 그와 같은 사고는 『중론』 제18장의 다음 게송에서 발견된다.

> 제18장 제5송 : 행위와 번뇌가 사라지기 때문에 해탈이 있다. 행위와 번뇌는 분별에 근거하고, 그 [분별]들은 개념화에 근거한다. 그러나 개념화는 공에서 사라진다.[45]

찬드라키르티에 의하면 이 게송은 공을 설한 목적을 나타내는 것으로서, 공을 지견 知見함으로써 번뇌의 근원에 있는 개념화를 막기 위한 것이라고 한다.[46] 그러나 나가르주나는 분석적 사고(vikalpa 분별)가 무엇인지는 상세하게 말하지 않는다.

그에 대해서 『보살지』는 분석적 사고를 (1)본질(=自性)에 대한 분석적 사고, (2)특수성에 대한 분석적 사고, (3)집합체로서 포착하는 분석적 사고, (4)'나'라는 분석적 사고, (5)'나의 것'이라는 분석적 사고, (6)'좋아하는 것'이라는 분석적 사고, (7)'좋아하지 않는 것'이라는 분석적 사고, (8)그 양자를 떠나 있다는 분석적 사고라는 8종류로 구별한다. 그리고 그와 같은 8종류의 분석적 사고가 (1)유신견(=自我見)과 자아에 대한 교만(=我慢), (2)탐욕, 성냄, 어리석음이라는 삼독심 三毒心과 같은 번뇌, 그리고 (3)'색형' 등의 명칭을 가지고 있고, 분석적 사고를 확산시키는 의지처라는 3종류의 사물 내지 기체 vastu를 어떻게 발생시키는가를 자세히 설명한다. 이처럼 『보살지』는 『중론』에서 번뇌의 근원으로 간주되었던 분석적 사고(vikalpa 分別)와 개념화(prapañca 戲論)의 관계를 독자적인 관점에서 설명한다. 그러므로 『보살지』 제4장 「진실의 의미」에서 희론의 의미와 위치는 『중론』의 그것과는 미묘하게 다르다. 『중론』에서 희론은 언어에 의한 대상의 개념화 혹은 개념 그 자체를 가리키지만,[47] 『보살지』에서 희론은 일반적으로 '분석적 사고가 확장되고, 확산되는 것'이라는 의미로 사용되기 때문이다.

그러므로 『보살지』 제4장은 분석적 사고와 그 확산의 관련을 다음과 같이 말한다.

> 한편 또 그 8종류의 분석적 사고(=分別)는 어떤 세 종류의 기체를 발생하도록 하는 것인가? (1)본질에 대한 분석적 사고, (2)특수성에 대한 분석적 사고, 내지 (3)집합체로서 포착되는 분석적 사고라는 세 가지 분석적 사고는 분별적 사고가 확산하는 의지처, 즉 분별적 사고의 대상으로서의 색형 色形 등의 명칭을 가지는 기체를 발생하도록 한다.
> 그 사물을 의지처로 해서 이름과 명칭과 언어 표현에 포섭되고, 이름과 명칭과 언어 표현에 침투되어, 다양한 갖가지의 분석적 사고가 확산되면서 바야흐로 [앞에서 들었던 (3)색형 등의 명칭을 가지는, 분석적 사고가 확산되는 의지처가 되는] 기체에 대해서 작용한다.[48]

이처럼 『중론』과 『보살지』 제4장 「진실의 의미」를 비교 고찰함으로써, 양론의 사상사적인 관련에 대하여 다음과 같은 점들을 지적할 수 있을 것이다.

첫째, 『중론』에서 최고 목적인 승의와 공에 해당하는 '진실 tattva'의 개념은 그 의미 내용의 검증을 과제로 하는 『보살지』 제4장 「진실의 의미」에서 유부 아비달마가 규정하는 법 dharma의 공통 성질(dharmatā 法性)의 의미를 근거로 하여 더욱 상세하고 발전적인 고찰이 가해졌다. 『보살지』는 진실의 의미를 제법의 '진실성'과 '일체성'이라는 두 가지 의미로 규정하고, 법과 법성의 양자를 포섭하면서 삼성설의 맹아가 되는 사상을 제시하였다.

둘째, 『중론』과 『보살지』는 공의 올바른 이해에 대해서도 중요한 점에서 다른 인식을 보이고 있다. 제법 諸法과 법성(法性 제법의 공통 성질)의 상즉이라는 관점을 공유하면서도, 법성을 중시하는 『중론』과 법성과 함께 언어 표현의 기초가 되는 제법의 존재성을 인정하는 『보살지』 사이에는 공의 이해에 대해 사상사적으로 중요한 상위가 엿보인다.

셋째, 『중론』과 『보살지』는 최고의 목적 내지 대상(=勝義) 및 제법의 공통 성질(=法性)은 모두 언어 표현될 수 없지만, 그것을 알리기 위하여 언어 표현이 불가결하다는 이해를 공유한다.

넷째, 『중론』과 『보살지』는 번뇌의 근원을 어떻게 포착하는가에 대해서도 미묘한 차이를 보인다. 『중론』은 '분별적 사고'(=分別)를 번뇌의 출발점으로 위치짓고, 다시 그 번뇌의 근원으로서 '언어에 의한 대상의 개념화'(=戱論)를 제시한다. 그러나 『보살지』는 번뇌의 근원을 분석적 사고에서 포착하면서, 분석적 사고와 번뇌의 관계를 자세하게 설명한다. 그와 같은 설명 속에서 『중론』이 개념과 개념화의 의미로 사용했던 '희론 戱論'을 분별이 넓어지고 확산하는 작용이라고 의미지운다.[49]

본장에서 고찰했던 주요 술어들은 모두 『중론』에서 먼저 사용되고, 나중에 『보살지』 제4장「진실의 의미」가 발전적으로 천착한 것들이다. 그 전개는 설일체유부의 법과 법성에 대한 관점을 비판적으로 수용하면서,『해심밀경』과『보살지』「섭결택분」 등에서 발견되는 삼성설의 성립을 향해 가는 과도기적인 사상 전개라고 할 수 있을 것이다. 그와 같은 사상 전개에 매우 중요한 기초를 제공했다고 생각되는 것이 바로『중론』이다.

5.
맺음말

여기서는 결어를 대신해서 이상의 고찰에서 발견된 인도 대승불교 사상사에서 나가르주나의 위치와 함께 중관사상사의 초기, 중기, 후기의 전개를 간략하게 설명하겠다. 먼저 지금까지의 고찰에 따라 나가르주나는 대승의 아비달마(mahāyanābhidharma 大乘阿毘達磨)[50]를 확립한 이름이 알려진 최초의 논사라고 규정할 수 있을 것이다. 그러므로 그의 위치는 역사적 내지 사상사적인 관점에서, 대략 4세기 유가행파의 성립과 6세기 전반 바비베카가 확립한 학파로서의 중관파 성립 이전이 된다. 다만 중관사상의 관점에서는『중론』(=『중관론』)과 그 관련 논서 시대라는 의미에서, 나가르주나와 아리야데바 사제師弟, 그리고『무외론無畏論』,『청목주靑目注』,『불호주佛護注』라는『중론』에 대한 여러 주석서의 저자들은 중관학파 성립 이전인 2-4세기 초기 중관사상의 형성에 기여한 논사로서 규정할 수 있다.

또한 세이포트 루엑Seyfort Ruegg(1981) 및 가지야마梶山雄一(1982) 이후의 중관사상과 관련된 근대의 연구에 대해서는 쓰카모토 塚本啓祥(1990) 등이 비교적 정리된 형태로 소개하고 있다. 그 이후의 여러 연구에 대해서는 본권의 각 장에 수록된 여러 논문과 함께 근년 공간된 개별 저술과 연구 논문을 참조하면 좋을 것이다.[51]

[중관사상의 전개에 따른 인물과 저술 일람표]

시기	유식	학파 이전	중관
1세기		–『반야경』(초기 팔천송계『반야경』)	
		–『십지경』 등	
2세기	**1. 대승아비달마 = 초기 중관 = 중론 사상의 성립**		
3세기		(전 유가행파, 전 중관파)	
		–나가르주나(150-250년경); 공성론자 Śūnyatāvādin를 자칭,『중론』 등	
		–아리야데바(170-270년경);『사백론』,『백론』 등	
		–라훌라바드라(200-300년경)	
		–확대『반야경』(초기2만5천송계『반야경』)	
4세기		–『무외론』	
		–청목(320-400)주, 라집역,『중론』	
	2-1. 초기 유가행 사상의 형성		
	–『유가사지론』「본지분」(300-450)		
	–『성문지』,『보살지』→ 다른 여러 지(?)		
	2-2. 삼성설, 유식설의 탄생		
	–『해심밀경』,『대승아비달마론』		
	–『유가사지론』「섭결택분」 등		
	–『대승장엄경론』,『중변분별론』		
			–붓다팔리타 (370-450년경); 연기론자 Pratītyasamutpādavādin를 자칭,『불호주』
5세기	–아상가 (395-470년경);『아비달마집론』,『섭대승론』,『현양성교론』,『순중론』 등		
	–바수반두(400-480년경);『아비달마구사론』,『석궤론』,『성업론』,『오온론』,『유식삼십송』,『유식이십론』,『대승장엄경론주』,『중변분별론주』 등		

	2-3. 불교 논리학, 인식론의 확립, 아상가와 바수반두의 논서에 대한 여러 주석의 성립	
	–디그나가(480-540년경); 『인식수단집성론』, 『인명정리문론』, 『관소연론』 등	
6세기	**3. 중관파 = 중기 중관사상의 성립과 전개**	
		–바비베카(490-570); 중관파 Mādhyamika를 자칭, 『중관심론』, 『대승장진론』, 『중론주-반야등론』 등
	–스티라미티(510-570년경); 『대승장엄경론복주』, 『중변분별론복주』, 『아비달마구사론주』, 『대승중관석론』 등	
	–다르마팔라(호법, 530-561년경); 『성유식론』, 『대승광백론석론』 등	
7세기		–찬드라키르티(600-650년경); 중관파, 연기론자를 자칭. 『입중론』, 『중론주-명구론』 등
	–다르마키르티(600-660년경); 『인식수단평석』, 『인식수단확정론』, 『논리일적론』 등	
8세기	**4. 후기 중관사상의 성립과 전개**	
		–샨티데바(690-750년경); 『입보살(보리)행론』, 『학처집성론』
		–즈냐나가르바(700-760년경); 『이제분별론』 등
		–샨타락시타(725-788년경); 『중관장엄론』, 『진리강요론』 등
		–카말라실라(740-795년경); 『중관광명론』, 『중관장엄론주』, 『진리강요론주』 등
		–하리바드라(800년경); 『현관장엄론주』(대주, 소주) 등
		(중략)
10세기		–아티샤-디팡카라슈리즈냐나(982-1054); 『보리도등론』, 『입이제론』 등

1 齋藤明, 「空性論者から縁起論者へ－Buddhapālitaを中心として」, 『江島惠教博士追悼論集·空と實在』(春秋社, 2000), pp. 93-115, 특히 pp. 94-98.

2 A. Saito, "Is Nāgārjuna a Mādhyamika?", 『法華經と大乘經典の硏究』(山喜房佛書林, 2007), pp. 153-164, esp. p. 155.

3 A. Saito, "Nāgārjuna's Influence on the Formation of the Early Yogācāra Thoughts-from the *Mūlamadhyamakakārikā* to the *Bodhisattvabhūmi*", *Journal of Indian and Buddhist Studies* 58-3(2010), pp. 1212-1218.

4 A. Saito, "Is Nāgārjuna a Mādhyamika?", p. 162, n. 14.

5 齋藤明, 「大乘佛教の成立」, 『シリーズ大乘佛教 2, 大乘佛教の誕生』(春秋社, 2011), pp. 3-35, 특히 pp. 21-24.

6 齋藤明, 「*lTa ba'i khyad par*における經(部)中觀の意味」, 『印度學佛教學硏究』 55-2(2007), pp. 910-918.

7 찬드라키르티의 연대에 대해서는 본권 제3장에 있는 기시네 도시유키 岸根敏幸의 논문을 참조.

8 江島惠教, 『中觀思想の展開』(春秋社, 1980), pp. 159-171.

9 齋藤明, 「大乘佛教の成立」, 『シリーズ大乘佛教 2, 大乘佛教の誕生』(春秋社, 2011), pp. 22-24.

10 『出三藏記集』 제11권, 대정 제55권, 77중; 中島隆藏編, 『出三藏記集·序卷譯中注』(平樂寺書店, 1997), p. 315; 그리고 중국불교 문헌에서 '中觀'에 대해서는 R. Akahane, "Why is the Mādhyamika translated as Zhong guan?", 『印度學佛教學硏究』 60-3(2012), pp. 1229-1236.

11 『中觀心論』의 마지막 게송은 다음과 같다. '이와 같이 이 『madhyamaka의 정수』는 간략하게 저술된 것으로서, 지혜로운 자들이 여러 경전의 영상을 보는 거울이다.'(iti madhyamakasyedaṃ saṃkṣepād dhṛdayaṃ kṛtam/ dhīmatāṃ naikasūtrāntabimbadarśanadarpaṇam//)

12 [A] mtha 'gnyis rnam par spangs pas dbus dang 'dra bas na dbu ma ste/ dbus nyid dbu ma'o zhes rang gi don de la phan pa brjod pa'o// [B] dbu ma'i lam de ston par byed cing/ sgrogs par byed pas ka zhes bya ste/ skad kyi dbyings kyi sgra la dbu ma'i bstan bcos bya ba 'am/ dbu ma zhes bya ba'i ming gang la yod pa de ni dbu ma'o// yang na ka zhes bya ba'i ming gis brjod pa yin pas dbu ma zhes bya ste/ dbu ma'i grub pa'i mtha'o// (*[A] antadvayavivarjitena madhyena tulyatvān madhyamaḥ/ madhya eva madhyama iti svārthikataddhitābhidhānam(or svārthe tad－)// [B] madhyamāṃ pratipadaṃ tāṃ darśayatā vādayatā ca ka iti/ dhātuśabde madhyamakaśāstram iti madhyamaka iti saṃjñā vā yatrāsti sa madhyamakaḥ// atha vā ka iti nāmnābhihitatvān madhyamaka iti/ madhyamakasiddhāntaḥ//) 齋藤明, 「バヴィアの規定するMadhyamakaとその解釋をめぐって」, 『加藤純章博士還曆記念論文集, アビダルマ佛教とインド思想』(春秋社, 2000), pp. 267-279, 특히 pp. 268-270. 여기서 [A], [B]의 기호는 인용문이 내용적으로 두 개의 단락으로 구별되기 때문에 편의상 붙인 것이다.

13 齋藤明, 「バヴィアの規定するMadhyamakaとその解釋をめぐって」, 전게서, pp.270-274.

14 T. R. V. Murti, *The Central Philosophy of Buddhism* (London, 1955), p.87, n.1. "'Madhyamaka' or 'Madhyamaka Darśana' is an alternative"라고 말하는 것은 마디야마카의 이 용법에 합치한다.

15 마디야마카 madhyamaka는 "Madhyamaka-śāstra, Mūla-madhyamaka-kārikā, Madhyamaka-vṛtti, Madhyamaka-darśana, Madhyamaka-siddhānta, Madhyamaka-citta, Madhyamaka-vādin, Madhyamaka-sthiti" 등 합성어의 일부로서 사용되는 경우가 많다.

16 齋藤明, 「空性論者から緣起論者へ-Buddhapālitaを中心として」, pp.93-115, 특히 p.110의 주 1)을 보라.

17 齋藤明, 「[初期]中觀派とブッダパーリタ」, 『佛教學』 24(1988), pp.29-51, 특히 p.40을 보라.

18 所云大乘無過二種. 一則中觀. 二乃瑜伽. 中觀則俗有眞空體虛如幻. 瑜伽則外無內有事皆唯識. 『南海寄歸內法傳』, 대정 제54권, 205하; 齋藤明, 「大乘佛教とは何か」, 『シリーズ大乘佛教 1, 大乘佛教とは何か』(春秋社, 2011), pp.3-38, 특히 pp.11-15.

19 J. Takakusu, Tr., *A Record of the Buddhist Religion as Practiced in India and the Malay Archipelago (AD 671-695) by I-Tshing* (London, 1896), p.15; 王邦維, 『南海寄歸內法傳校注』(中華書局, 1995), pp.20-21; 宮林昭彦·加藤英司譯, 『現代語譯 南海寄歸內法傳-7世紀インド佛教僧伽の日常生活』(法藏館, 2004), p.18.

20 A. K. Warder, *Indian Buddhism* (Delhi : Motilal Banarsidass, 1970), p.376; D. Kalupahana, *Nāgārjuna : The Philosophy of the Middle Way*, (New York : State University of New York Press, 1986), pp.5-8.

21 齋藤明, 「空と言葉-『中論』第24章·第7偈の解釋をめぐて」, 『宗教研究』 72-1(1998), pp.27-52.

22 齋藤明, 「大乘佛教の成立」, 『シリーズ大乘佛教 2, 大乘佛教の誕生』(春秋社, 2011), pp.16-29.

23 *Grub pa'i mtha'i rnam par bzhag pa*, Peking ed., Śatapiṭaka Series 233 (New Delhi, 1978), p.433.2-3 (Kha 8a2-3); D. S. Lopez, *A Study of Svātantrika* (New York : Snow Lion Publications, 1987), p.253.

24 *Grub pa'i mtha'i rnam par bzhag pa*, p.433.4-p.434.1 (Kha 8a4-b1); Tada Collection preserved in the University of Tokyo, *Kitamura Catalogue*, no.85 (Ser-byes ed.), Nga 6a5-6 : yab sras gnyis kyi dgongs pa mthar thug thal 'gyur ba'i lugs su gnas kyang gzhung gi bstan tshod la tha snyad du dngos po la rang mtshan zhal gyis bzhes mi bzhes dang/ phyi rol gyi don zhal gyis bzhes mi bzhes dang/ gzhan grags tsam gyi sgo nas phyi rgol la rjes dpag bskyed du rung mi rung sogs kyi rnam bzhag (pzhag P; gzhag Ser-byes) gsal bar phye ba med pas thal rang gi phyogs gnyis ka'i (ga'i P) spyi la bzhugs pas na phyimo zhes zer ro//.

25 齋藤明, 「*lTa ba'i khyas par*における'經(部)中觀'の意味」, 『印度學佛教學研究』 55-2(2007), pp.910-918 참조.

26 齋藤明, 「空性論者から緣起論者へ-Buddhapālitaを中心として」, p.94과 p.111의 주 4)를 보라.

27 無著造, 般若流支譯, 『順中論義入大般若波羅蜜經初品法門』, 2권, 대정 30권, no. 1565; 安慧造 惟淨等譯, 『大乘中觀釋論』 9권, 대정 30권, no. 1567 및 卍續藏 26-1.

28 梶山雄一, 「淸辯·安慧·護法」, 『密教文化』 64·65, pp.144-159; 江島惠教, 『中觀思想の展開』, pp.165-171.

29 宇井伯壽, 『宇井伯壽著作選集』 제4권(大東出版社, 1968), p.39.

30 江島惠教, 『中觀思想の展開』, p.xi.

31 *Saṃyutta-Nikāya* (SN) II, PTS, pp.16-17 : "Kaccāyanagotto"; Ch. Tripāṭhī, *Fünfundzwanzig Sūtras des Nidānasaṃyukta*, Sanskrittexite aus den Turfanfunden VIII (Berlin : Akademie-Verlag, 1962), pp.167-173 : "Sūtra 19 : Kātyāyanaḥ"; 『잡아함』 301경, 대정 2권, 85하–86상.

32 SN II, p.17.

33 齋藤明, 「大乘佛教の成立」, 『シリーズ大乘佛教 2, 大乘佛教の誕生』(春秋社, 2011), pp.21-24.

34 karmakleśakṣayān mokṣaḥ karmakleśā vikalpataḥ/
te prapañcāt prapañcas tu śūnyatāyāṃ nirudhyate// 『중론』 18.5
업과 번뇌가 사라지기 때문에 해탈이 있다. 업과 번뇌는 분별에 근거하고,
그 [분별]들은 개념화에 근거한다. 그러나 개념화는 공성에서 사라진다.

35 *Vigrahavyāvartanī*, Johnston and Kurnst ed., p.122(ad k.22).

36 『중론』 제24장 제14송; 『회쟁론』 제70송도 거의 동일함.

37 svabhāvaṃ parabhāvaṃ cā bhāvaṃ cābhāvam eva ca/
ye paśyanti na paśyanti te **tattvaṃ** buddhaśāsane// 『중론』 15.6
aparapratyayaṃ śāntaṃ prapañcair aprapañcitam/
nirvikalpam anānārtham etat **tattvasya** lakṣaṇam// 『중론』 18.9
ye 'nayor na vijānanti vibhāgaṃ satyayor dvayoḥ/
te **tattvaṃ** na vijānanti gambhīrae buddha-śāsane// 『중론』 24.9
* 밑줄은 Saito(1985), pp.843-845를 보라.
saṃsāramūlaṃ saṃkārān avidvān saṃskaroty ataḥ/
avidvān kārakas tasmān na vidvāṃs **tattva**darśanāt// 『중론』 26.10
『중론』의 원문은 J. de Jong, *Nāgārjuna Mūlamadhyamakakārikāḥ* (Madras : The Adyar Library and Research Centre, 1977)에 따랐다. 그 후 Saito(1985), MacDonald(2007), Ye(2007) 등이 교정을 가하여 叶少勇(2011)이 그들의 성과를 반영한 최신 텍스트를 각 장 해설 및 현대 중국어역 등과 함께 출판하였다. 또한 Siderits and Katsura(2005-2010)는 『중론』의 게송에 대한 최신의 영역과 해설을 가했다.

38 tattvārtaḥ katamaḥ/ samāsato dvividhaḥ// yathāvadbhāvikatāṃ ca dharmāṇām ārabhya yā bhūtatā/ yāvadbhāvikatāṃ cārabhya yā dharmāṇāṃ sarvatā// iti bhūtatā sarvatā ca dharmānāṃ samastas tattvārtho veditavyaḥ// *Bodhisattvabhūmi*, Tattvārthapaṭala, 高橋(2005), p.85.

39 齋藤明, 「二諦と三性ーインド中觀·瑜伽行兩學派の論争とその背景」, 『印度哲學佛教學』 25(2010), pp.335-348(338-343).

40 vināśayati **durdṛṣṭā** śūnyatā mandamedhasam/

sarpo yathā **durgṛhīto** vidyā vā duṣprasādhitā// 『중론』 24.11

41 *Bodhisattvabhūmi*, Tattvārthapaṭala, 高橋(2005), pp.101-102.

42 (C)에 대응하는 텍스트는 Ms C 및 티벳어역에 비추어서, kiṃ punaḥ tatra rūpādisaṃjñake vastuny avaśiṣṭam. yad uta tad eva rūpam ity evamādiprajñapter āśrayaṃ prajñaptivādamātrakaṃ ca. tac cobhayaṃ ……라고 읽는다. 高橋(2005), p.102, 주 3)과 Wogihara ed., p.47, n.2를 보라.

43 **vyavahāram** anāśritya paramārtho na deśyate/
paramārtham anāgamya nirvāṇaṃ nādhigamyate// 『중론』 24.10

44 evaṃ nirabhilāpyasvabhāveṣu sarvadharmeṣu kasmād **abhilāpaḥ** prayujyate// tathā hi vin**ābhilāpena** sā nirabhilāpyadharmatā pareṣaṃ vaktum api na śakyate śrotumapi// vacane śravaṇe cāsati sā nirabhilāpyasvabhāvatā jñātum api na śakyate/ tasmād **abhilāpaḥ** prayujyate śravaṇajñānāya// 高橋(2005), p.106.

45 karmakleśakṣayān mokṣaḥ karmakleśā **vikalpataḥ**/
te **prapañcāt prapañcas** tu śūnyatāyāṃ nirudhyate// 『중론』 18.5

46 *Prasannapadā*, La Vallée Poussin, ed., p.350.

47 『중론』에서는 귀경게를 포함하여 총 6개의 게송에서 명사형인 prapañca 외에 동사형인 prapañcayanti 및 과거분사형인 aprapañcita라는 세 종류의 용례가 발견된다. 상세한 것은 다른 논문에서의 논의가 기대되지만, 각각 '개념(화)', '개념화하다', '개념화되지 않는'이라는 의미라고 생각된다. 앞에서 제시한 미주 37)의 제18장 제9송과 함께 아래의 제22장 제15송의 용례도 주목된다. '개념화를 넘어선 불멸의 불타를 개념화하고, 개념으로 손감하는 모든 사람들은 여래를 보지 못한다.' (**prapañcayanti** ye buddhaṃ **prapañcā**tītam avyayam/ te **prapañca**hatāḥ sarve na paśyanti tathāgatam//) 『중론』 22.15.

48 sa punar ayam aṣṭavidho **vikalpaḥ** katameṣāṃ trayāṇāṃ vastūnāṃ janako bhavati// yaś ca svabhāva**vikalpo** yaś ca veśeṣa**vikalpo** yaś ca piṇḍagrāha**vikalpa** itīme trayo **vikalpā vikalpaprapañcā**dhiṣṭhānaṃ **vikalpaprapañcā**lambanaṃ vastu janayanti rūpādisaṃjñakam// yad vastv adhiṣṭhāya sa nāmasaṃjñabhilāpa pari gṛhīto nāmasaṃjñābhilāpaparibhāvito **vikalpaḥ prapañcayan** tasminn eva vastuni vicaraty anekavidho bahunānāprakāraḥ// 高橋(2005), p.107.

49 유가행파의 prapañca에 대해서는 L. Schmithausen, *Der Nirvāṇa-Abschnitt in der Viniścayasaṃgrahaṇī der Yogācārabhūmiḥ* (Wien : Österreichische Akademie der Wissenschaften, 1969), pp.137-141; L. Schmithausen, *Ālayavijñāna : on the Origin and the Early Development of a Central Concept of Yogācāra philosophy*, part 1 & 2, Studia philologica Buddhica; Monograph series IV, (Tokyo : International Institute for Buddhist Studies, 1987), pp.509-514; 高橋(2005), pp.171-172, 주 35)를 보라.

50 A. Saito, "Is Nāgārjuna a Mādhyamika?", p.162, n.14.

51 포탈라 궁전을 포함한 티벳의 여러 사원에서 발견된 중관 관련 사본의 현황에 대해서는 Ye(2009)가 보고하고 있다. 금후 목록의 정비와 함께 그 사본들에 근거한 본격적인 연구가 기대된다. 또한 본장에서는 기본적으로 주석에서 관련 논문을 들었지만, 일부 번거로움을 피하

기 위해서 저자명과 발행년도에 의해서 말미에 수록한 참고문헌들을 언급했다.

참고문헌

가지야마 유우이치(梶山雄一)

1982 「中觀派の歷史と文獻」,『中觀思想』(講座·大乘佛教7), 春秋社, 1-83.

다카하시 고이치(高橋晃一)

2005 『「菩薩地眞實義品」から「攝決擇分中菩薩地」への思想展開』, Bibliotheca Indologica et Buddhologica 12, 山喜房佛書林.

쓰카모토 게이쇼(塚本啓祥) 외

1990 塚本啓祥·松長有慶·磯田熙文編著,『梵語佛典の研究III論書篇』, 平樂寺書店.

예 샤오용(叶少勇)

2011 『中論頌-梵藏漢合校·導讀·譯注』, 上海 : 中西書局.

MacDonald, A.

2007 "Revisiting the Mūlamadhyamakakārikā : Text-Critical Proposals and Problems", *Studies in Indian Philosophy and Buddhism* 14, pp.25-55.

Saito, A.

1985 "Textcritical Remarks on the *Mūlamadhyamakakārikā* as Cited in the *Prasannapada*", *Journal of Indian and Buddhist Studies* 33-2, 1985, pp.842-846.

Seyfort Ruegg, D.

1981 *The Literature of the Madhyamaka School of Philosophy in India*, A History of Indian Literature 7-1, Wiesbaden : Otto Harrassowitz.

Siderits M. and Katsura Sh.

2005-2010 "*Mūlamadhyamakakārikā*", I-X, XI-XXI, XXII-XXVII, *Journal of Indian and Tibetan Studies* (ィンド學ノチベト學研究), 9 · 10, 12, 14, 2005/2006, 2008, 2010.

Ye Shaoyong

2007 "A Re-examination of the *Mūlamadhyamakakārikā* on the Basis of the Newly Identified Sanskrit Manuscripts from Tibet", *Annual Report of the International Research Institute for Advanced Buddhology at Soka University*, vol.10, pp.117-147.

2009 "A Preliminary survey of Sanskrit manuscripts of Madhyamaka texts preserved in the Tibet Autonomous Region", *Sanskrit Manuscripts in China*, ed. by Steinkellner E., Duan Qing, and Krasser H., Beijing : China Tibetology Publishing House.

제2장

나가르주나작 『십이문론』과 그 주변

고시마 기요타카

1.
머리말

현대의 연구자들이 나가르주나Nāgārjuna에 대해서 가지고 있는 일반적인 이미지를 그려보면 다음과 같다. 즉, 그는 150년부터 250년경까지 활약했고, 남인도 바라문 출신의 대승교도이고, 많은 초기 대승 경전에 통효했고, 수십 편이 넘는 방대한 '용수문헌군'[1]의 저자이다. 그 속에는 『중론송 *Mūlamadhyamakakārikā*』, 『육십송여리론 *Yuktiṣaṣṭikā*』, 『공칠십론 *Śūnyatāsaptati*』, 『회쟁론 *Vigrahavyāvartanī*』, 『보행왕정론 *Ratnāvalī*』, 『바이달야론 *Vaidalyaprakaraṇa*』, 『권계왕송 *Suhṛllekha*』, 『사찬송 *Catuḥstava*』, 『인연심론송 *Pratītyasamutpādahṛdaya*』 등이 포함되어 중시된다. 어떤 연구자들은 거기에 『대승파유론 *Bhavasaṃkrānti*』, 『대승이십론 *Mahāyānaviṃśikā*』, 『대승보요의론 *Sūtrasamuccaya*』을 포함시키거나, 혹은 그 외에 한역만 전하고 있는 『대지도론』, 『보리자량론』, 『십주비바사론』, 『방편심론』, 『십이문론』 등을 포함시키기도 한다. 그리고 나가르주나는 『반야경』 등에서 설해진 공사상의 대성자이고, 중관파의 개조라는 것이다.

그러나 그의 생몰 년도와 생애, 그리고 저술에 대하여 분명한 문헌적인 근거가 있는 것은 아니고, 대부분 중국과 티벳에서 전해지는 전승이나 후대 중관파 문헌들의 인용이나 취급 방법을 근거로 한 것에 불과하다. 그중에서 확실한 것은 오직 그가 『중론송』의 저자라는 것뿐이다. 따라서 그 이외의 여러 문헌에 대해서는 『중론송』에서 발견되는 사상이나 논법 등과의 정합성과 계속성 등을 기준으로 해서 진찬眞撰인가 아닌가가 검토되고 판단되고 있다.

필자는 근년 『중론송』의 공관, 연기관, 불타관을 현재의 많은 연구자들이 용수의 진찬으로 간주하는 『육십송여리론』, 『공칠십론』, 『회쟁론』, 『보행왕정론』의 그것들과 비교 조사하여, 그 문헌들의 연기관과 불타관이 크게 다른 것을 밝혔다.[2] 결국 진찬이라고 생각되는 문헌들도 논리와 논법에는 일관성과 정합성이 있지만, 종교적 입장과 배경은 매우 다르다는 것이다. 또한 나가르주나의 저술이라고 전해지는 방대하고 다양한 문헌군의 저자를 모두 『중론송』의 저자인 나가르주나 한 사람으로 귀착시키는 것도 불가능할 것이다.

'나가르주나의 진작은 『중론송』뿐'이라는 필자의 가설은[3] 『중론송』이라는 태양의 주위를 맴도는 용수문헌군 가운데 가장 광원光源에 가깝다고 생각되는 여러 문헌을 대상으로 한 것이지만, 반대로 태양으로부터 가장 먼 거리에 있는 혹성군의 하나라고 생각되는 『십이문론』으로부터 광원을 조망하면 어떤 모습이 보일까? 『중론송』과 『십이문론』의 사이에는 어떤 문헌군들이 존재하고 있는 것일까? 이번에는 그와 같은 관점에서 나가르주나작이라고 말해지는 『십이문론』과 그 주변을 조사해보고자 하는 것이다.[4]

2.
『십이문론』에 대하여

『십이문론』의 원전은 다음과 같은 한역 1종류만 존재한다.

용수보살조, 요진姚秦 구마라집역, 『십이문론』 1권, 대정 제30권, 159상-167하

『십이문론』의 번역 년도는 현존하는 가장 오래된 경록經錄인 『출삼장기집』의 녹권錄卷에는 실려 있지 않고, 서권序卷에 있는 승예서僧叡序에 할주割注의 형태로 홍시 11년(서력 409년)이라고 되어 있을 뿐이다. 할주는 후대에 붙여진 것이고, 승예가 찬술한 『이진록二秦衆經目錄』에는 번역의 기록이 없다. 또한 승예서 자체도, 송宋과 제齊 시대에 승예에게 가탁되어 위작되었다고 생각되는 구절이 있다.[5] 구마라집(이하 '라집'이라고 표기)을 대승으로 인도한 수리야소마Sūryasoma는 라집에게 『중론』, 『백론』, 『십이문론』을 가르쳤다고 하지만, 그 전승은 『양고승전』과 『개원석교록』에서 발견될 뿐, 가장 오래된 전기인 『출삼장기집』에 수록되어 있는 「구마라집전」은 '중백中百 2론을 읽었다.'고 하여 『십이문론』을 언급하지 않는다. 결국 가장 오래된 경록에 따르는 한, 언제 어떻게 이 『십이문론』이 번역되었는가 하는 것은 분명치 않은 것이다. 이처럼 『십이문론』이 라집에 의해서 중국에서 그 존재가 분명하게 된 것은 확실하지만, 그것이 인도에서 전해진 원전을 바탕으로 한 것인가, 아니면 라집에 의해서 편집, 혹은 저술된 것인가는 분명치 않다.

따라서 『십이문론』에 대한 고찰 자료는 『십이문론』에 대한 정밀한 해독밖에 없다고 할 수 있다.

3.
『십이문론』의 구성

『십이문론』 각 장의 주제와 전체적인 구성을 간략하게 보면 다음과 같다.

(A) 인과 관계로부터 본 제법의 공·불생의 증명

① 연기인 것의 불가득, 공 ············ 제1관인연문

② 인중유과론자와 인중무과론자가 설하는 인과론의 부정 ······ 제2관유과무과문

③ 유부가 주장하는 연기설의 부정 ············ 제3관연문

(B) 논리적 관계에서 본 제법의 공·불생의 증명

① 유위상(有爲의 3相)과 무위상의 부정 ············ 제4관상문

② 상相과 소상所相의 불성립 ············ 제5관유상무상문

③ 상과 가상可相의 불성립 ············ 제6관일이문

④ 유와 무의 불성립 ············ 제7관유무문

(C) 실체의 부정에 의한 제법의 공·불생의 증명

① 제법의 무자성과 세간 출세간법의 성립 ············ 제8관성문

② 결과의 부정 ············ 제9관인과문

③ 원인(苦의 作者)의 부정 ············ 제10관작자문

(D) 시간의 관점에서 본 제법의 공·불생의 증명

① 삼시(三時; 前時, 後時, 同時)에 인과 관계의 불성립 ············ 제11관시문

② 삼시(三時; 過去, 未來, 現在)에 제법의 발생 불성립 ············ 제12관생문

이렇게 보면 『십이문론』의 저자 혹은 편찬자는 (A)에서는 계시적繼時的인 관점에서, (B)에서는 동시적同時的인 관점에서, (C)에서는 시간과 무관계한 본질론의 관점에서, (D)에서는 두 계열의 시간적 관점에서 제법의 공과 불생을 설하고 있는 것을 알 수 있다. 또한 최초로 대승의 연기 해석을 설한 후, 구체적으로 외도外道와 아비달마(=有部)의 인과론을 부정하는 것으로부터 시작하여, 최후로 불생의 증명을 행하면서 전체를 마무리하고 있어서, 소품이지만 면밀하게 계산된 의도 아래 구성되어 있다고 말할 수 있다. 요컨대 『십이문론』은 제법의 공과 불생을 주제로 하여 대승의 연기관을 정연하고 면밀하게 정리한 것이라고 할 수 있다. 이와 같은 이유 때문에 『십이문론』은 중국 삼론종에서 나가르주나의 공관을 가장 간결하고 정확하게 정리한 강요서로서 특히 중시되었던 것이다.

4.
『십이문론』 각 장의 내용과 특징 및 문제점

다음에 구체적으로 각 장의 내용을 간단하게 살펴보도록 한다.[6] 각 장의 표제 아래 실은 글자수는 대정신수대장경의 한자수이고 전체는 10,330자이다. 전체가 완전하다고 말할 수밖에 없을 정도로 치밀하게 계산된 구조를 하고 있음에 대하여, 각 장의 내용을 보면 그 분량과 입론立論의 방법뿐 아니라, 구조적으로도 비일관적인 부분이 적지 않다.

I) 관인연문 觀因緣門(1,058자)

처음에 총서總序가 놓여 있고, 거기서 조론造論의 취지가 설해진다. 대승의 어의에 대한 설명에서 『반야경』이 인용되는데, 그것은 『소품반야경』을 가리킨다고 생각된다. 본론의 주제는 연기인 것의 무자성이지만, 그것을 요약해서 설한 모두게冒頭偈는 『입대승론』과 『미륵보살소문경론』의 게송을 이용하고 있다. 다음에 연기 pratītyasamutpāda를 외外와 내內로 나누고, 외연기非有情數에 대해서 제법은 연이생(緣已生 pratītyasamutpanna)이기 때문에 무자성인 것을 논하고, 내연기有情數에 대해서는 『공칠십론』 제8송을 인용해서 연기의 12지가 일심一心 즉 동시적이든, 다심多心 즉 계시적이든 불생인 것을 논하고 있다. 예를 들면 『입능가경』은 연기를 외연기와 내연기로 나누면서도, 일체의 존재는 계시적 krameṇa이든 동시적 yugapat이든 불생不生이라고 말한다. 그러나 『십이문론』은 외연기와 내연기에 각각 별도의 논거를 들어서 공과 불가득을 증명하고자 한다. 즉, 『십이문론』은 『중론송』의 논법과 그것을 계승 발전시킨 『공칠십론』의 논법을 융합하고 있는 것이다.

II) 관유과무과문 觀有果無果門(2,466자)

이 장은 소위 인중유과설因中有果說과 인중무과설因中無果說을 부정하는 장으로서, 이 1장만으로 전체의 4분의 1 정도를 차지한다. 인중유과와 인중무과에 대해서는 인중유과 쪽에 부정의 중점이 놓여져 있다. 인중유과론자의 주장의 핵심은 '원인 가운데 결과가 보이지 않는 것은 그 변화의 미세함 때문이다.'라는 것이지만, 여기서는 정통 상캬 학설의 특징 가운데 하나인 '현현(顯現 abhivyakti)'이라는 사고는 전혀 보이지 않는다. 반론자가 제기한 '원인 가운데 결과가 보이지 않는 8가지 이유'에 대한 설명은 『상캬 카리카』 제7송과 상응하고, 그 설명은 정세한 모습이지만, 『대비바사론』, 『백론』, 『금칠십론』에서 발견되는 『상캬 카리카』에 대한 주석들과 『대승열반경』에서 설하는 불성佛性이 보이지 않는 8가지 이유는 모두 동일한 순서임에 대하여, 『십이문론』의 순서는 그것들과는 다르다(찬드라키르티의 주석서인 『프라산나파다』의 설명은 이들 모두와 다르다). 한편 여기서 발견되는 인중무과설因中無果說을 부정하는 5가지 근거는 『상캬 카리카』 제9송에서 발견되는 인중유과설의 5가지 주장을 그대로 답습하고 있다고 생각된다. 『십이문론』과 『상캬 카리카』는 최초의 4가지 주장에서 잘 대응하지만, 『상캬 카리카』의 5번째 주장은 명백하게 인중유과론의 주장으로서, 『십이문론』은 그것을 『상캬 카리카』의 여러 주석서들이 거론하는 '호마유'의 비유를 사용해서 자신의 입장으로 돌리고 있다. 구체적으로 말하면 '일찍이 호마유를 짜는 것을 보았기 때문'이라고 말하는 것과 같은, 경험을 근거로 한 비유는 인과 관계의 이유가 되지 못하며, 오히려 동의인同疑因이 된다고 하여 부정하고 있다. 라집은 『중론송』 제4장 제8송과 제9송에서 발견되는 'samaṃ sādhyena jāyate(증명되어야 할 것과 동일한 것이 된다)'를 '俱同於彼疑(그 의문과 똑같게 된다)'라고 번역했지만, 『청목주』의 설명을 보면 그 '동의同疑'는 『니야야 수트라』에서 말하는 소립상사(所立相似 sādhyasama)에 해당하는 것을 알 수 있다. 후술하게 될 제11장 「관삼시문」에서도 이 용어가 발견되는데, 이는 저자의 논리학적 지식, 혹은 『회쟁론』과의 관계를 논하는 데 중요한 자료가 된다.

III) 관연문觀緣門(376자)

이 장은 법의 실유를 전제로 하는 아비달마의 인과론이 성립할 수 없음을 4연緣을 가지고 논하고 있다. 그러나 논주의 답론에서 거론되는 『중론송』 제1장 제2송(『무외론』과 『청목주』에서는 제3송)은 『프라산나파다』를 비롯한 티벳어역과 한역으로 남아 있는 모든 주석에서 반론자의 게송으로 되어 있다.

IV) 관상문 觀相門(1,346자)

이 장은 유위든 무위든 모든 상(相 lakṣaṇa 특징 혹은 특질)이 성립할 수 없음을 논하고 있다. 전반의 유위상 부정에서는 『중론송』 제7장에서 10개의 게송을 인용하여, 유위 3상(生住滅) 가운데 생상 生相이 성립할 수 없음을 논하고 있는데, 『무외론』과 『청목주』 각각의 주석 부분을 적당하게 인용(정확하게 말하면 차용 借用 혹은 무용 流用)하고 있어서, 저자는 『무외론』과 『청목주』라는 두 논서를 전제로 하여 『십이문론』을 저술하였다고 판단된다. 『무외론』과 『청목주』는 대응 부분이 많아서 동일한 원본의 이역이라는 설(=丹治昭義說), 혹은 『무외론』을 근거로 해서 『청목주』와 『붓다팔리타주』가 작성되었다는 설(=C.W. Huntington설) 등이 있다. 따라서 이 장의 구성은 『십이문론』만이 아니라, 『무외론』과 『청목주』를 논하는 데에도 중요한 자료가 된다. 또한 반론자는 후반의 무위상 부정에서 '무상 無相의 옷', 즉 '무지 無地, 무색 無色의 옷'이라는 비유를 제시하는데, 이 비유는 『니야야 수트라』 2.2.8에 대한 여러 주석에서 발견되는 것과 유사하며, 그런 점도 『십이문론』의 저자를 논하는 데 중요하다.

V) 관유상무상문 觀有相無相門(326자)

이 장은 전장의 유위상과 무위상에 대한 부정에 이어서, 모든 상 相의 작용 所相

이 성립하지 않음을 논하고 있는데, 전체의 60% 이상을 『중론송』 제5장 제3송과 그 게송에 대한 『무외론』의 주석이 차지하고 있다. 『청목주』의 해당 부분과는 전혀 달라서, 저자는 여기서 전면적으로 『무외론』에 의거하고 있는 것을 알 수 있다.

VI) 관일이문 觀一異門(689자)

이 장은 『중론송』 제2장 제21송을 전용轉用하여, 제2장에서 거자(去者 가는 주체)와 거(去 가는 작용)의 관계를 그대로 상(相 lakṣaṇa)과 가상 (可相 lakṣya)의 관계로 놓고, 양자가 동일한 것으로도 상이한 것으로도 성립할 수 없다는 것, 즉 상 相과 가상 可相을 중심으로 한 파괴적 양도논법(兩刀論法 dilemma)을 주제로 삼고 있다. 그러나 본론으로 들어가면 양도논법이 아니라, 동일 同一, 상이 相異, 부분 部分의 삼도논법(三刀論法 trilemma)이 되어 있다. 또한 반론자의 '부분'에 대한 설명에서 처음에는 '일부는 상 相이고, 나머지는 가상 可相인 사물'(여기서 상과 가상은 상보적 관계)이라고 하지만, 나중에는 '가상 可相의 일부를 상 相으로 하는 사물',(여기서 상과 가상은 부분과 전체의 관계)이라고 말하고 있다. 논주가 끝부분에서 '혹은 동일한 것 속에 있고, 혹은 다른 것 속에 있는 것이 된다.'고 말하는 것은 그와 같은 주장의 모순을 지적한 것이라고 생각된다. 삼도논법의 제3항을 이처럼 부분과 전체의 관계로 포착하는 사고는 적어도 『중론송』과 『청목주』와 『무외론』에서는 발견되지 않는다.

VII) 관유무문 觀有無門(622자)

이 장은 모두게 冒頭偈로서 『공칠십론』 제19송을 인용하여, 유위 4상(生住老滅)에서 유(有=生成)와 무(無=衰滅)의 동시 존재가 불가능함을 논하고 있는데, 전체적으로는 나가르주나의 자주 自注인 『공칠십론주』의 논의와 잘 대응한다. 그래서 표면적으로는 『공칠십론주』에 따르면서 저자 자신의 해설을 전개하고 있는 것처럼 보인다. 또한 주목되는 것은 유위 4상 가운데 멸(滅=無常性)에 대해서 '이 법은 생시 生時에 이미 존재하고 있지만, 그 무상성이 멸의 작용을 발휘하는 것은 나중이다.' 라고 말하고 있다는 점이다. 『대비바사론』 등은 '생주멸의 3법, 혹은 생주노멸 生住老滅의 4법은 1찰나 가운데 존재하며, 각각의 명칭의 차이는 그 기능의 발휘 순서의 차이에서 유래하는 것에 지나지 않는다.'라고 말하고 있는데, 여기서는 특히 무상성에 대해서 그 효력의 발생이 늦음을 강조하고, 또한 '이 4법은 생→노→주→노→멸의 순서로 작용하며, 그것을 가능하게 하는 것은 득(得 prāpti)이다.'라고 말하고 있다. 여기서 멸은 무상성이라는 작용의 발현이다. 그런데 길장은 『십이문론소』에서 '득 得은 이 4상을 묶어서 잃어버리지 않도록 한다.'고 말하는 한편, '비담의 옛 교의에 따르면, 4상의 성취에 득은 필요하지 않다.'고 하여 그것이 다른 학파의 교의일 가능성을 시사하고 있다. 요컨대 여기서 발견되는 교리는 일반적으로 알려져 있는 아비달마의 교리와는 합치하지 않는다는 것이다. 그렇다면 저자는 그와 같은 지식을 어디에서, 어떻게 얻었던 것일까?[7]

VIII) 관성문 觀性門(702자)

이 장은 『중론송』 제13장, 제15장, 제24장의 논의를 산문으로 요약하면서, 제법이 무자성이라는 사실과 무자성이기 때문에 세간법과 출세간법이 성립함을 논하고 있다. 이 장은 전체가 『중론송』의 특정 장들에 대한 요약으로 되어 있다는 점에서 특이한 구성이라고 생각된다. 또한 다른 장의 『중론송』 인용이 주로 제1장, 제2장,

제5장, 제7장에 한정되어 있다는 점에서 이 장은 다른 장과 다르다.

IX) 관인과문 觀因果門(130자)

이 장은 결과가 연의 집합(集合=和合)에도, 그 이외의 무언가에서도 유래하지 않기 때문에, 성립할 수 없음을 설하고 있다. 그러나 전체가 다만 130자에 지나지 않고, 구체적인 내용에 대해서도 '앞에서 설한 것처럼'이라고 하여, 다른 장(제3장)에 그 설명을 넘기고 있어서, '12'라는 숫자에 맞추기 위해서 이 장을 설했을 가능성도 있다고 생각된다.

X) 관작자문 觀作者門(1,484자)

이 장은 고통의 불생을 주제로 하고 있다. 우선 논주에 의해서 고통의 4작 作, 즉 자작 自作, 타작 他作, 공작 共作, 무인작 無因作에 대한 부정이 간결하게 설해지고, 이어서 그에 대한 경증 經証으로서 아함의 한 경전이 인용된다. 그 경전은 현존하는 경전으로는 『잡아함경』 제302경이 가장 가깝다. 이 장의 대부분은 그 경증에 대한 불교도들의 반론이 차지하고 있다. 반론자는 '논주가 제시하는 경증은 불타가 제도해야 할 중생에 맞추어서 고통에 대한 사견 邪見을 4가지로 나누어 그 모두를 부정한 것에 지나지 않으며 결코 공을 설한 것은 아니다.'라고 하여 새로운 고통의 4작 부정론을 전개하면서, 자작에서는 자아(=아트만 혹은 푸드갈라)를 타작에서는 자재천(=이슈바라)을 강하게 부정하고 있다. 자재천 부정의 내용은 『붓다차리타』 제18장의 내용에 가까운데, 그보다 더욱 정세하게 되어 있다. 한편 그에 대한 논주의 답론은 매우 간결해서 '불타는 많은 조건으로부터 고통이 발생한다고 설하여 4가지 사견을 부정하는데, 그것은 그대로 공을 설한 것에 다름 아니다.'라고 말할 뿐이다. 이 부분은 경증으로서 거론되는 경전인 『잡아함경』 제302경의 후반에서 불타가 설한 12지 연기의 유전문과 환멸문을 전제로 한 논의라고 생각된다. 한편 『공칠십론』과 『회쟁론』에서는 전혀 다루지 않고, 『무외론』과 『청목주』에서도 구체적으로 설해지지 않았던 유신론 비판이 여기서 상세하게 다루어지고 있다는 점은 주목할 만하지만, 그것이 반론자의 입을 빌려서 논해지고 있는 것에 어떤 의미가 있는 것인가는 분명하지 않다.

XI) 관삼시문 觀三時門(449자)

이 장은 사물의 불생을 인因과 유인(有因=果)의 관점에서 '삼시'(三時; 前時, 後時, 同時)로 나누어서 논하고 있다. 주제를 제시하는 모두게 冒頭偈는 저자의 손으로 지어졌다고 생각된다. 그러나 그 직후의 해설은 『공칠십론주』 제6송의 해설과 유사하다. 또한 반론자의 주장은 『회쟁론』 제20송 및 그에 대한 해설과 거의 일치하고, 그에 대한 논주의 답론은 『회쟁론』 제69송의 해설과 유사하다. 또한 다른 반론은 제69송의 해설에서 발견되는 반론과 매우 유사하다. 요컨대 『십이문론』은 삼시三時에 걸친 사물의 불생不生을 논함에 있어서, 제1의 반론과 그에 대한 답론, 그리고 거듭되는 반론 부분에 『회쟁론』의 '파(破 부정)'와 '가파(可破 부정되는 것)'의 삼시에 걸친 불성립에 대한 논의를 삽입해서 전체를 구성하고 있는 것이다. 『회쟁론』은 541년에 번역되었으므로, 『십이문론』의 번역보다 약 140년 정도 늦지만, 『십이문론』의 저자는 『회쟁론』에서 발견되는 이 논쟁을 알고 있었다고 생각된다.

XII) 관생문 觀生門(682자)

이 장은 전체의 총괄에 해당한다. 모두게는 『중론송』 제2장 제1송을 수정한 것이라고 생각된다. 주제는 사물의 불생이지만, 그 대부분은 『무외론』 제7장 제14송에 대한 주석 부분의 인용으로 되어 있다. 『무외론』 제7장 제14송과 그 주석은 유위 3상 가운데 하나인 '생 生'의 불성립을 논한 것이고, 그것은 인용문의 끝에 '주 住'와 멸 滅도 또한 이와 같다.'라고 말하는 것으로부터도 분명하다. 결국 사물의 발생 일반을 부정하기 위해서 유위 3상 가운데 '생'의 부정에 대한 논의를 그대로 인용하고 있는 것이다. 더구나 저자는 '주와 멸도 또한 이와 같다.'라는 문구를 포함하여 해당 문구를 거의 생략함이 없이 그대로 인용하고 있다. 사물의 발생에 대한 부정 및 발생을 가능하게 하는 법인 '생'의 부정이 궁극적으로는 동일한 것이라고 해도, 그와 같은 이른바 '안이한' 유용 流用, 혹은 전용 轉用은 저자의 저술 태도를 단적으로 보여주고 있다고 생각된다.

5.
『십이문론』 각 장의 분석 결과

앞에서 보았던 『십이문론』 각 장의 내용과 거기서 발견되는 특징 및 문제점을 정리하면 다음과 같다.

① 『십이문론』의 저자는 『중론송』과 그에 대한 주석서인 『무외론』, 『청목주』,

『공칠십론』, 그리고 그 밖의 문헌들을 자유롭게 이용하고 있다.

② 『무외론』과 『청목주』의 경우에는 주로 『무외론』에 의거하지만, 때로는 『청목주』도 이용하고, 양쪽을 비교하면서 참고하고 있다. 인용하는 경우에는 일부 삭제하는 이외에는 전혀 수정하지 않고 그대로 인용하고 있다.

③ 전체가 『중론송』을 포함하며, 다른 논서로부터 인용 혹은 이용을 통해서 성립하는 장도 적지 않다.

④ 전체적으로는 『중론송』의 개론概論이라는 형태를 취하지만, 『중론송』에서 논해지지 않는 문제도 언급하고 있고, 그 분량도 전체의 60%를 넘는다.

⑤ 그럴 경우 『공칠십론주』와 『회쟁론』 및 『상캬 카리카』와 『니야야 수트라』 그리고 그에 대한 여러 주석서의 논의를 근거로 삼고 있다.

또한 각 장의 주제를 나타내는 모두게와 『중론송』의 관계를 살펴보면 다음과 같다. (*아래의 표에서 로마자는 『십이문론』의 장을 표시한다)

(A) 『중론송』 이외의 문헌에에서 인용한 것 .... I, VII

(B) 『중론송』에서 그대로 인용한 것 .... III, V

(C) 『중론송』에서 인용했지만, 『중론송』의 문맥을 무시한 전용이라고 보이는 것 .... II, VI, VIII

(D) 『중론송』의 게송을 인용, 또는 참고해서 저자 자신이 작성했다고 생각되는 것 .... IV, IX, X, XI, XII

이것을 요약하면 다음과 같이 된다.

⑥ 각 장의 주제를 나타내는 모두게는 적절한 것이 있으면 『중론송』에서 그것을 인용하고, 그렇지 않으면 다른 문헌에서 찾았다. 그래도 없는 경우에는 『중론송』에 수록되어 있는 게송을 정리해서 사용했다.

위의 내용 중에서 ①, ②를 보면, 『십이문론』의 저자는 『중론송』의 저자인 나가르주나와는 다른 사람인 것이 분명하다. 또한 ①, ②, ③, ⑥을 보면, 『십이문론』의 저자는 『중론송』에 보이는 나가르주나의 논법을 구사하면서, 그 기초적 부분은 『중론송』 및 그에 대한 주석서인 『무외론』과 『청목소』의 논의를 교묘하게 이용하고 있고, ④, ⑤를 보면 『중론송』에는 명시되어 있지 않았던 문제, 즉 12지 연기와 공성의 관계, 인중유과론과 인중무과론, 유신론의 부정, 무상無相의 상相, 그리고 파破와 가파可破의 문제 등에 대해서도 적극적으로 다루고 있는 것을 알 수 있다. 그러므로 얼핏 보면 『십이문론』은 『중론송』의 저자가 후년에 초학자를 위해서 『중론송』의 요점을 정리하면서, 새로운 문제에 대해서 답하는 형태로 저술한 것처럼 보일 수도 있다. 『십이문론』이 나가르주나의 진찬임을 주장하는 사람들은 이와 같은 『중론송』과 『십이문론』의 논리적인 일관성, 사상적인 정합성에 현혹되어 『십이문론』에서 발견되는 저술 태도와 전체의 구성이 내포하는 문제에는 눈을 돌리지 않는다.

또한 『무외론』과 『청목주』 양자로부터 자유롭게 인용 및 차용하고 있기 때문에, 그 두 논서 가운데 어떤 한 논서의 저자가 『십이문론』을 작성했다고 생각하기도 어렵다. 『무외론』과 『청목주』는 모두 그 저자의 정체가 불분명하기 때문에, 완전히 부정할 수는 없다고 해도, 그 가능성은 낮다고 생각된다. 『무외론』은 나가르주나의 자주自註로 되어 있지만, 그 실제의 저자에 대해서는 그 소속을 결정하는 것도 불가

능하고,[8] 『청목주』와의 선후 관계도 명확하지 않기 때문이다.[9]

6.
『십이문론』의 저자

이렇게 보면 역시 『십이문론』의 저자는 청목 이후의 인물임을 알 수 있다. 구마라집에 대한 전기 가운데 가능성이 있는 사람의 이름을 들어보면, 라집을 대승으로 인도했다고 하는 수리야소마 정도이겠지만, 제2절에서 이미 지적했던 것처럼, 가장 오래된 전기인 『출삼장기집』에 수록된 「구마라집전」은 『십이문론』에 대해서는 전혀 언급하지 않는다. 결국 『출삼장기집』에 따르는 한 수리야소마는 『중론』과 『백론』만을 가르쳤고, 『십이문론』과는 관계가 없는 것이 된다.

그렇게 되면 『십이문론』은 라집에 의한 편집 혹은 저술일 가능성이 농후해진다. 이제 원점으로 돌아가 『십이문론』 가운데 발견되는 저자의 사상, 집필 태도, 그 사상적, 문화적 배경 등을 살펴보면서, 참고가 될 만한 사항을 지금까지의 논의와의 중복을 포함해서 검토해보도록 한다.

먼저 『십이문론』의 저자는 제1장에서 『반야경』, 즉 『소품반야경』을 인용한다. 또한 제10장에서는 경전의 가르침으로서 나형가섭 裸形迦葉의 고통 苦의 4작 作 문제를 언급하는데, 그것은 『잡아함경』 권12 제302경에 가깝다. 한편 대승의 논서로서는 『중론송』과 『공칠십론』의 이름을 들면서 인용하지만, 이미 지적했던 것처럼, 『무외론』과 『청목주』는 그 이름도 제시하지 않고서 자유롭게 인용, 혹은 전용하고 있다. 『공칠십론』에 대해서는 『공칠십론주』를 전제로 하고 있었을 가능성이 높다. 또한 저자는 『회쟁론』을 알고 있었다고 생각된다. 『회쟁론』에서 발견되는 논주와 반론자의 논의 가운데 일부가 제11장에서 거의 그대로 발견되기 때문이다. 아비달마에 대해서는 제6장에서 '아비담'이라고 하여 '유有가 무상無常과 함께 발생함'을 언급하지만, 현존 아비달마 문헌에서는 그와 직접적으로 상응하는 문구는 발견되지 않는다. 또한 아비달마의 교학으로서 '득得'이 '생生, 주住, 이(異=老) 멸(滅=無常)'의 유위 4상相과 구생한다고 하지만, 그것도 현존 아비달마 문헌에서는 발견되지 않는 사고이다.

불교 이외의 문헌으로서는 제2장에서 『상캬 카리카』 가운데 몇 개의 게송, 특히 제7-9송을 중심으로 하여 논하고 있다. 특히 『십이문론』의 저자는 『상캬 카리카』 제9송에서 발견되는 인중무과론을 부정하는 5가지 논거 중 처음의 4가지를 거의 그대로 자신이 인중무과론을 부정하는 논거로서 사용하고 있다. 또한 제10장에서는 유신론자의 문헌으로서 『자재경自在經』을 제시하고 있다. 이 장에서 발견되는 유신론有神論 부정은 『붓다차리타』의 언급과 유사한데 그것보다 상세하다.

그 밖에 『십이문론』은 제1장에서 연기를 외연기外緣起와 내연기內緣起로 나누어 설명하는데, 그 설명의 구성은 『입능가경』의 그것과 가깝다. 제1장에서는 자성自性에 대한 설명과 관련해서, 구체적인 예로서 배梨와 망고柰를 제시하고 있다. 『백론』에 의하면 망고는 대추棗보다 크고, 오이瓜보다 작은 것이라고 한다. 또한 『대당서역기』에 의하면 배, 망고, 복숭아桃, 살구杏, 포도 등의 과실은 가습미(迦濕彌 카슈미르)국보다 북쪽에 심어졌다고 한다.

논리학 용어로서는 제2장에서 '요인了因'과 '생인生因'을 들고, 경험적 사실에 근거한 유례를 '동의인 同疑因'이 된다고 하여 부정하고 있다. 동의인은 제11장에서도 사용된다.

제2장에서는 존재하고 있어도 보이지 않는 예로서 지하수를 들고 있다. 지하수의 비유는 『아함경』에서도 발견되며, 『방편심론』, 『대승열반경』, 『입능가경』에서도 '존재하고 있지만 볼 수 없는 것'의 예로서 제시된다. 그 논서들에서 지하수는 각각 '아라한의 경지', '열반', '오온 속의 진아(眞我=여래장)'에 대한 비유로서 사용된다.

제4장에서 반론자가 제시하는 '무상 無相의 상 相'에 대한 예로서 '무지 無地의 옷을 가지고 오라.'고 하는 지시의 예를 들고 있는데, 그것은 『니야야 수트라』 2. 2. 8에 대한 여러 주석서 가운데 특히 웃됴타카라의 주석에서 발견되는 설명에 가깝다.

그런데 이와 같은 자료들로부터 어떤 시기의 어떤 인물이 『십이문론』의 저자라고 생각할 수 있을까? 요츠야 코우도우 四津谷孝道는 삼론종의 전통이 전하는 계보 등을 참고로, 청목 靑目의 활동 연대를 300-350년경으로 설정하는 것이 타당하다고 말하고 있다.[10] 한편 가마타 시게오 鎌田茂雄는 구마라집의 생몰년을 344-413년 또는 350-409년으로 하고 있다.[11] 모두 추측이지만 그에 따르면, 『십이문론』의 저자는 4세기 중엽을 중심으로 활동했던 인물이라고 생각할 수 있다. 앞에서 살펴보았던 사항 가운데 몇 가지는 그 무렵 인도 사상의 상황에 대응하고 있다. 그 무렵 상캬 학파와 바이세시카 학파는 각각 기본 성전을 정비하여 학파로서의 형태를 명확히 하고 있었고, 또한 힌두이즘에 근거한 유신론이 점차 세력을 얻고 있었기 때문이다. 또한 '배'와 '망고', '지하수'에 대한 언급만으로 지역 地域을 서북 인도로 상정하는 것은 힘들지 모르지만, 적어도 그것을 부정하는 자료도 존재하지 않는다.

이와 같은 저자의 모습은 4세기 중엽(360년 전후) 서북 인도의 계빈 罽賓[12]에 유학

했던 라집의 인물상과 겹친다. 그러므로 각종 전기에 기록되어 있는 라집의 생애를 인도의 사상 및 문화와의 관계를 중심으로 개관해보자.[13]

천축의 비구 구마염(鳩摩炎 Kumārayāna)과 구자 龜玆 국왕의 누이 동생 사이에서 태어난 라집은 7세에 출가해서 사미가 되었다. 그는 9세에 어머니와 함께 계빈 罽賓으로 가서 설일체유부의 중진인 반두달다(槃頭達多 Bandhudatta)로부터 사사하고, 유부의 교학을 시작으로 『잡장 雜藏』, 『중아함경』, 『장아함경』 등을 배웠다. 그러나 12세가 되었을 때 고향인 구자를 향하여 소륵(疏勒 카슈가르)에 이르렀다. 그는 소륵 疏勒에 1년 동안 머물면서 『아비담』, 『증일아함경』, 『육족론 六足論』 등 유부의 교학을 배우고, 4베다와 5명 明 등 인도의 고전, 학술, 음양 陰陽, 그리고 천문학에도 통달했다고 한다. 라집은 소륵에서 수리야소마 須利耶蘇摩로부터 대승교를 배우게 되고, 특히 나가르주나의 교학을 따르게 되었다. 구자로 돌아온 그는 20세에 수계하고, 비마라차(卑摩羅叉 Vimalākṣa)로부터 『십송율』을 배웠다. 건원 20년(384년, 라집 34세 또는 40세)에 장군 여광 呂光에 의해 피납되어 고장 姑藏에 이르고, 홍시 2년(401)에 장안 長安에 초빙될 때까지 그곳에 머물렀다.

그렇게 보면 라집이 인도의 땅, 계빈에 머물렀던 것은 9세로부터 12세까지(353-356년 혹은 359-362년)의 불과 3-4년간이다. 그 후 소륵에서 1-2년간 인도의 사상과 철학 및 다양한 학술을 배우고, 또한 그 땅에서 대승교도로 전향하였다. 라집이 유학하던 무렵 계빈에는 유부를 중심으로 한 소승 교학이 번성했지만, 그 후 대승 사상이 침투하여 그 세력이 점차 소륵과 구자에 미쳤던 것으로 생각된다. 따라서 소륵과 구자에서 여러 대승 경전과 논서를 공부함에 부자유는 없었다고 생각된다. 그러나 그가 학파로서 형성되어 가던 상캬 및 바이세시카 사상과 유신론 등에 대해서는 과연 어느 정도 알고 있었던 것일까.

이렇게 검토해보면 라집이『십이문론』전체를 혼자 힘으로 창작하기는 어려웠을 것으로 생각된다. 그러나 라집이『십이문론』의 편집에 깊이 관여했을 가능성은 부정할 수 없다. 제4절에서 보았던 것처럼, 예를 들면『십이문론』의 제5장과 제12장은『무외론』을 거의 그대로 유용한 것이고, 제8장은『중론송』의 특정한 장에 대한 요약에 지나지 않으며, 제4장은『무외론』과『청목소』의 언급을 참고한 것이 되어서, 그것은 저술이 아니라 분명히 편집의 산물이기 때문이다. 그리고 무엇보다도『십이문론』전체의 균형잡힌 뛰어난 구성은 고도의 편집 능력을 필요로 한다. 예를 들면 제3장과 제9장과 같이 그 자체는 빈약하고 자립적인 의미가 없는 장들도 전체적으로는 매우 중요한 역할을 하고 있다.『십이문론』의 편집자는 어떤 종류의 원전적 자료, 예를 들면 가장 분량이 많은 제2장「관유과무과문」의 중심 부분, 제7장「관유무문」의 무상성을 부정하는 부분, 그리고 제10장「관작자문」의 유신론 비판 부분 등을 이용해서,『중론송』에서는 분명치 않았던 대승의 입장을 이『십이문론』의 형태를 통해서 선명하게 만들었다. 그리고 그 편집자가 라집일 가능성은 매우 높다고 생각된다.

7.
맺음말

나가르주나와 아리야데바 이후, 3세기 중반경으로부터 붓다팔리타(370-450년경)의 활약 시까지, 약 150년에서 200년 사이에 익명의 저자들이 나가르주나작『중론송』의 논리와 논법을 구사해서 소위 '용수문헌군'을 작성했다고 생각된다. 즉, 그들은 익명의 저자들이『반야경』을 계기로 삼고『반야경』의 공관空觀과 보살관菩薩觀에 의거하면서 다종 다양한 대승 경전을 만들었던 것처럼,『중론송』을 계기로 삼고 그 논리와 주장에 의지하면서, 자신들이 품고 있었던 문제의식을 나가르주나의 관점에서 해명하는 '용수문헌군'을 저술했던 것이다.『십이문론』의 번역자인 라집도 짧은 기간이지만, 인도 문화권의 그와 같은 종교사상운동 속에 머물렀기 때문에 그 영향을 받았다고 생각된다.

『십이문론』은 종래 생각되었던 것처럼 인도 성립의 것이라고 하거나, 혹은 필자가 생각하는 것처럼 라집의 편집에 의한 것이라고 하거나 관계없이, 그와 같은 '용수문헌군' 가운데 하나인 것이다.

1 '용수문헌군'이란 아리야데바로부터 붓다팔리타의 시기에 성립하여 용수에게 귀속되는 일군의 문헌들을 말한다. 그 의미에 대해서는 미주 3)을 참조하라.

2 나가르주나의 공관, 연기관, 불타관에 대해서는 필자의 다음 논문들을 보라. 「龍樹の佛陀觀－龍樹文獻群の著者問題を視野に入れて」, 『インド學チベット學研究』 제12호(2008), pp.137-169; 「龍樹の緣起說(1)－とくに相互依存の觀點から」, 『南都佛教』 제92호(2008), pp.1-26; 「龍樹の緣起說(2)－とくに十二支緣起の觀連から」, 『南都佛教』 제93호(2009), pp.1-37; "Nagārjuna's View of Dependent Origination and the Buddha", 『印度學佛教學硏究』 제58권 제3호(2010), pp.87-95.

3 '용수문헌군'의 저자들 사이에서 발견되는 커다란 사상적 상위相違가 『중론송』의 저자인 나가르주나의 사상적 편력을 보이는 것이라고 파악하는 사고도 가능하지만, 불타관과 같은 종교인의 근저에 있는 신조信條까지 크게 (그것도 여러 번) 변화하는 것일까? 물론 나가르주나를 제2의 불타라고 보아 '용수문헌군'의 원천이라고 보는 것도 가능하다. 실은 필자가 '용수문헌군'이라고 말하는 경우 '용수'는 그런 의미에서의 나가르주나를 가리키고 있다. 그러나 그런 경우에도 현재 보여지는 공관·연기관·불타관의 상위相違 및 어휘와 문체와 논술형식의 상위는 실제로 그런 문헌의 문장화에 관계했던 사람들의 신조와 개인적인 특성, 그리고 사회적·문화적 환경과 시대적 배경이 거기에 투영된 것이라고 보아서 '역사적 존재로서의 나가르주나의 저술은 『중론송』뿐이다.'라고 생각하는 것도 가능하지 않을까 하는 것이 필자의 가설이다.

4 『십이문론』에 대해서는 필자의 다음 논문들을 참고하라. 「十二門論の冒頭偈について」, 『種智院大學硏究紀要』 제3호(2002), pp.79-104; 「十二門論の構成と著者問題」, 『櫻部建博士喜壽記念論集, 初期佛教からアビダルマへ』(平樂寺書店, 2002), pp.447-465; 「十二門論に見える主宰神否定論－苦の由來をめぐって」, 『基督教硏究』 제64권 제1호(2002), pp.46-72; 「十二門論における緣起思想－第一章「觀因緣門」を中心に」, 『種智院大學硏究紀要』 제4호(2003), pp.48-70; 「十二門論における因中有果論·因中無果論の否定(1)」, 『頼富本宏博士還暦記念論文集』(2005), pp.49-62; 「十二門論における因中有果論·因中無果論の否定(2)」, 『佛教學會紀要』 제15호(2009), pp.29-51; 「十二門論和譯と譯註(第三章－第七章)」, 『佛教大學佛教學部論集』, 제96호(2012), pp.1-28; 「十二門論和譯と譯註(第八·九章, 第十·十二章)」, 『佛教大學佛教學會紀要』, 제17호(2012), pp.1-37.

5 木村宣彰, 『中國佛教思想硏究』(法藏館, 2009), pp.218-220, p.256.

6 여기서 언급되는 『중론송』, 『공칠십론』, 『공칠십론주』(나가르주나 自註), 『회쟁론』 및 『중론송』의 고주古註인 『무외론』(나가르주나 自註), 『청목주』(한역 『중론』)의 텍스트에 대해서는 미주 2)에 있는 필자의 논문을 참고하라.

7 이와 같이 '사물이 발생할 때에는 생주멸노득生住滅老得의 5법이 구기俱起한다.'고 하는 설은 매우 특이한 것이지만, 이 '득'을 '구유(俱有 samanvaya, samanvāgama)'의 의미로 해석하면, 교리적으로는 정합성이 있는 것이 된다. 그러나 그럴 경우 직전에 반론자가 『청목주』가 주장하는

('구유'를 포함하지 않는) '7법설'을 명시하였는데도, 그 직후에는『무외론』이 주장하는 ('구유'를 포함하는) '15법'에 포함되어 있는 5법을 설하는 것이 된다. 왜냐하면『청목주』와『무외론』은『중론송』 제7장 제4송을 주석하면서, 각각 '7법'과 '15법'을 주장하지만,『십이문론』의 저자는 이 게송을 인용한『십이문론』 제4장에서『무외론』의 '15법설'을 버리고,『청목주』의 '7법설'을 채용하고 있기 때문이다. 결국『십이문론』의 저자는 여기서 '7법설'과 '15법설'을 전제로 한 완전히 다른 이론을 상정하여 반론자의 의견에 포함시킨 것이 된다. 이와 같이 '득'을 '15법설' 속의 '구유'의 의미라고 하면, (유부와 독자부와 같은) 다른 부파의 주장을 혼재시키게 되는 편집상의 실수가 될 것이다.

8 사이토 齋藤明는『무외론』의 성립을 4세기 후반경으로 추정하고 있다. 齋藤明,「無畏論とその成立年代」,『佛教學』 제45호(2003), pp.1-29.

9 필자는『무외론』과『청목주』에 대해서 (a)공통의 원천으로부터 파생한 상호독립적인 주석인 것인가, (b)전자를 토대로 해서 후자가 작성된 것인가의 두 가지 경우를 상정하고 있지만,『십이문론』과의 관계를 고려하면 (b)의 가능성이 높다고 생각된다. 또한『청목주』의 저자인 핑갈라(=靑目)에 대해서는 五島清隆, "Who was Ch'ing-mu(Blue-Eyes)",『創價大學·國際佛教學高等研究所年報』 제11호(2008), pp.325-334을 보라.

10 四津谷孝道,「鳩摩羅什譯『中論』「觀法品第十八」覺え書き」,『三論教學と佛教諸思想』(春秋社, 2000), pp.18-19.

11 鎌田茂雄,『新中國佛教史』(大東出版社, 2001), p.53.

12 에노모토 후미오 榎本文雄는 '불교문헌에서 발견되는 4세기부터 6세기의 계빈 罽賓은 카슈미르와 간다라, 그리고 토하리스탄을 포함하는 넓은 지역, 대체로 북·북서인도 전체를 포함하고 있었다.'고 주장한다. 榎本文雄,「罽賓－インド佛教の一中心地の所在」,『知の邂逅－佛教と科學』(1993), p.265.

13 鎌田茂雄,「羅什の生涯」,『中國佛教史 第二卷 受容期の佛教』(東京大學出版會, 1983), pp.236-261.

제3장

찬드라키르티의 중관사상

기시네 도시유키

1.
머리말

찬드라키르티 Candrakīrti(지금까지 그의 재세 년대는 600-650년경으로 추정되었지만, 여기서는 530-600년경으로 봄)는 인도 대승불교에서 전개된 중관학파에 속하는 사상가로 알려져 있다. 본장에서는 그 찬드라키르티라는 사상가에 대하여 먼저 그 재세 년대와 저술에 대하여 검토하고, 이어서 (1)이제설, (2)공성 논술의 방법, (3)중관사상과 실천론, (4)유식학파에 대한 대응이라는 네 가지 관점에서 그의 중관사상을 고찰하도록 한다.[1]

2.
재세 년대와 저술

1) 재세 년대

찬드라키르티의 경우 역사적 사실이 확정된 상태에서 참고가 될 수 있는 한역 자료는 전해지지 않기 때문에, 인도의 다른 사상가들과 마찬가지로 재세 년대의 추정이 곤란하다.

지금까지 찬드라키르티의 재세 년대에 대하여 여러 가지 학설이 제시되었지만, 그가 활약했던 시기는 대략 7세기 중엽으로 추정하는 경우가 많다. 그 근거가 되는 것은 (1)인도에 머물렀던 현장 玄奘(602-664년, 그의 인도 여행 기간은 629-645년)이 찬드라키르티를 언급하지 않고, (2)찬드라키르티가 다르마키르티(600-660년경)에 대하여 언급하지 않는다는 두 가지이고, 그것들에 근거해서 현장이 인도를 떠난 후로부터 다르마키르티의 활동 전성기 이전의 기간을 찬드라키르티의 활동 전성기로 보고자 하는 것이다.

그러나 현장의 인도 체류로부터 약 30년 후에 인도를 방문한 의정 義淨(635-713)도 찬드라키르티를 언급하지 않으므로, 언급하지 않는다는 사실만으로 과도한 평가를 내리는 것은 위험할 것이다.

필자는 찬드라키르티의 재세 년대를 추정하기 위해 분명한 수단이 되는 것은 찬드라키르티가 (a)선행해서 활약하고 있었던 바비베카(500-570년경)에 대하여 강한 대항 의식을 가지고 있었고, (b)다르마팔라(539-561년경)를 '현재의 위대한 지자 知者'로[2] 부르고 있었다는 두 가지에 한정된다고 생각한다. 그렇다면 그 두 가지에 기초해서 찬드라키르티의 재세 년대 상한선을 바비베카 이후, 하한선을 다르마팔라의 재세 년대로부터 그리 멀지 않은 시기로 추정하는 것이 가능할 것이다. 따라서 찬드라키르티의 재세 년대는 530-600년경으로 하는 것이 타당하다고 생각한다.

2) 저술

찬드라키르티의 저술로 전해지는 것은 『프라산나파다』, 『입중론』, 『칠십공성론주』, 『육십송여리론주』, 『보살유가행사백론광주』, 『오온론』, 『입중관반야』 등 7개의 문헌들이다. 그 이외에도 밀교적인 내용을 가지는 논서 가운데 찬드라키르티의 저술로 되어 있는 것도 있지만, 찬드라키르티의 중관사상을 고찰할 때에는 대상에서 제외해도 좋을 것이다.

이 7개의 문헌 가운데 찬드라키르티의 저술로 단정할 수 있는 것은 『중송』에 대한 주석서인 『프라산나파다』와 거기서 여러 번 언급되는 『입중론』에 제한된다. 그 이외의 문헌에 대해서는 그 두 저술로부터 추출된 찬드라키르티의 사상적 특색이 발견되는가 등을 기준으로 판단하도록 한다.

그렇다면 본장에서 후술할 것처럼, 찬드라키르티의 독자적 학설이라고 생각되는 유세속(唯世俗 saṃvṛtimātra)설이 『칠십공성론주』와 『오온론』에서 발견되기 때문에, 그 두 문헌은 그의 저술이라고 판단해도 좋을 것이다. 다만 『오온론』에 대해서는 일부만이 그의 저술로 인정된다.[3] 『보살유가행사백론광주』에서는 『입중론』에서 강조되는 대자비, 불이지 不二知, 보리심이라는 보살의 세 가지 요인이 발견되기 때문에, 그것도 그의 저술이라고 판단할 수 있을 것이다. 『육십송여리론주』는 두드러진 특색이 발견되지 않기 때문에, 그의 저술이라고 적극적으로 주장하는 것도 어렵지만, 그것을 부정하기도 어렵다. 이런 경우에는 전승에 따르는 것이 무난할 것이다. 『입중관반야』는 그 논서의 티벳어역 번역자로 찬드라키르티의 이름이 제시되어 있어서 그 성립 경위가 의심스럽다. 그의 저술이라고 인정하기 힘들다.

따라서 찬드라키르티의 저술로서 『프라산나파다』, 『입중론』, 『칠십공성론주』, 『육십송여리론주』, 『보살유가행사백론광주』, 그리고 『오온론』의 일부를 인정할 수 있다고 생각된다.

3.
이제설

이제설 二諦說이란 세속제와 승의제라는 두 가지 진리를 인정하는 학설이고, 불교사상에서 폭넓게 발견되는 사고방식이다. 그러나 나가르주나(150-250년경)가 『중송』에서 이제설을 언급한 이후, 이제설은 공성론의 전개에 필수적인 것으로 의식되어, 나가르주나의 계승자임을 자인하는 중관론자들은 이제설을 중관학파 독자의 학설로 받아들이게 되었다.

이하에서는 찬드라키르티와 바비베카의 이제설을 비교하여, 찬드라키르티의 이제설이 지니고 있는 특색을 명확히 밝혀 보고자 한다.

1) 이제설과 배격의 회피

이제설은 왜 제시되었을까? 그것은 모든 사물의 무자성성을 주장하는 공성론이 일상 생활을 파괴할 수 있는 성질을 가지고 있었기 때문이다. 그 때문에 공성론의 전개를 일상생활과의 충돌로부터 해방시켜야 할 필요가 생겼다. 그것이 이제설이 제시된 이유이다. 바비베카는 공성론에 대한 배격(排擊 bādhā)이 될 수 있는 것으로서, (1)승인설, (2)직접 지각, (3)일반 상식을 들고 있는데, 이제설의 제시에 의해서 그것들에 의한 배격을 회피하는 것이 가능해졌다.

이 점은 찬드라키르티의 경우도 대체로 일치하고, 이제설을 제시하는 문맥이 명시되어 있는 『입중론』과 『칠십공성론주』에서는 이제설을 제시하는 이유로서 각각 세간에 의한 배격의 회피, 성전에 의한 배격의 회피를 들고 있다. 그 양자는 이제설의 제시를 '배격의 회피'로 연결한다는 점에서 일치하고 있다.

2) 이제설과 논리적 사고

그러나 이제설을 어떻게 사용하는가에 대해서는 두 사람 사이에 커다란 차이점이 발견된다.

바비베카의 경우 이제설을 공성 논증과 직결시키고, 세속의 차원에서 승인되는 사물을 승의의 차원으로 지향指向하는 과정에서 무화無化한다고 하는 형태로 공성 논증을 전개한다. 그리고 그것을 가능하게 하는 것이 공성 논증에서 사용되는 추론식의 주장 명제에 부가된 '승의에 있어서'라는 한정구이다. 바비베카는 추론식에 이 한정구를 부가함으로써, 일상성에 자리 잡은 자성自性에 대한 철저한 부정을 통해서 열려지는 승의를 지향하기 위한 추론이 가능해진다고 생각했던 것이다.

그러나 찬드라키르티의 경우에는 바비베카처럼 이제설을 직접 승의에 이르는 논리적 사고와 결합시키는 사례는 발견되지 않는다. 그의 경우에 '승의에 있어서'라는 표현은 발견되지만, 추론식에서는 그와 같은 표현을 사용하지 않는다.

3) 이제 설정의 기축

바비베카와 찬드라키르티의 그와 같은 차이는 그들이 이제二諦를 설정한 관점과 관계되어 있다고 생각된다.

바비베카의 경우 『중관심론』 제3장에서 명시하고 있는 것처럼, 인식 자체를 이제 설정의 기축으로 하여, 인식에 세속적 인식과 승의적 인식이라는 두 가지가 있다고 한다. 그중에서 '승의적 인식'은 관념과 언어를 수반한다는 점에서 일상생활과 결합되어 있지만, 승의제를 지향한다는 점에서 승의적인 것이다. 바비베카는 그와 같은 승의적 인식의 영역 속에서 추론을 통해서 세속에서 승의로 향해 가는 과정의 기반을 구했던 것이다.

그에 대해서 찬드라키르티는 인식 자체가 아니라, 인식 주체를 이제 설정의 기축으로 삼는다. 그럴 경우 세속제란 세간 사람들이 보는 진리, 승의제란 불타들이 보는 진리가 된다. 세간 사람들과 불타들은 완전히 다르다. 따라서 승의제는 일상의 관념과 언어를 사용하는 세간 사람들의 논리적 사고에 의해서 포착된 것이 아니다. 그런 관점에서 찬드라키르티는 성자들의 관점에 따를 것을 강조하여, 나가르주나와 같은 성자들을 오류 없이 뒤따르는 것이야말로 승의제를 지향하기 위한 유일한 수단이라고 규정하고 있다. '인식 자체'와 '인식 주체'는 얼핏 보면 크게 다르지 않은 것처럼 보이지만, 실은 세속제와 승의제라는 두 가지 진리의 관계에 커다란 영향을 미친다. 찬드라키르티에게 세속제와 승의제는 영원히 단절되어 있는 것이기 때문이다.

4) 이제설에 기초한 인식 세계의 계층화

찬드라키르티에게는 바비베카에게 발견되지 않는 이제설의 사용법이 있다. 그것은 이제설이라는 구성을 통해서 미혹에서 깨달음에 이르는 인식 세계의 전체상을 그려내는 것이다.

찬드라키르티는 (a)세간 사람들에게도 존재한다고 인정되지 않는 환영과 같은 인식 대상, (b)세간 사람들이 실제로 존재한다고 인정하고 있는 인식 대상, (c)(b)와 동일한 사물이 대상으로 되어 있지만, 그것을 결코 진리라고 승인하지 않는 성자들의 인식 대상, (d)현상 세계가 적멸의 상태에 있는 불타들의 인식 대상이라는 네 종류의 인식 대상을 구분하고, 그것들을 이제설과 결합한다. 그 결과 (a)는 세간에서의 허위 혹은 '비세간 세속 非世間世俗', (b)는 세속제, (c)는 유세속 唯世俗, (d)는 승의제라고 규정되어 인식 세계가 계층화되는 것이다. 여기에 등장하는 '유세속'이

라는 술어는 이전의 중관론자에게서는 발견되지 않는 찬드라키르티만의 독자적인 학설이라고 생각된다.[4]

직접적인 영향 관계는 불분명하지만, 이제설에 대한 이와 같은 사용법은 샨티데바 Śāntideva(650-750년경), 즈냐나가르바 Jñānagarbha(7-8세기경), 프라즈냐카라마티 Prajñākaramati(10-11세기), 아티샤 Atiśa(982-1054) 등의 중관론자에게서도 발견된다.

이제설은 나가르주나가 제시한 이래 공성론의 전개에서 불가결한 것으로서 규정되어 왔다. 지금까지 보았던 것처럼, 찬드라키르티도 기본적으로 그 흐름을 계승하고 있다. 다만 찬드라키르티의 경우 그에 더해서 미혹으로부터 깨달음에 이르는 인식 세계의 모습을 계층화한 이제설을 사용하고 있다. 이와 같은 새로운 이제설의 사용법은 찬드라키르티의 활약 당시 강력한 경쟁자로서 의식되었던 유식학파가 제창한 삼성설 三性說과 대비해서 고찰해야 한다고 생각된다.

4.
공성 논술의 방법

공성론은 모든 존재가 공이라는 관점에서 관념과 언어가 전제로 하고 있는 자성을 철저하게 부정한다. 그러나 그럴 경우에도 수단이 되는 것은 결국 관념과 언어이다. 관념과 언어를 넘어서 있는 진리를 지향하기 위해서 그 관념과 언어를 사용하지 않으면 안 되는 이상, 공성론은 성립 당초부터 관념과 언어를 초월한 공성을 어떻게 표현할 것인가라는 근본적인 문제를 지니고 있었다고 할 수 있다.

중관사상사에서 공성을 표현하기 위한 방법, 즉 '공성 논술의 방법'이 쟁점이 되었던 계기는 바비베카에 의한 붓다팔리타 Buddhapālita(470-540년경) 비판이었다고 생각된다. 나가르주나와 아리야데바(170-270년경), 또는 『중송』에 대한 초기 주석자들에게 있어서는 공성 논술의 방법 자체가 쟁점이 되었던 것은 아니었다. 물론 표현하고자 하는 대상이 공성인 이상, 그들도 일상적인 것과는 다른 논술 형식의 필요성을 느꼈을 것이다. 또한 그들의 저술을 분석해서 그런 표현 형식의 특색을 드러내는 것도 가능할 것이다. 그러나 그들 자신이 공성 논술의 방법을 논제라고 의식하고 있었던 것은 아니었다.

이하에서는 찬드라키르티가 바비베카에 의해서 개척된 공성 논술의 방법에 대해서 어떤 방법적 입장을 가지고 있었는지를 고찰하도록 한다.

1) 바비베카의 붓다팔리타 비판

바비베카는 붓다팔리타의 『중송』 주석서를 다양한 관점에서 비판하는데, 그 가운데서 공성 논술의 방법이라는 점에서 중요하다고 생각되는 것은 『중송』 제1장의 사불생설四不生說의 주석에 대해서 전개한 비판이다.

바비베카는 붓다팔리타의 주석에 대해서 (1)추론식의 체재를 정비하지 않았고, (2)대론자가 지적하는 오류를 배제하지 않았으며, (3)결함이 있는 문장이기 때문에 의미가 반전되어, 중관론자에게 불합리한 결과가 돌아온다고 하는 세 가지 문제점을 지적하였다.

이와 같은 비판에서 전제가 되었던 바비베카의 입장은 중관학파의 시조인 나가르주나의 언급을 엄밀한 추론식을 사용해서 주석함으로써, 타 학파의 비판을 감당

할 수 있는 것으로 정비한다는 것이었다. 그런 점에서 바비베카는 붓다팔리타의 주석 방법이 불충분하다고 비판하였던 것이다.

2) 찬드라키르티의 붓다팔리타 변호

한편 찬드라키르티는 바비베카의 그와 같은 비판에 대하여 붓다팔리타를 다음과 같이 변호한다.

즉, 찬드라키르티는 바비베카의 비판 (1)에 대해서는 추론식의 제시를 어디까지나 현실적 효과라는 점에서 포착하여, 바비베카가 현실적인 효과를 기대할 수 없는 경우에도 추론식의 사용을 고집한다고 해서 그를 비판한다. 비판 (2)에 대해서는 추론식을 제시하여 명확한 주장을 전개하는 것이 오히려 대론자의 비판을 초래한다고 반론하고, 주장을 정립하지 않는 프라상가 논법에 충실한 붓다팔리타의 방법을 오히려 높이 평가한다. 그리고 비판 (3)에 대해서는 바비베카가 제시하는 추론식의 주장 명제에서 발견되는 부정 판단을 스스로 '비정립적 부정(非定立的 否定 prasajya-pratiṣedha)'[5]이라고 규정했던 것처럼, 붓다팔리타의 프라상가 논법 속에서 발견되는 부정 판단도 '비정립적 부정'으로 이해할 수 있음을 지적하고, 나아가 설령 비정립적 부정으로 이해할 수 없더라도, 중관론자는 자신의 주장을 정립하지 않으므로, 붓다팔리타에게 의미가 반전되어 오는 결과는 없으며, 그와 같은 결과는 대론자에게 부수되는 것이라고 반론한다.

이와 같이 찬드라키르티는 어떤 주장도 정립하지 않는 것이야말로 중관론자 본래의 입장이라고 규정하고서, 붓다팔리타가 취한 방법은 그와 같은 본래의 입장에 오류 없이 합치하는 것이라고 긍정적으로 평가하였던 것이다.

3) 프라상가 아팟티

찬드라키르티는 붓다팔리타에 대한 변호를 통해서 재평가된 프라상가 논법을 '프라상가 아팟티 prasaṅga-āpatti'라고 불렀다. 이 용어를 번역하면 '프라상가에 의한 [의미의] 발생'이 될 것이다. 찬드라키르티는 이 프라상가 아팟티야말로 나가르주나 이래 중관론자들이 취했던 공성 논술을 위한 방법이라고 강조한다.

다만 찬드라키르티의 경우, 바비베카의 프라상가 논법 비판이라는 부정적인 매개를 통한 것이기 때문에, 프라상가 아팟티에 새로운 요소를 부가하고 있다. 그것은 그가 프라상가와 명확하게 구별되는 추론까지 프라상가 아팟티에 포함시키고 있다는 점이다.

즉, 찬드라키르티는 붓다팔리타를 변호하면서 붓다팔리타의 주석문을 추론식으로 바꾸었지만, 그 추론식의 이유 개념을 대론자만이 승인하고 있다는 점을 강조한다. 따라서 그 추론식은 표면상 입론자가 자신의 주장을 논증하기 위하여 제시한 것처럼 보이지만, 사실은 대론자가 승인하는 학설에 의해서 대론자의 주장이 파괴되는 결과를 보여주고 있는 것이다. 이와 같은 추론식은 기본적으로 프라상가 논법과 아무런 차이도 없는 것이다.

본래 바비베카는 자신의 주장을 전개하면서, 프라상가 논법이 논리학적으로 불완전하다고 생각하여, 그것을 추론식으로 바꾸어 제시하는 방법을 취하고자 했다. 그의 붓다팔리타 비판도 그런 흐름에 따른 것이다. 그러나 찬드라키르티는 추론식의 사용이 근본적인 문제라고 생각하지 않았다. 어떤 주장도 정립하지 않는 중관론자에게 있어서 그의 언급은 프라상가이든 추론식이든 큰 차이가 없기 때문이다. 바비베카도 최종적으로는 자신의 주장을 스스로 부정한다고 하는 형식을 취하지만, 그는 진리에 이르기 직전까지의 공성 논술을 자신의 주장을 정립하는 형태로 전개하고자 하였다. 그러나 찬드라키르티는 시종 일관 주장의 비정립을 견지하면서, 대론자의 주장을 스스로 무너뜨리는 것에 대해서만 공성 논술의 의미를 인정하였다. 여기서 두 중관론자의 공성 논술 방법은 큰 차이를 보이는 것이다.

5.
중관사상과 실천론의 관계

중관사상이 나가르주나에 의해서 주제로 자리 잡았던 공성론을 중심으로 전개되고 있었던 것은 말할 필요도 없다. 그러나 중관론자도 불교도이고, 불교도가 불타를 이상으로 삼아서 불타의 깨달음에 다가가기 위한 실천을 행하는 존재인 이상, 그와 같은 사상적 전개의 기반에도 지금까지 이어져 온 불교의 실천이 존재하고 있었음에 틀림없다.

그러나 찬드라키르티 이전의 중관론자들은 공성론과 깨달음을 위한 실천 이론(이하 실천론)을 결합하여 논하지 않았다. 나가르주나의 『라트나발리』와 아리야데바의 『사백론』 전반부인 제1장으로부터 제8장처럼 실천론적 내용을 다루는 경우도 있지만, 중관사상과 실천론은 결코 유기적으로 결합되어 있지 않다. 그 점은 바비베카에 있어서도 마찬가지이다.

따라서 중관사상사에서 중관사상과 실천론의 관계를 중시하여, 그것을 적극적으로 논하고자 했던 최초의 중관론자는 찬드라키르티라고 할 수 있다. 이하에서는 찬드라키르티가 중관사상과 실천론을 어떻게 결합하고자 했는가를 고찰해보도록 한다.

1) 보살의 세 가지 요인과 대비심의 강조

찬드라키르티는 『입중론』에서 보살이 되기 위한 세 가지 요인을 언급한다. 그것은 (1)대비심, (2)불이지 不二知, (3)보리심의 세 가지이다. 그에 따르면 '대비심'은 자애 慈愛를 가지고 중생을 대하는 마음, '불이지'는 유와 무의 양 극단을 떠난 지혜, '보리심'은 중생에게 진실을 깨닫게 하고자 하는 마음이라고 설명하고 있다.

이미 나가르주나는 『라트나발리』에서 이 세 가지 요인을 보살의 근본이라고 말하고 있다. 찬드라키르티는 그 기술을 인용하고 있기 때문에, 그가 용수의 사고를 계승했다고 생각할 수도 있다. 그러나 그는 그 세 가지 요인 가운데 대비심이 다른 요인보다 우월하고, 다른 요인의 근본이라고 하여 그 의의를 강조한다. 그리고 찬드라키르티는 나가르주나가 『중송』을 저술한 것도 대비심을 통해서 타자를 깨닫도록 하기 위한 것이라고 설명한다.

그렇다면 어째서 대비심이 다른 요인보다 우월한 것인가? 또한 공성론을 전개할 뿐 깨달음을 위한 실천론을 전혀 언급하지 않는 『중송』이 어째서 대비심과 연결될 수 있는 것인가? 그것을 설명하는 관건은 찬드라키르티의 대승 규정에 있다고 생각된다.

2) 대승의 의의

찬드라키르티는 대비심이 없어도 보리심은 성립하지만, 그것은 성문과 연각의 실천에 지나지 않는다고 주장한다. 결국 그는 대비심이야말로 보살의 실천의 핵심이라고 규정하고 있는 것이다. 주지하는 것처럼 이 보살의 실천이야말로 대승이라고 하는 이전의 불교와는 다른 새로운 불교의 근본적인 의의이다. 따라서 찬드라키르티에게 대비심은 대승 그 자체라고 말해도 과언이 아닌 것이다.

그리고 찬드라키르티는 대승의 교설은 성문과 연각의 교설보다 우월하다고 주장한다. 그 이유는 다음과 같은 두 가지 점 때문이다. 첫째는 대승은 대비심만이 아니라 보살지, 바라밀, 보살의 서원, 회향 등과 같은 보살의 실천에 대한 가르침을 전개하고 있다는 점이고, 다른 하나는 성문도 법무아를 설하고 있지만, 대승은 법무아를 더욱 상세하게 설하고 있다는 점이다.

따라서 찬드라키르티에게 대승이란 (1)보살의 실천에 대한 교설의 전개와 (2)법무아에 대한 상세한 가르침이라는 두 가지를 갖추는 것이 중요 요건이 되는 것이다. 그중에서 (2)의 법무아란 여러 존재가 영원 불변의 본질을 갖지 않는 것을 말하는 것이고, 그것은 법의 무자성성, 혹은 공성이라고 바꾸어 말하는 것이 가능하다. 그리고 찬드라키르티는 이 법무아의 상세한 설명을 그대로 공성론의 전개와 동일시하고 있다.

그리고 대비심이 다른 요인보다 우월하다고 말하는 이유에 대해서는 대비심이 대승의 의의 그 자체이고, 또한 대승의 가르침은 다른 어떤 가르침보다도 우월하기 때문이라고 답변하는 것이 가능하다. 또한 『중송』과 대비심의 관련에 대해서는, 나가르주나가 『라트나발리』에서 보살의 실천에 대한 교설을 전개하고, 그것을 전제로 하여 다시 법무아를 상세하게 설명하기 위하여, 『중송』에서 공성론을 전개했다고 설명하는 것이 가능할 것이다.

3) 십지와 공성론의 제시

이처럼 찬드라키르티는 공성론의 전개를 대승의 의의와 관련하여 설명하는데, 『입중론』에서는 그것을 더욱 보강한 형태로 새롭게 규정하고 있다.

찬드라키르티의 『입중론』은 『십지경』에서 설하는 십지十地라는 보살의 10가지 단계에 대응하고 있고, 공성론은 그 여섯 번째 단계인 현전지現前地에 대응해서 설해진다. 공성론이 현전지에서 설해지는 이유에 대해서는 우선 현전지가 십바라밀 가운데 반야바라밀에 대응한다는 점이 제시되는데, 여기서 주목되는 것은 그가 현전지에서 공성론을 제시하는 이유를 『십지경』의 기술에 따르는 형태로 구체적으로 설명하고 있다는 점이다.

즉, 『십지경』은 현전지에 들기 위한 조건으로서 10가지 평등성에 대한 고찰의 필요성을 설하지만, 찬드라키르티는 그 10가지가 모두 그 가운데 세 번째인 '무생기평등성無生起平等性'에 대한 고찰로 집약시키는 것이 가능하다고 주장한다. 그리고 그 무생기평등성의 고찰은 자신自, 타자他, 양자共, 무원인無因으로부터의 생기를 부정하는 사무생기(四無生起 즉 四不生)의 논증과 동일시될 수 있으며, 사무생기의 논증은 공성 논증의 중심을 이루는 논제라는 점에서 공성론 전체와 동일시하는 것이 가능하다. 그러므로 현전지에 대응하는 『입중론』 제6장에서 공성론을 제시하는 것은 『십지경』에 따르는 한 필연적인 결과라고 주장하는 것이다.

4) 『사백론』에 대한 평가

또한 찬드라키르티는 『입중론』 이외의 다른 논서에서도 공성론과 실천론의 연결에 주의하고 있다. 그는 아리야데바가 『사백론』에서 보살의 세 가지 요인에 근거해서 논의를 전개하고 있는 점을 높이 평가하고, 다르마팔라가 『대승광백론석론』에서 『사백론』을 실천론적인 내용을 포함하는 전반의 제1장으로부터 제8장까지와 공성론을 전개하는 후반의 제9장으로부터 제16장까지로 나누고, 그 가운데 후반만을 주석 대상으로 삼은 것을 비판하고 있다. 한편 찬드라키르티는 그와는 달리 전반의 실천론적인 내용을 전제로 했을 때, 후반의 공성론의 전개를 이해할 수 있다고 주장한다. 찬드라키르티가 그와 같은 의도로 저술한 주석서가 바로 그 서명에 '보살유가행'이라는 실천론적인 성격의 어구가 붙어 있는 『보살유가행사백론광주』이다.

이상 찬드라키르티가 중관사상과 실천론을 어떻게 연결하고자 했는가에 대하여 고찰하였다. 그의 주장은 처음부터 결론을 가지고 있었던 것처럼, 다소 억지스러운 인상을 주기도 하지만, 이전의 중관론자에게는 명확하지 않았던 중관사상과 실천론의 관계가 그의 경우에는 중요한 논제로서 명확하게 의식되고 있었던 것을 알 수 있다. 실천성을 중시하는 그의 중관사상은 그 후 샨티데바에 의해 더욱 발전적으로 전개된다.[6]

6.
유식학파에 대한 대응

찬드라키르티의 유식학파에 대한 대항 의식은 매우 강하다. 유식사상에 대한 언급은 찬드라키르티의 모든 저술에서 발견할 수 있지만, 그중에서도 『입중론』의 언급이 질과 양에서 다른 저술들을 압도한다.

계송의 수를 가지고 추측할 때, 『입중론』의 중심을 이루는 제6장은 대략 삼분의 일 정도가 유식사상 비판에 할애되어 있고, 또한 『입중론』의 결론은 유식학파 사상가들에 대한 구체적인 비판으로 채워져 있다. 『입중론』에서 유식사상에 대한 비판의 비중이 지극히 컸던 것은 의심할 수 없는 사실이라고 생각된다.

1) 바비베카와 찬드라키르티의 차이점

바비베카도 모든 저술에서 유식학파에 대해 언급하고 있다. 그러나 바비베카와 찬드라키르티 사이에는 유식학파에 대한 대응이라는 점에서 분명한 차이가 발견된다.

우선 유식학파에 대한 호칭이 다르다. 바비베카는 유식학파를 유가행자 yogācāra라고 부름에 대하여, 찬드라키르티는 인식론자(vijñānavādin 혹은 vijñaptivādin)라고 부른다. 유식사상은 요가의 실천 체험으로부터 발생했다고 말해지고, 그런 점에서 바비베카가 사용한 호칭과 부합하지만, 찬드라키르티는 유가행자라는 호칭을 호의적으로 규정하기 때문에, 유식학파를 가리키는 호칭으로 사용하는 것을 거부하고 있었던 가능성이 있다.

비판 내용에 대해서도 차이점이 있다. 바비베카의 유식사상 비판은 전변설, 알라야식설, 삼성설, 유식무경설, 그리고 원성실성에 대한 논의 및 전의설 轉依說을 포함한 해탈론 등, 뒤에서 언급하게 될 예외를 제외하고는 유식사상의 주요 교설을 거의 망라하고 있다. 그에 비해서 찬드라키르티의 비판은 전변설과 해탈론에 대한 논의가 거의 모두 빠져 있고, 주로 유식무경설 및 자기 인식설 비판에 초점이 맞추어져 있다. 결국 찬드라키르티의 경우 인식이 실재한다는 사고방식만을 철저하게 비판하고 있는 것이다. 그의 비판은 그가 유식학파에 대해서 사용한 인식론자, 즉

'인식이 존재한다고 주장하는 자'라는 호칭과 잘 부합한다.

비판 내용에서 주목되는 점은 찬드라키르티가 상세하게 전개한 자기 인식설에 대한 비판이 바비베카에게서는 거의 발견되지 않는다는 점이다. 중관론자에 의한 자기 인식설 비판은 찬드라키르티 이후 샨티데바 등에서도 발견되고, 유식사상에 대한 비판에서 큰 비중을 차지한다. 바비베카가 자기 인식설을 거의 언급하지 않았던 점에 대해서는 다양한 가능성이 제시될 수 있겠지만, 어쨌든 중관학파에 의한 자기 인식설 비판은 찬드라키르티에 의해서 처음 주요한 논제로서 규정되어진 것이다.[7]

2) 찬드라키르티와 유식학파

여기서는 지면 관계상 찬드라키르티의 유식사상 비판에 대한 구체적인 내용을 다루지 않고, 찬드라키르티가 무슨 이유로 그토록 유식학파를 의식하고 있었는가에 대하여 개관하도록 한다.

바비베카의 경우도 그렇지만 찬드라키르티에게 유식학파는 최대의 경쟁 상대였다. 인도 대승불교 사상사에서는 통상 중관학파에 대해서 해설한 후에 유식학파에 대해서 해설하는 경우가 많지만, 그것은 중관학파가 나가르주나의 사상을 충실하게 계승하고 있다고 인정되고 있었기 때문이다. 그러나 나가르주나가 스스로 자신을 중관학파라고 생각했던 것은 아니다. '중관학파'라는 호칭은 바비베카를 넘어서 소급하는 것이 불가능한 것이다.

따라서 실제의 상황은 우리들이 알고 있는 사상사와는 반대였다고 생각된다. 유식학파는 매우 빠른 시기에 나가르주나의 공성론을 자신들의 사상 속에 흡수했지만, 외계의 비존재성을 설명하기 위하여 인식의 존재성을 인정하는 쪽으로 사상을 전개하고 있었다. 그와 같은 유식학파의 유자성론적인 사상에 위기감을 느낀 사상가들이 나가르주나 본래의 무자성론으로 되돌아가기 위하여 중관학파를 형성하였다. 그 형성 시기는 붓다팔리타 전후로부터 바비베카까지의 기간이었다고 생각된다. 결국 중관학파는 유식학파에 비해서 신흥 세력이었고, 유식학파와의 대결을 통해서 나가르주나의 계승자라는 자신들의 입장을 견고하게 하지 않으면 안 되었다. 그와 같은 긴박한 분위기가 찬드라키르티의 저술군에도 나타나 있다고 할 수 있다.

7.
맺음말

지금까지 찬드라키르티의 중관사상을 이제설, 공성 논술의 방법, 중관사상과 실천론, 유식학파에 대한 대응이라는 네 가지 중요한 관점에서 고찰하였다. 아직까지도 찬드라키르티라고 하면 오로지 프라상가 논법을 사용한 인물로서 논리학적인 측면에서 포착하는 경우가 많지만, 오늘날 찬드라키르티라는 사상가에 대한 종합적인 이해의 필요성이 다시 강하게 제기되고 있다. 그것은 바비베카에 대해서도 마찬가지일 것이다. 그와 같은 시도를 하나하나 쌓아나감으로서, 중관사상이라는 사상적 흐름을 불교라는 전체 속에서 적합한 위치에 올려놓는 것으로 연결되어 가리라고 생각한다.

1 본장의 기술은 필자의 저서인 『チャンドラキ―ルティの中觀思想』(大東出版社, 2001)에 기초한 것이다. 따라서 상세한 내용은 그 책을 참조하기 바란다. 1997년까지의 주요한 연구 문헌은 그 책의 참고문헌 일람에 기록하였으며, 그 이후에 출판된 주요 문헌들을 소개하면 다음과 같다.

- Yotsuya Kodo, *The Critique of Svatantra Reasoning by Candrakīrti and Tsong-kha-pa : A Study of Philosophical Proof According to Two Prasaṅgika Madhyamaka Traditions of India and Tibet,* Stuttgart : Franz Steiner Verlag, 1999.
- David Seyfort Ruegg, *Two Prolegomena to Madhyamaka Philosophy*, Wien : Arbeitskreis für Tibetische und Buddhistische Studien, Universität Wien, 2002.
- Karen C. Lang (tr.), *Four Illusions : Candrakīrti's Advice for Travelers on the Bodhisattvapath*, Oxford, New York, Tokyo : Oxford University Press, 2003.
- 丹治昭義譯, 『中論釋 明らかなことば II』, 關西大學出版部, 2006.
- Claus Oetke, *Logic Matters in the Prasannapadā : A Study on Reasoning and Proof in Metaphysics*, Stockholm : Stockholm University, 2006.
- G.C. Nyayak, *Nirvāṇa in Candrakīrti's Prasannapadā : A Study in the Mādhyamika Concept of Nirvāṇa in the Context of Indian Thought*, Shimla : Indian Institute of Advanced Study, 2006.
- Ulrich Timme Kragh, *Early Buddhist Theories of Action and Result,* Wien : Arbeitskreis für Tibetische und Buddhistische Studien, Universität Wien, 2006.
- Joseph John Loizzo etc al. (tr.), *Nāgārjuna's Reason Sixty with Candrakīrti's Commentary*, New York : The American Institute of Buddhist Studies at Columbia University, 2007.
- James Duerlinger, *Candrakīrti on the Theories of Persons of sāṃmitīyas and Āryasāṃmitīyas,* An Article from Philosophy East and West, Honolulu : University of Hawaii Press, 2010.

2 『菩薩瑜伽行四百論廣注』, 데르게판, 31b1-2.

3 왜냐하면 『오온론』에는 확실히 찬드라키르티가 지었다고 생각되는 부분도 포함되어 있지만, 전체를 찬드라키르티가 지었다고 생각하기는 힘들기 때문이다.

4 '유세속 唯世俗'이라는 술어는 『입중론』 이외의 저술에서도 사용되고 있다. 그러므로 그것은 찬드라키르티에 의해서 어느 정도 확립된 사고였을 가능성이 있다.

5 일반적으로 'A가 아니다.'라고 부정하면 '비 非 A이다.'라는 긍정의 의미가 부각되지만, '비정립적 부정'이란 그와 같은 긍정을 함의하지 않는 순수한 부정을 의미한다.

6 샨티데바의 중관사상에서는 공성설이 사념주 四念住라는 구체적인 수행법과 결합되어 있다는 점이 주목된다. 江島惠敎, 「シャ―ンティデ―ヴァにおける空思想の特色」, 『田村芳郎博士還曆記念論文集, 佛敎敎理の硏究』(春秋社, 1982)을 보라.

7 찬드라키르티는 의타기성을 부정하기 위한 중요한 논점으로서 '자기 인식설'을 들어서 철저

하게 비판한다. 중관학파에 의한 자기 인식설 비판에 대해서는 山口益, 『佛教における無と有との對論』(修訂版, 山喜房佛書林, 1975)과 岸根敏幸, 「チャンドラキ―ルティの自己認識說批判」, 『江島惠教博士追悼論集, 空と實在』(春秋社, 2000)을 참고하라.

제4장

카말라실라의 중관사상

게이라 류우세이

1.
머리말[1]

인도 후기 중관학파 학자인 카말라실라 Kamalaśīla(740-795년경)는 그의 스승 적호 寂護 Śāntarakṣita(725-788년경)와 마찬가지로 박식하고, 인도 사상 전반에 대하여 백과전서적인 지식을 가지고 있었던 다작의 학자였다. 그 두 사람은 티벳불교에서 자립논증파(Svātantrika, Rang rgyud pa)인 동시에 유가행중관파(Yogācāra-Mādhyamika; rNal 'byor spyod pa'i dbu ma pa)의 학자로 간주된다. 자립논증파 최초의 학자는 중기 중관파의 청변 淸辯 Bhāviveka(490-570년경)이고, 그는 '일체의 존재(dharma 法)는 승의로서 paramārthatas 본성(svabhāva 自性)을 갖지 않는다(=無自性).'라고 하는 명제를 중관파 스스로의 주장으로 삼고서, 자립논증 自立論證, 즉 '자립적 추론 svatantrānumāna'을 통해서 적극적으로 논증하고자 했다. 카말라실라와 청변은 중관파의 이 명제를 올바른 인식 수단 pramāṇa을 통해서 논증하고자 했던 점에서 공통점이 발견된다. 그러나 두 사람 사이에는 방법론적으로 커다란 차이가 있다. 청변은 진나(陳那 Dignāga)가 수립한 인식 수단 이론에 의거했지만, 카말라실라는 법칭(法稱 Dharmakīrti)과 그의 주석자들이 수립한 인식 수단 이론을 기초로 했다는 점이다. 중관파의 명제는 부정 명제인데, 진나는 부정 명제에 대해서 자설 自說을 전개하는 일이 없었다. 그러나 법칭은 부정 명제, 즉 부정적 판단을 증명하고 확립하기 위한 근거와 이유 hetu로서 '지각 가능한 사물의 무지각'(upalabdhilakṣaṇaprāptasyānupalabdhi / dṛśyānupalabdhi)이라는 이론을 수립하였다. 그러므로 청변과 카말라실라 사이에는 명제를 논증하기 위한 논리학적 방법에 중요한 차이가 있었다고 할 수 있다.

본장에서는 카말라실라의 주석이라고 생각되는 『중관광명론』(*Madhyamakāloka*, *MĀ*)을 중심으로, 그의 중관사상에서 가장 본질적 요소인 '승의(勝義 paramārtha), 진실(眞實 tattva), 진실의(眞實義 bhūtārtha)의 확정'과 승의인 진실을 보는 것, 즉 '진실지의 획득'에 대해서 설명하면서, 그와 함께 일체법이 무아 nairātmya, 즉 무자성성 niḥsvabhāvatā이라는 중관파의 철학적 입장을 증명하고 확립하기 위한 카말라실라의 이론적 기반 혹은 중심이 법칭의 인식 수단 이론, 그리고 카말라실라가 자신의 철학적 입장을 증명하고 확립하기 위하여 법칭 이론의 적용 범위를 확대했다는 것을 밝히고자 한다.

2.
진실의 확정

1) 진실이란?

중관파에게 일체법의 무아, 공성, 불생, 무자성성 등은 진실인 동시에 승의이다. 카말라실라는 그것들이 진실이고 승의임을 확정하기 위하여, 공성 논증, 즉 무자성성 논증을 행했다. 그 논증은 그의 중관사상에서 중심적 위치에 있기 때문에 매우 중요하다. 그 논증에서 그가 시도하고 있는 것은 세속의 사물 위에 타자他者에 의해서 승의로서 존재하고 있다고 날조捏造, 혹은 증익(增益 samāropita)된 본성(=自性)을 인식 수단을 통해서 부정하는 것이다. 즉 그는 '일체법은 승의로서 [존재한다고 타자에 의해서 구상된] 자성을 가지지 않는다.'라는 명제를 논증하고자 했던 것이다. 그러나 그는 세속적인 자성의 존재를 부정하지는 않았다. 그가 목적으로 했던 것은 다만 승의적인 자성의 결여에 대한 논증이었다.[2]

2) 진실은 어떻게 확정되는가?

일체법의 무아와 무자성성 등이라는 진실 그 자체는 추론에 의해서 논증되고 확정된다. 여기서 실제로 무자성성 논증을 행하는 그의 추론은 '사물의 힘에 의해서 기능하는 추론vastubalapravṛttānumāna'이라고 부른다. 예를 들면 법칭의 인식 수단 이론에 의하면, 사물의 무상성에 대한 추론처럼 합리적으로 증명 가능한 사물의 속성을 논증하는 추론은 현실의 여러 사물이나 사실의 존재로부터 그 진리를 도출해야 한다는 의미에서, '사물의 힘에 의해서, 혹은 객관적으로 기능하는 추론'이 아니면 안 되며, 단지 어떤 사람이 '그것은 그와 같다.'라고 말하거나 믿는 것에 기초하는 추론이어서는 안 된다. 카말라실라는 무자성성이 합리적으로 증명 가능한 사물의 속성이라고 생각했기 때문에, 무자성성을 경전āgama이나 경전에 근거한 추론(āgamāpekṣānumāna / āgamāśritānumāna)을 통해서가 아니라, '사물의 힘에 의해서 기능하는 추론'을 통해서 논증하고자 했다. 일반인은 무자성성을 직접적으로 이해하는 것이 불가능하지만, 그것은 무자성성이 직접 지각이나 합리적이고 객관적인 추론에 의해서 완전히 도달 불가능atyantaparokṣa하여, 일반적인 합리성의 한계를 넘어서 있다고 말해지는 천계天界나 지옥地獄, 혹은 업의 법칙에 대한 자세한 내용 등과 동일한 것을 의미하는 것은 아니다. '사물의 힘에 의해서 기능하는 추론'은 천계 등과 같이 완전히 도달 불가능한 대상에 대해서는 기능할 수 없다. 그러므로 그와 같은 대상은 경전에 근거한 추론에 의해서 증명되지 않으면 안 된다. 그러나 사물의 무자성성은 천계 등과 같이 완전히 도달 불가능한 대상이 아니라, 사물의 진실 tattva 이고, 사물의 극한 vastuparyanta이기 때문에, 경전에 의거하지 않고도 객관적인 추론이 가능한 대상이다. 그러므로 카말라실라는 무자성성을 추론에 의해서 논증하는 경우, 그것은 '사물의 힘에 의해서 기능하는 추론'에 의해서 논증될 수 있다고 생각했던 것이다.

카말라실라는 *MĀ*에서 무자성성을 합리적이고 객관적 추론에 의해서 논증할 때, 그 논리적 근거가 되는 이유 hetu를 다섯 가지로 요약 정리하였다. 그 다섯 가지는 나중에 (1)금강편(金剛片 *vajrakaṇa) (2)유무 有無의 발생 부정 *sadasadutpādapratiṣedha (3)사선택지 四選擇肢의 발생 부정 catuṣkoṭyutpādapratiṣedha (4)연기 pratītyasamutpāda, (5)이일다(離一多 ekānekaviyoga)라고 불리게 된다.[3]

3) 경전에 근거한 증명은 필요한가?

그런데 여기서 다음과 같은 문제가 발생한다. 카말라실라는 경전(經典 āgama)과 정리(正理 yukti)에 근거하여 일체법의 무자성성을 증명하려고 시도하지만, 무자성성은 '사물의 힘에 의해서 기능하는 추론', 즉 정리 正理에 의해서 논증되지 않으면 안 된다. 그렇다면 경전의 역할은 무엇인가? 무자성성을 경전에 의해서 증명하는 것은 무의미하거나 부적절한 것인가? 만약 그렇다면 중관파는 무슨 이유로 경전을 채용하는 것인가? 또한 카말라실라는 사람이 경전에 근거해서 천계와 지옥 등과 같이 완전히 합리적으로 증명 불가능한, 즉 완전히 도달 불가능한 대상을 이해하고자 할 경우, 어떤 경전이 신뢰 가능하고 어떤 경전이 신뢰 불가능하다고 생각했던 것일까? 그리고 그는 어떻게 경전의 신뢰성 또는 권위를 확정할 수 있다고 생각했던 것일까?

4) 무자성성 논증에 있어서 경전의 역할 [4]

적호는 『중관장엄론주』(*Madhyamakālaṃkāravṛtti MAV* 데르게판 56b6-7)에서 다음과 같이 말한다.

[정리와 경전에 의해서 일체법 무자성성을 타인에게 이해시키는] 경우, '사물의 힘에 의해서 기능하는 추론'에 의해서 보강되지 않는 경전에는 수신행자(隨信行者 신앙 때문에 가르침에 따르는 자)들도 완전히 만족하지 못할 것이다. 그러므로 먼저 [무자성성을 증명하는] 정리가 설명되는 것이다.

이 말을 카말라실라는 『중관장엄론세소』(*Madhyamakālaṃkārapañjikā MAP* 데르게판 87a6-b2)에서 다음과 같이 주석한다.

인식 수단에 의해서 견고하게 되지 않은 경전은 다른 방식으로도 해석될 수 있어서, 수신행자에게도 [경전의 의미를] 확정하는 것이 불가능하기 때문에 만족스럽지 않을 것이다. '그렇지만 kyang'이라는 말은 마음 나쁜 [외도]들에 대해서 굳이 말할 필요가 있을까? [없다고] 하는 것을 [함의적으로] 설하는 것이다. '사물의 힘에 의해서 기능하는 vastubalapravṛtta'이라는 말은 경전에 근거한 추론 lungs las grags pa'i rjes su dpag pa을 배제하기 위하여 [사용된 것]이다. [왜냐하면] 그 [경전에 근거한 추론]도 경전과 유사한 것에 의해서 그 [불확실성]을 가지는 것이고, 그 [경전에 근거한 추론]도 확정을 일으키는 것이 불가능해서 불만족스러울 것이[기 때문이]다. [그러나] 정리 正理는 확정을 일으키는 [것이 가능하기] 때문에, [우리들을] 만족시키는 것이다.

【반론】 만약 그렇다면 정리만으로 충분할 것이다. 경전을 가지고 무엇을 하려고 하는 것인가? [즉, 경전은 무용無用일 것이다.]

【답변】 그렇지 않다. [경전은 무용하지 않다.] 경전은 정리의 장식 rgyan이기 때문이다. 그렇지 않다면, [즉, 경전이 인용되지 않는다면], '그 [논증]은 보잘 것 없는 논리학자에 의해서 구상된 것이다.'라고 어리석은 자에 의해서 경시될 것이다.

이처럼 일체법의 무자성성을 '사물의 힘에 의해 기능하는 추론'을 통해 논증할 경우 경전은 고려하지 않는다. 경전은 단순히 정리에 대한 장식에 지나지 않는다. 그러나 그 장식은 중관파가 설하는 정리와 논증이 불교사상의 전통에서 벗어나지 않음을 증명한다는 것이다.

여기서 카말라실라는 경전을 인용할 때에는 인식 수단에 의해서 그 경전을 견고하게 하지 않으면 안 된다고 말한다. 견고하게 하는 것이란 경전의 기술과 언급이 다양하게 해석되지 않도록, 경전의 언급을 인식 수단을 통해서 확정하는 것이라고 생각된다. 또한 인식 수단을 통해서 경전을 견고하게 하는 것은 불교도가 그 경전의 권위를 승인하기 위한 근거의 역할을 한다고 생각된다. 합리적이고 객관적인 추론에 의해서 뒷받침된 경전이야말로 다른 사람의 여러 가지 고찰과 비판을 이겨낼 수 있을 것이기 때문이다. 이로부터 카말라실라와 샨타락시타는 무자성성 등과 같이 일반에게 지각될 수는 없지만, 합리적으로 증명 가능한 대상에 대한 경전의 기술과 언급에 대한 신뢰성을 확정하기 위해서는 '사물의 힘에 의해서 기능하는 추론'에 의한 근거 지움이 필요하다고 생각하고 있었음을 알 수 있다.

5) 세 가지 고찰

경전은 천계와 지옥 등과 같이 합리적이고 객관적으로 논증 불가능한 대상의 경우에 더욱 중요한 역할을 하게 된다. 그 대상들을 이해하기 위해서는 경전에 의지하는 수밖에는 다른 수단이 없기 때문이다. 그럴 경우에는 어떤 경전이 신뢰할 수 있고, 어떤 것이 신뢰할 수 없는 것인가를 구분하는 것이 중요한 문제가 된다.

경전의 권위에 대한 법칭의 주요 입장은 이미 현대의 연구자들에 의해서 거의 밝혀졌다.[5] 그에 따르면 완전히 도달 불가능한 대상을 추론할 경우, 다음과 같은 세 가지 고찰을 통과하면, 그 경전은 신뢰 가능한 권위 있는 것이 된다고 한다.

(1) 지각 가능한aparokṣa 대상에 대한 그 경전의 견해가 직접 지각에 의해서 반박되지 않는 것.

(2) 지각 불가능하지만parokṣa 합리적으로 증명 가능한 대상에 대한 그 경전의 견해가 어떠한 '사물의 힘에 의해서 기능하는 추론'에 의해서도 반박되지 않는 것.

(3) 완전히 도달 불가능atyantaparokṣa하고, 합리적으로 증명 불가능한 대상에 대한 그 경전의 언급이 '경전에 근거한 추론'에 의해서 반박되지 않는 것, 즉 동일 경전의 다른 언급과 직접적이거나 간접적으로 모순하지 않는 것.

카말라실라는 법칭과 마찬가지로 어떤 경전이 위의 세 가지 고찰을 통과하면, 그 경전을 올바르고 기만이 없는 것으로서 채용 가능하다고 생각하였다. 결국 카말라실라는 경전의 권위에 대한 법칭의 입장을 완전히 계승하고 있는 것이다. 그는 『진실강요세소』(*Tattvasaṃgrahapañjika*, *TSP*, ad k.3344, p.878,16-19)[6]에서 이렇게 말한다.

순수한, [즉] 여러 불순물을 결여한 금(kaladhauta = suvarṇa)이 [그것을 태우거나, 시금석으로 시험하거나, 절단함으로써] 검사될 때, 연소燃燒나 다른 수단에 의해서 변화를 일으키지 않는 것처럼, [직접 지각이나 두 가지 추론에 의해서 고찰될 때] 세존의 보배와 같은 말씀은 연소와 유사한 직접 지각에 의해서도, 시금석과 유사한 사물의 힘에 의해서 기능하는 추론에 의해서도, 절단과 유사한 경전에 의거한 추론에 의해서도 변화하지 않는다. 그러므로 사려 깊은 사람이 그와 같은 [올바르고 기만이 없는] 경전에 근거해서 행동하는 것은 이치에 맞는 것이고, [그와는] 다른 [잘못되고 기만적인 경전]에 근거해서 [행동하는 것은 이치에 맞지] 않는 것이다. 그것이 의도된 것이다.

티벳불교에서는 그 세 가지 고찰을 'dpyad pa gsum'이라고 부르지만, 카말라실라는 *MĀ*에서 그보다 앞서 그 세 가지 고찰을 가리켜서 'tshul gsum gyi brtag pa'라고 부르고 있다.[7]

6) 카말라실라의 이론적 기반

이처럼 카말라실라는 '사물의 힘에 의해서 기능하는 추론'과 '경전에 근거한 추론'이라는 법칭이 설하는 두 가지 추론을 계승할 뿐 아니라, 경전의 권위에 대한 법칭의 입장도 완전히 계승하고 있다. 이로부터 법칭의 인식 수단 이론은 일체법 무자성성이라는 중관파의 철학적 입장을 확립하고 증명하기 위한 카말라실라의 확실한 이론적 기반 혹은 중핵이 되어 있는 것을 알 수 있다.

3.
진실을 보는 것, 즉 진실지의 획득

진실지가 어떻게 성립하는가를 인식 수단에 의거해서 설명하는 카말라실라의 이론은 그의 수행론의 본질을 형성하는 중요한 이론이기도 하다. 여기서 그의 수행론을 개략적으로 살펴보도록 한다. 가르침에 대한 청문(聞 śruti)과 사유(思 cintā)를 통해서 법무아와 무자성성 등이 진실, 즉 승의라고 이해하여, 무엇이 진실인가를 확정한 수행자가 그 진실의 대상, 즉 '진실의(眞實義 bhūtārtha)'에 대해서 명상(修 bhāvanā)을 행하여, 그 진실을 보고 직접적으로 이해하게 되면, 보살의 제1지에 이르게 된다. 진실을 봄으로써 잘못된 인식, 즉 전도(顚倒 viparyāsa)가 제거되고, 무지 avidyā가 제거되어, '번뇌라는 장애(煩惱障 kleśāvaraṇa)'와 '인식 대상에 대한 장애(所知障 jñeyāvaraṇa)'라는 두 가지 장애가 제거된다. 수행자는 진실에 대한 명상을 반복함으로써, 제1지로부터 제10지에 이르는 보살의 수행 단계를 차례로 올라가서, 두 가지 장애를 완전히 제거함으로써, 불지 佛地에 이르러 수행을 완성하고 일체지자 sarvajñā인 불타가 되는 것이다.[8] 이와 같은 수행론으로부터 카말라실라에게 '진실을 보는 것', 즉 진실지의 획득이 일체지자인 불타가 되기 위한 가장 주요한 요인인 동시에 수행의 본질이라는 것을 알 수 있다.

1) 카말라실라의 무지각 해석[9]

카말라실라는 *MĀ* 제1장에서 일체법의 무아와 무자성성이라는 진실이 직접 지각 pratyakṣa에 의해서 이해된다는 사실과 무자성성을 이해하는 직접 지각은 올바른 인식 수단pramāṇa으로 성립함을 논증한다.

사물의 궁극적 진실인 법무아는 일반인pṛthagjana에 의해서 직접 지각되는 것은 아니다. 그러나 카말라실라는 불타나 보살과 같은 최고의 요가행자rnal 'byor pa dam pa들은 직접 지각, 즉 요가행자의 직접 지각yogipratyakṣa에 의해서 일체법의 무아와 무자성성이라는 진실을 이해하는 것이 가능하다고 생각한다. 최고의 요가행자들도 이전에 일반인이었을 때에는 색형 rūpa 등의 사물이 실재한다고 집착하고 있었다. 그러나 추론을 통해서 법무아의 진실을 이해하고, 일체법이 환영 등과 같다고 하는 명상과 수습을 통해서 발생한 지혜prajñā의 눈을 가지고 사물을 관찰함으로써, 지각의 조건을 갖추고서 upalabdhilakṣaṇaprāpta 이전에 지각되고 있던 색형 등의 사물을 보지 않게 되는 것이다. 그러므로 그들은 사물이 실재하는 것이 아니라, 승의의 자성을 결여하고 있다고 이해한다. 그런 의미에서 승의적인 자성의 결여를 이해하는 요가행자의 지각知覺이란 실제로 그와 같은 자성을 '보지 않는 것', 즉 그와 같은 자성의 무지각 無知覺이고, 그 무지각이 '그와 같은 자성은 존재하지 않는다.'고 하는 판단의 근거가 되는 것이다. 카말라실라는 이것을 논리적으로 설명하기 위해서 법칭의 무지각anupalabdhi 이론에 의지한다. 법칭의 무지각 이론의 중심 사고는 감관의 장애 등이 없는 어떤 사람이 어떤 장소와 어떤 시간에 어떤 대상을 지각하기에 적당한 상황에 있음에도 불구하고 실제로는 그것을 지각하지 않을 때, 그 사람이 '그 대상은 비존재'라고 판단하는 것이 타당하다고 생각하는 데 있다. 카말라실라는 법칭의 이 이론에 의거해서 다음과 같이 말한다. 즉, 만약 사물에 승의의 자성이 존재한다면 요가행자는 그것을 지각할 것이다. 그러나 그 요가행자들은 직접 지각 속에서 그와 같은 자성을 지각하지 않는다. 그러므로 그들이 '그와 같은 자성은 비존재이다.'라고 판단하는 것이 타당하다고 인정해야 한다는 것이다.

카말라실라는 일체법의 무아와 무자성성에 대한 직접 지각이 가능함을 논증하기 위해서 법칭의 무지각 이론에 의거하지만, 법칭의 이론 그 자체는 카말라실라가 얻고자 하는 그런 직접 지각의 성립 논증을 가능하게 하지 않는다. 법칭의 이론에서는 '무지각 an-upalabdhi'이라는 말의 부정사 an이 부정의 대상과는 다른 어떤 존재의 성립을 함의하는 정립적 부정 paryudāsa의 형태를 취하고 있다. 그러므로 그의 이론에서 어떤 지각 가능한(dṛśya / upalabdhilakṣaṇaprāpta) 사물 X의 무지각, 즉 'X의 지각에 대한 부정'은 'X와 다른 Y라는 사물 anyabhāva'이나 'X의 지각과 다른 Y의 지각 anyopalabdhi'이라는 양자를 함의하며, 그 양자의 성립이 없이 'X는 비존재이다.'라는 판단은 성립하지 않는다. 그러나 중관론자인 카말라실라에게 있어서는 요가행자가 '일체법에 대해서' 무아와 무자성성을 지각한다고 하는 것이기 때문에, 일체법이라는 사물의 총체 이외에 어떤 다른 사물의 존재, 즉 '다른 존재 anyabhāva'의 성립을 인정하는 것은 불가능하다. 그러므로 그는 『입능가경』(*Laṅkāvatārasūtra*, *LAS*, p.74,5-8)의 공성에 대한 일곱 가지 해석에 근거하여 'Y는 X를 결여하고 있다.', 'Y에 있어서 X는 비존재이다.'라는 형식의 X와는 다른 존재 Y를 인정하는 공성을 상호 공성(相互空性 itaretaraśūnyatā)으로 간주하고, 그와 같은 공성은 승의적 진리 paramārthasatya가 아니라, 세속적 진리 saṃvṛtisatya에 근거해서 이해되어야 하는 열등한 공성이라고 말한다. 그리고 중관파는 '특징의 공성 lakṣaṇaśūnyatā'을 논증하는 것이고, 그 공성이야말로 승의의 공성으로 인정할 수 있다고 말한다. '특징의 공성'이란 '모든 존재는 개별적 특징과 일반적 특징 svasāmānyalakṣaṇa을 모두 결여한 것'이고, 그것은 '다른 존재'의 성립이 없어도 성립하는 공성을 말한다. 카말라실라는 '다른 존재'의 성립을 인정하는 법칭의 무지각 해석을 진실에 대한 지각의 성립 논증에서는 거부한 것이다.

카말라실라는 '다른 존재'의 성립은 인정하지 않지만 '다른 지각 anyopalabdhi'의 성립은 인정한다. 그것은 '일체법을 보지 않는 것은 최고의 지각이다. chos thams cad mthong ba med pa ni mthong ba dam pa yin no'[10]라는 『법집경 *Dharmasaṅgītisūtra*』의 인용문에 대한 그의 해석으로부터 분명해진다. 카말라실라는 *MĀ*(데르게판 168a7-169a1)에서 '보지 않는 a-darśana'이라는 말에 포함되어 있는 부정사 'a-'는 부정 대상과는 다른 존재의 성립을 함의하지 않는 순수 부정 prasajyapratiṣedha의 형태를 취한 것이 아니라고 말한다. 그는 요가행자가 사물의 승의적인 자성을 완전히 보지 않는 경우, 그 요가행자에게는 일체법이 무아라는 진실을 직관하는 지혜가 생겼다고 생각하여, '일체법의 지각'에 대한 부정은 '최고(진실)의 지각'을 함의한다고 인정한다. 이로부터 그가 『법집경』에서 언급하는 '보지 않는 것'이라는 말에 포함되어 있는 부정사는 정립적 부정의 형태를 취한다고 생각하였음을 알 수 있다. 카말라실라는 이처럼 어떤 '다른 존재'의 성립도 인정하지 않지만, '다른 지각'의 성립은 인정하였던 것이다.

한편 법칭의 무지각 이론에서는 X의 무지각은 'X의 지각과는 다른 지각'과 'X와는 다른 존재 Y'를 함의하기 때문에, X와는 다른 존재인 Y가 X의 지각과는 다른 지각의 대상이 된다. 그러나 카말라실라의 무지각 해석에서는 어떤 '다른 존재'도 성립하지 않는다. 그렇다면 그의 '다른 지각'은 무엇을 대상으로 하는 것일까? 대상을 갖지 않는 지각 등은 성립할 수 없기 때문에, 그 '다른 지각'도 어떤 대상을 갖지 않으면 안 될 것이다. 또한 그 '다른 지각'은 직접 지각의 분류상 어떤 지각인가? 법칭은 무지각인(無知覺因 anupalabdhihetu)에 대한 논의에서 '어떤 장소에서 항아리의 무지각'에 근거한 '그 장소에서 항아리의 비존재'라는 논증을 자주 사용한다. 그럴 경우 '항아리의 지각'과는 다른 '지면地面의 지각'은 '항아리'와는 다른 존재인 지면을 대상으로 하기 때문에, 법칭의 이론에서 '다른 지각'은 분류상 감관지 indriyapratyakṣa라고 생각된다. 그러나 카말라실라의 해석에서는 '다른 지각'은 '다른 존재'를 대상으로 하는 것이 아니기 때문에, '다른 지각'이 감관지라고 생각할 수는 없다. 그렇다면 그 '다른 지각'은 분류상 어떤 지각인가?

2) '다른 지각'의 대상

카말라실라는 *MĀ*에서 '다른 지각'의 대상에 대해서 요가행자의 직접 지각으로부터 얻어진 지혜는 일체법 무아라는 진실을 대상으로 하는 것과 그 진실은 '어떤 사물도 전혀 현현하지 않는 상태의 지혜', 즉 일체법무현현지一切法無顯現知의 발생을 통해서 이해될 수 있다고 하는 문제 해결의 실마리를 제시할 뿐 명료한 답변은 제시하지 않는다. 그러나 그는 『수습차제초편』(*Bhāvanākrama*, *BK* I, pp.211,19-212,3)에서는 '다른 지각'의 대상에 대하여 더욱 명료한 설명을 제시한다. 그는 *BK* I(p,210,9-12)에서 *LAS* X의 제256-257송을 인용하여 명상의 단계를 다음과 같이 설명한다.[11]

(1) 요가행자는 유가행파 Yogācāra의 입장, [즉 형상진실론 Satyākāravāda]에 의거해서, 외계의 대상이 실재하지 않는다고 이해하고, 외계실재론을 설하는 설일체유부 Sarvāstivādin와 경량부 Sautrāntika의 입장을 넘어선다.

(2) 요가행자는 유가행파의 형상허위론 Alīkākāravāda의 입장에 따라, 무이지(無二知 advayajñāna), [즉, 객체로서 파악되는 것 grāhya과 주체로서 파악되는 것 grāhaka이라는 두 가지 지知에 대한 구분을 떠난 지]에 머물러 형상진실론의 입장을 넘어선다.

> (3) 요가행자는 무이지의 실재성vastutva에 대한 집착을 배제하고, 중관파가 설하는 명상, [즉, 무이지조차도 현현하지 않는 명상]에 머물러 대승을 본다.

그런데 카말라실라는 '무이지無二知의 무현현無顯現에 머무는 요가행자는 대승을 본다.'라는 *BK* I에 인용된 *LAS* X의 제257송cd에 대하여 다음과 같이 주석한다.

> 그와 같이 요가행자가 무이지 [그 자체]도 현현하지 않는 지知에 머무는 경우, 그는 최고의 진실에 머무는 것이기 때문에 대승을 보게 된다. 대승[을 본다]고 하는 것은 바로 최고의 진실을 보는 것이다. 최고의 진실을 보는 것이란 일체법을 지혜의 눈으로 고찰하는 것이기 때문에, 정지正知의 빛이 있으면 틀림없이 [일체법을] 보지 않게 된다. 그러므로 『[법집]경』에서 '묻는다. 승의를 보는 것은 어떤 것인가? 답한다. 일체법을 보지 않는 것이다.'라고 설해졌던 것이다.

여기서 카말라실라는 무이지 그 자체를 포함하여 어떤 법도 현현하지 않는 상태에 머무는 요가행자는 최고의 진실에 머무는 것이기 때문에, 그 요가행자는 최고의 진실을 보는 것이라고 말한다. 카말라실라에게 요가행자가 일체법을 보지 않는 것, 즉 그가 무현현의 상태에 머무는 것은 그가 최고의 진실(=승의)을 보는 것과 같은 의미인 것이다.

요가행자가 최고의 진실을 보는 것은 그가 '보지 않는 것', 즉 무현현의 상태에 머무는 것이기 때문에, 진실을 직접적으로 이해하는 요가행자의 지혜는 바로 그 무현현의 상태를 대상으로 하고 있다고 할 수 있다. 그러나 요가행자의 지혜가 완전한 무현현의 상태를 대상으로 하는 것이 과연 가능한 것인가? 카말라실라에 의하면

요가행자의 직접 지각 그 자체의 자기 인식(svasaṃvedana 직접 지각의 일종으로서 지의 재귀적인 인식)은 그 지知의 무현현 상태를 대상으로 하는 것이 가능하다고 한다. 그는 *MAP*(데르게판 128b6-129a2)에서 *LAS* X의 제257송을 주석하면서 이렇게 말한다.

> [요가행자는] 또한 그 지知, [즉 무이지]에 대해서 [그 지가] 일一이나 [다多] 등의 존재 형식[인가 어떤가]라는 관점에서 명상함으로써, 무이[지]도 넘어서서 [어떤 법도] 현현하지 않는 [상태]에 들어간다. 그 [상태]에 머무는 [요가행자]는 대승에 들어간 것이다. 그것이 [*LAS* X 제257송에서] 설해진 것이다. ……
> 【반론】 무이지[를 포함한 모든 사물이] 현현하지 않는 요가행자의 지는 무엇에 의해서 '무현현'이라고 이해되는 것인가? 첫째로 [그 지는] 그 [요가행자의 지] 자체에 의해서는 [이해될 수] 없을 것이다. [어떤 사물이] 그 자체에 대해서 작용하는 것은 모순이기 때문이다. [둘째로 그 지는] 다른 [지]에 의해서도 [이해될 수] 없을 것이다. 무한소급 anavasthā의 오류에 빠지기 때문이다.
> 【답변】 그것은 오류가 아니다. [요가행자는 자신의 지를] '무이지'라고, 또는 '무현현'이라고 자기 인식에 의해서 [직접적으로] 경험하고, 그로부터 [그 직]후에 얻어진 [판단]지 phyis rjes su thob pa'i shes pa에 의해서 [자신의 지가 '무이'이고 '무현현'이라고] 확정하지만, [요가행자의 지] 자체가 [그의 지] 자체에 작용하는 것은 모순이 아니다. 무자성에 [대해서]도 그와 마찬가지이다. [즉 요가행자는 자신의 지를 무자성이라고 자기 인식에 의해서 직접적으로 경험하고, 그 직후 판단지에 의해서 자신의 지를 무자성이라고 확정하는 것이다.]

이처럼 요가행자는 무자성성을 명상한 힘에 의해서 무이지조차 현현하지 않는 요가행자의 직접 지각을 얻는다. 거기서 일체법의 무현현, 즉 승의적인 자성의 결여와 무아로 특징지어진 진실을 직접적으로 이해하는 자기 인식, 즉 '요가행자의 직접 지각 그 자체에 대한 재귀적인 인식'이 일어나고, 그 요가행자는 그 결과로서 그 지각에 이어서 일어나는 판단지에 의해서 일체법이 승의의 자성을 결여하고 있다고 확정하는 것이다. 그리고 그 요가행자가 무자성성에 대한 명상의 최종적인 국면에 도달할 때, 그 요가행자는 일체법의 승의적 자성의 결여를 직접적으로 이해하는 지혜에 근거해서, 자신의 지知도 승의적 자성을 결여한 것이라고, 자기 인식에 의해서 직접적으로 이해하게 되고, 그 결과로서 직후에 일어나는 판단지에 의해서 자신의 지知도 승의의 자성을 결여하고 있다고 확정한다는 것이다. 이상의 고찰로부터 최고의 진실을 직접적으로 이해하는 요가행자의 지혜란 요가행자의 자기 인식이라는 사실이 분명해진다. 그리고 그와 같은 자기 인식은 '일체법을 보지 않는 것', 즉 '일체법의 지각'에 대한 부정이 함의하는 '최고(진실의) 지각'이다. 그러므로 카말라실라의 무지각 해석에서 '다른 지각'이란 바로 요가행자의 자기 인식이 되는 것이다.

3) 법칭 이론의 적용 범위 확대

지면 관계상 법칭과 카말라실라의 무지각 해석에서 부정 판단의 성립 과정에 대한 상세한 구조적 차이를 분명하게 밝히는 것은 불가능하지만, 여러 가지 측면에서 양자의 해석이 다른 것은 이해할 수 있을 것이다. 양자의 해석에서 주요한 차이는 카말라실라가 법칭의 해석에서 발견되는 '다른 존재'를 대상으로 하는 '다른 지각'

을 수용하지 않는다는 점이다. 중관파는 '특징의 공성'을 주장하기 때문에, 일체법은 승의로서 무자성이라고 생각하는 것이고, 그런 사고는 상호 공성에 근거한 것이 아니다. '특징의 공성'은 승의인 동시에 '다른 존재'의 성립 없이 성립하는 공성이지만, 상호 공성은 '다른 존재'의 성립에 의거해서 세속적으로 성립하는 공성이다. 한편 양자의 해석에서는 유사성도 발견된다. 그 가운데 주요한 것은 양자가 모두 '무지각'이라는 말에서 발견되는 부정을 정립적 부정으로 간주하여 '다른 지각'을 함의한다고 생각하는 점이다. 법칭의 해석에서 '다른 지각'은 '다른 존재'를 대상으로 하는 감관지라고 생각되지만, 카말라실라의 해석에서 '다른 지각'은 요가행자의 자기 인식이고, 그 자기 인식이 일체법의 무현현을 대상으로 하고, 일체법이 무아라는 진실을 직접적으로 이해한다. 그리고 그와 같은 자기 인식이 성립하면, 요가행자는 그 직후에 발생하는 판단지에 의해서 일체법이 무아라고 확정하는 것이다.

카말라실라의 무지각 해석은 법칭의 무지각 이론이 일체법 무자성성이라는 중관파의 철학적 입장의 논증에 응용 가능함을 보이기 위해서 시도된 것이다. 그는 무지각이 상호 공성, 즉 '다른 존재의 성립에 의거해서 성립하는 공성'을 논증한다는 것을 세속으로서는 부정하지 않으므로, 법칭의 무지각 이론 그 자체를 비판하지는 않는다. 그는 일체법에 대한 특징의 공성을 논증하기 위하여 법칭 이론의 적용 범위를 확대했다고 생각된다.

요컨대 카말라실라는 법칭의 이론을 세속적 진리의 영역에서 따르면서도 그 적용 범위를 확대하여, 법칭의 이론과 일체법의 무자성성을 증명하려고 하는 중관파의 철학적 계획을 양립시키려 하였다고 생각된다.

4.
진실지와 일승

진실지는 카말라실라의 중생 구제론의 핵심이며, 일승사상에서도 본질적인 역할을 한다.[12] 그는 성문, 독각, 보살이라는 삼승설은 방편설로서 진실이 아니며, 삼승이 모두 진실을 깨달아서 불타가 되는 것이 가능하다고 생각했다. 그에 의하면 일체 중생은 여래의 태아, 즉 여래장(如來藏 tathāgatagarbha)이고, 무상정등각 anuttarā samyaksaṃbodhi의 본성을 가지기 때문에, 깨달음을 얻고자 발심하면 누구라도 성불이 가능하다. 그러나 진실을 깨닫기 위해서는 진실지에 의지하지 않으면 안 된다. 카말라실라의 명상 단계 이론에 대해서는 앞에서 설했지만, 그에 의하면 불교 내 주요 학파의 학설이 더욱 뛰어난 학설을 정점으로 하여 서열화되고, 중관파가 설하는 명상, 즉 진실지 眞實知만이 진실에 대한 깨달음을 가능하게 한다. 그와 같은 사고가 그의 일승사상의 본질이다. 그렇게 말하는 이유는 그에게 '일승(一乘 ekayāna)'의 '승 yāna'이란 열반에 도달하는 수단으로서의 진실지, 즉 '일체법 무아를 직접적으로 이해하는 지'를 의미하기 때문이다. 진실은 하나이기 때문에 그것을 대상으로 하는 지의 본성도 하나가 된다. 따라서 중관파가 설하는 진실지만이 진실에 대한 깨달음을 가능하게 하고, 열반에 이르게 하는 수단으로서의 일승인 것이다. 성문 등의 가르침은 인무아 人無我에 대한 깨달음을 가능하게 하고, 유식설은 외계 대상의 무아를 깨닫도록 하지만, 유식성(唯識性 vijñaptimātratā)에 대한 깨달음은 진실에 대한 깨달음이 아니다. 그러나 유식론자가 설하는 무이지 無二知도 무아에 대한 깨달음이라는 점에서는 최고 진실에 대한 깨달음이다.[13]

이상의 고찰로부터 카말라실라는 성문 등도 중관파가 설하는 진실지에 도달할 수 있도록 이론적인 길을 제공하고자 했던 것이 아닌가 생각된다. 앞에서 언급한 명상의 단계도 학설의 서열화에 따라 중관사상의 우월성을 보이기 위한 것만이 아니라, 타 학파의 수행자들도 중관파가 설하는 진실지로 인도하고자 하는 구제론적인 성질을 가진 이론이었다고 생각된다.

5.
맺음말

앞에서 보았던 것처럼 수행론과 중생 구제론을 포함한 카말라실라의 중관사상의 핵심은 진실지를 확정하고 진실지를 얻는 것이었다. 진실지는 이론상 그의 무지각 해석에 의해서 성립 가능한 것으로 기초지어지지만, 그의 무지각 해석은 법칭 이론의 적용 범위를 확대함으로써 성립한 것이다. 따라서 카말라실라의 사상에서 핵심을 형성하고 있는 것은 바로 법칭의 이론과 그 이론의 확대라고 말할 수 있을 것이다.

---

1 본장은 Keira, Ryusei, *Mādhyamika and Epistemology : A Study of Kamalaśīla's method for proving the voidness of all dharmas; Introduction, annotated translations and Tibetan texts of selected sections of the second chapter of the Madhyamakāloka*. WSTB 59(Vienna, 2004); R. Keira, "The proof of voidness and scriptural authority-Kamalaśīla's way of adopting scriptures", 『法華經と大乘經典の硏究』(望月海淑編, 山喜房佛書林, 2006); 그리고 計良龍成, 「Kamalaśīlaの無知覺解釋における"別の知覺"とその對象について」, 『佛敎學』 46號(2004)를 기초로 하여 묶은 것이다. 지면의 문제로 주석은 대부분 생략하였으므로 상세한 내용을 원하는 독자는 위의 논저를 참고하라.

2 Keira(2004) pp.30-38.

3 *MĀ*의 논증을 상세히 설명하면 카말라실라는 (1)승의의 자성을 입증하는 인식 수단이 없다는 것에 대한 논증과 (2)'승의의 자성은 존재한다.'고 설하는 대론자의 주장에 대한 반증(=승의의 자성에 대한 배척 논증)이라는 두 단계의 논증을 행하고 있다. 금강편金剛片 등의 다섯 이유는 후자 (2)의 논증에서 설해진다. 그의 두 단계의 논증에 대해서는 計良龍成, 「*Madhyamakāloka*における無自性性の二段階論証について」, 『印度學佛敎學硏究』 55권 1호(2006)를 보라. 다섯 가지 이유에 대해서는 Keira(2004), pp.10-13을 보라.

4 이하 이 제2장에 대해서는 R. Keira, "The proof of voidness and scriptural authority", pp.179-192를 보라.

5 경전의 권위에 대한 법칭의 입장에 대해서는 Tillemans(1990), pp.24-29; Tillemans(1999), pp.27-51; Tillemans(2000), pp.78-79를 보라. 법칭의 경전적 권위의 확정방법은 본래는 『量評釋論』(*Pramāṇavārttika*, 이하 *PV*) I, kk. 215-217에서 설명되고 있고, 그 게송들은 진나Dignāga의 『集量論』(*Pramāṇasamuccaya*, 이하 *PS*) II, k. 5ab에 대한 설명이다. 법칭의 삼종三種 고찰은 특히 *PV* I, k. 215에서 설명되고 있다. 티벳불교에서 삼종 고찰은 dpyad pa gsum/ dpyad gsum이라고 부르는데, 법칭의 텍스트에서는 그 티벳어에 대응하는 용어는 사용되고 있지 않은 것 같다.

6 *TS* k.334 : tāpāc chedān nikaṣād vā kaladhautam ivāmalam/ parīkṣyamāṇaṃ yan naiva vikriyāṃ pratipadyate// "연소燃燒에 의해서, 절단切斷에 의해서, 혹은 시금석試金石에 의해서 [조사되어진] 순금처럼, [세존의 말씀이] 고찰될 때, 그것은 전혀 변화를 일으키지 않는 것이다." Cf. *TS* k.3588 (=TSP p.12, 19-20) : tāpāc chedāc ca nikaṣāt suvarṇam iva paṇḍitaiḥ/ parīkṣya bhikṣavo grāhyaṃ madvaco na tu gauravāt// "연소燃燒에 의해서, 절단切斷에 의해서, 혹은 시금석試金石에 의해서 [금인가 아닌가를 고찰하는] 것처럼, 비구들이여, 학자들은 나의 말을 고찰하고 난 후에 받아들여야 할 것이다. 그렇지 않고 존경하는 마음 때문에 [무조건 받아들여서는] 안 된다."

7 *MĀ*, D148b4-5를 보라. 또한 *MAV* D83a2-3과 MAP, D133b1-2도 참고하라.

8 *BK* I, p.198(10-13); pp.198(21)-199(2); p.204(11-13); pp.214(12)-215(6); p.216(6-19)을 보라. *TSP*, p.10(15-18)을 참고하라.

9 이하는 Keira(2004), pp.47-86과 計良龍成, 「Kamalasilaの無知覺解釋における"別の知覺"とその

對象について」, 『佛教學』 46號(2004)를 참고하라.

10 adarśanaṃ bhagavan sarvadharmānāṃ, darśanaṃ samyagdarśanam iti. 이 범문은 *ŚS* p.264(1-2)에서 인용함.

11 카말라실라의 명상의 단계에 대해서는 梶山雄一, 「佛教における瞑想と哲學」, 『哲學研究』 5卷 2號(1969년)를 보라.

12 *MĀ*의 마지막 장에서 고찰되는 카말라실라의 일승사상一乘思想에 대해서는 松本史朗, 「*Madhyamakāloka*の一乘思想」, 『曹洞宗研究員研究紀要』 14호(1982); 生井智紹, 『輪廻の論証』(東方出版, 1996), pp.550-559을 보라.

13 *BK* I, pp.216(26)-217(8).

약호 및 참고문헌

BK I

Kamalaśila : *Bhāvanākrama* I. G. Tucci, *Minor Buddhist Texts, part 2 : First Bhāvanākrama of Kamalaśīla, Sanskrit and Tibetan Texts with Introduction and English Summary*, Serie Orientale Roma IX, 2. Rome, 1958.

Keira

2004 Keira, Ryusei. *Mādhyamika and Epistemology : A Study of Kamalaśīla's method for proving the voidness of all dharmas; Introduction, annotated translations and Tibetan texts of selected sections of the second chapter of the Madhyamakāloka*. WSTB 59. Vienna.

LAS

Laṅkāvatārasūtra. B Nanjio. *The Laṅkāvatārasūtra*. Kyoto, The Otani University press, 1923.

PV

Dharmakīrti : *Pramāṇavārttika*. Y. Miyasaka. *Pramāṇavārttikakārikā (Sanskrit and Tibetan)*. Naristan Shinshōji : Acta Indologica 2, 1972.

ŚS

Śāntideva : *Śikṣāsamuccaya*. C. Bendall. *Śikshāsamuccaya : A compendium of Buddhistic teaching, compiled by Śāntideva, chiefly from earlier Mahāyānasūtra*. St. Petersburg, 1897-1902. Reprinted Osnabrück, 1970.

Tillemans

1990 Tillemans, Tom. J.F. *Materials for the Study of Āryadeva, Dharmapāla and Candrakīrti : The Catuḥśataka of Āryadeva, chapters XII and XIII, with the commentaries of Dharmapāla and Candrakīrti, introduction, translation, Sanskrit, Tibetan and Chinese texts, notes. Two volumes.* WSTB 24,1 and 24,2. Vienna.

1999 Tillemans, Tom. J.F. *Scripture, logic, language : Essays on Dharmakīrti and his Tibetan successors*. Boston : Wisdom Publications.

2000 Tillemans, Tom. J.F. *Dharmakīrti's Pramāṇavārttika : An annotated translation of the fourth chapter (parārthānumāna). volume 1 (k.* 1-148*)*. VKSKS 32. Vienna.

TS(P)

Śāntarakṣita : *Tattvasaṃgraha* (Kamalaśīla : *Tattvasaṃgrahapañjikā*). E. Krishnamacharya, *Tattvasaṅgraha of Śāntarakṣita : With the Commentary of Kamalaśīla*. Gaekwad's Oriental Series 30, 31. Baroda, 1926. Reprinted in 1984.

제5장

즈냐나가르바의 중관사상

아카바 리츠

1.
즈냐나가르바와 그의 저술

즈냐나가르바 Jñānagarbha라는 인물에 대해서 알려져 있는 것은 그다지 많지 않다. 『타라나타 불교사』와 『청책사(青冊史 *Deb ther sṅon po*)』 등 후대 티벳 역사서의 기술에 따르면, 그는 인도 동부, 현재 오릿사주 근처 출신의 인물이라고 한다. 그 밖에도 티벳의 여러 논서에서 중관 자립논증파의 동방東方 세 논사 dBu ma śar gsum 가운데 한 사람으로서, 혹은 세 논서 가운데 하나로서 그의 이름과 그의 주저 『이제분별론 *Satyadvayavibhaṅga*』[1]이 거론되고 있어서, 인도 동부 출신이라고 생각되었던 것을 알 수 있다. 한편 즈냐나가르바의 활약 연대에 대해서는 일설에 의하면 그의 제자라고 말해지고, 8세기 후반에 티벳불교의 기초를 구축하였고, 『이제분별론』의 주석서인 『이제분별론세소(*Satyadvayavibhaṅga-pañjikā* 이하 『세소』)』를 저술한 샨타락시타 Śāntarakṣita(725-788년경)의 활약 연대 및 즈냐나가르바가 불교 논리학의 거장 다르마키르티 Dharmakīrti(600-660년경)와 그의 제자 데벤드라붓디 Devendrabuddhi(630-690년경)를 알고 있었다고 생각되는 것으로부터 700년대 전반이라고 추정된다.

그런데 지금까지 역사상 즈냐나가르바라는 이름으로 그 이름을 남기고 있는 인물은 적어도 세 명이 존재하는 것이 알려져 있다.[2] 한 사람은 여기서 언급하는 중관파의 인물이고, 다른 두 사람은 9세기에 처음으로 중관 관련 논서들을 중심으로 많은 번역을 행했던 티벳대장경 번역관 및 티벳에서 『비밀집회 탄트라 *Guhyasamājatantra*』를 마르파 Mar pa Chos kyi blo gros(1012-1097)에게 전한 밀교 논자이다. 여기서는 그 가운데 중관파에 속하는 즈냐나가르바의 사상만을 다루는 것으로 한다.

본론에 들어가지 전에 우선 중관파에 속하는 즈냐나가르바의 저술을 확정하고자 한다. 그가 썼을 가능성이 높은 저술은 티벳대장경 가운데 다음과 같은 6편이 존재한다(이하 D는 sDe dge판, P는 Peking판).

(1) 『이제분별론게』(*Satyadvayavibhaṅga-kārikā* : D3881, P결)

(2) 『이제분별론』(*Satyadvayavibhaṅga-vṛtti* : D3882, P결)

(3) 『성무변문성취다라니석게』(*Ārya-Anantamukhanirhāradhāraṇīvyākhyāna-kārikā* : D2695, P3519)

(4) 『동광주』(*Ārya-Anantamukhanirhāradhāraṇī-ṭīkā* : D2696, P3520)

(5) 『유가수습도』(*Yogabhāvanā-patha, or-mārga* : D3909, P5305 & 5452)

(6) 『성해심밀경중성자씨품약소』(*Ārya-Saṃdhinirmocanasūtre ārya-maitreyakevalaparivarta-bhāṣya* : D4033, P5535)

그 가운데 『이제분별론게』와 『이제분별론』은 중관파의 중심사상 가운데 하나인 이제설을 논한 것으로서, 그의 저술이라고 생각해도 문제가 없다.[3] 또한 『성무변문성취다라니석게』과 『동광주』는 탄트라부에 속하는 다라니에 대한 주석서로서, 기본적으로는 중관파의 사상을 다룬 것이 아니지만, 거기서 발견되는 여러 게송들이 『이제분별론』에서 발견되고,[4] 800년경 인도에서 활약했던 중관파의 논사 하리바드라Haribhadra의 논서에서도 이로부터의 인용이 발견된다는 사실로부터 그의 진작이라고 생각된다. 또한 8세기에 『대일경』에 근거한 보리도 수습에 대한 여러 논서들이 저술되었다고 하는 시대 상황으로부터 『유가수습도』도 그의 진작일 가능성이 높다고 생각된다.

그의 진작 여부가 의심되는 것은 『성해심밀경중성자씨품약소』이다. 왜냐하면 중관파인 즈냐나가르바가 유식파의 주요 경전인 『해심밀경』을 주석했다는 사실에 대하여 의문이 제기되기 때문이다. 그러므로 그 논서가 번역관인 즈냐나가르바의 저술일 가능성을 지적하는 연구자도 있다. 그러나 『해심밀경』「성자씨품」은 9세기 후반에 활약했던 중관파의 논사 카말라실라 Kamalaśīla(740-795년경)의 『수습차제 *Bhāvanākrama*』에서 교증으로 자주 인용된다. 이와 같은 사실을 고려하면 중관파인 즈냐나가르바가 『해심밀경』「성자씨품」에 주석서를 썼다고 해도 부자연스러운 것만은 아니다. 이처럼 양쪽 모두 충분한 근거가 없으므로, 그 논서의 진위에 대한 판단은 유보하기로 한다. 그러나 어쨌든 이 주석서에서는 유식파의 용어가 다수 발견되는 반면, 중관파적인 주석은 거의 행해지고 있지 않아서, 이 논서에서 중관파 논사로서의 그의 사상을 찾는 것은 어렵다고 생각된다.

그러므로 본장에서는 중관사상의 중심 개념인 이제설을 다루고 있고, 그의 진작이라고 인정되는 『이제분별론』을 통하여 즈냐나가르바의 중관사상을 밝혀보고자 한다.

2.
이제설이란?

'제 諦'란 불교 용어로서 '진리 satya'를 의미한다.[5] 그러므로 『이제분별론』이란

'두 가지 진리를 구별하는 책'이라고 부를 수 있다. 구체적으로 '이제二諦'란 세속제와 승의제, 즉 '세속적 진리'와 '궁극적 진리'이고, 중관파에 있어서는 다음과 같은 나가르주나 Nāgārjuna(150-250년경)의 『근본중송 *Mūlamadhyamaka-kārikā*』 제24장 제8-10송에서 설해진 이제설에 대한 해석으로서 발전했다.

> 제불諸佛은 이제에 의거해서 법을 설한다. 즉 세간 세속제와 승의제이다. (제8송)
> 이 이제의 구별을 알지 못하는 자들은 불타의 가르침에서 깊고 깊은 진리를 알지 못한다. (제9송)
> 언어 표현에 의지하지 않고는 승의제를 설하는 것이 불가능하다. 승의제에 도달하지 못하면 열반을 획득하는 것이 불가능하다. (제10송)

실제로 즈냐나가르바는 『이제분별론』의 저술 의도를 제1송에서 밝히면서, 나가르주나에 의해서 이제가 설해진 이후, 그 구별에 혼란이 발생했다고 말하고 있다.

> [세존과 나가르주나에 의해서] 이제가 구별되었음에도 불구하고, [그 구별에 대해서] 대논사들이 혼란하게 된다면, [그들을 따르는] 다른 자들은 다시 말해 무엇하겠는가? 그러므로 내가 이제의 구별을 행하는 것이다.

그렇다면 그 이제의 구별에 '혼란'을 일으킨 대논사들이란 누구인가? 『세소』에 의하면 그 대논사들이란 유식파의 호법 Dharmapāla(530-561년경) 등을 말한다. 현대의 연구자들은 거기서 '등'에 포함되는 다른 인물이 데벤드라붓디, 샤캬붓디 Śākyabuddhi(660-720년경), 스티라마티 Sthiramati(510-570년경) 등과 같은 유식파 논사들인 것을 밝혔다. 결국 즈냐나가르바는 저명한 유식파 논사들의 이제에 대한 오해를 비판하고, 중관파가 설하는 올바른 이제의 모습을 제시하고자 했던 것이다.

3.
승의제

그렇다면 즈냐나가르바가 논하는 이제 가운데 승의제란 어떤 것인가? 일반적으로 궁극적 진리인 승의제는 이희론離戱論·불가언설不可言說, 즉 '일체의 희론을 떠나 있고, 언어 표현을 결여하고 있는 것'이라고 정의되며, 시대에 따라 다양한 해석이 가해지면서도, 중관파에 있어서는 항상 공통의 이해로서 성립해온 것이다.

그러므로 그는 『이제분별론』 제5송에서 승의가 모든 사람의 지知에 현현한 것은 아니라고 하여 다음과 같이 말하고 있다.

> [승의가] 현현한 그대로의 것으로서 존재하는 것은 타당하지 않다. [그것은] 지知의 여러 가지 존재 방식에서 어떻게 해도 현현하지 않는다.

또한 그 교증으로서 『성법집경 *Ārya-Dharmasaṃgītisūtra*』의 '아무것도 보지 않는 것이 진실을 보는 것이다.'라는 유명한 구절을 인용한다. 그와 같은 『성법집경』의 해석을 둘러싸고 유식파의 삼성설에 근거한 반론이 제시된다. 즉, 유식파에 의하면 진실을 보는 것이란 변계소집성을 결여한 의타기로서의 원성실성을 보는 것이기 때문에, '아무것도 보지 않는다.'라고 설해진 것은 삼성 가운데 소취所取와 능취能取를 특징으로 하는 변계소집성을 보지 않는 것이라는 의미로 해석할 수 있다는 것이다. 이에 대하여 즈냐나가르바는 모든 것을 올바르게 보게 된 일체지자가 아무것도 보지 않는다고 설하는 것이기 때문에, '아무것도 보지 않는다.'라고 설하는 것은 삼성 모두를 보지 않는 것을 말하는 것이고, 따라서 삼성 모두가 비존재라고 생각해야 한다고 반박하는 것이다. 또한 즈냐나가르바는 그와 같은 논박의 과정에서 아무것도 현현하지 않는다면 인식이 성립하지 않는 것이기 때문에, 승의로서는 자기 인식도 불합리하다고 하여, 유식파의 승의적인 자기 인식 이해도 부정하고 있다. 이와 같은 자기 인식 부정의 문맥을 근거로 즈냐나가르바가 자기 인식을 모두 부정한 것처럼 생각하는 경우가 있지만, 그가 부정한 것은 어디까지나 승의적인 자기 인식의 부정이라는 것에 주의할 필요가 있다. 또한 즈냐나가르바가 거론하면서 비판하는 자기 인식설은 데벤드라붓디, 혹은 샤캬붓디의 주장일 가능성도 지적되고 있다.

즈냐나가르바는 유식파와의 상위를 분명히 하고, 자신의 주장을 보강하기 위하여 '그 가운데 세속제란 무엇인가 하면, 세간의 관습, 문자, 술어, 기호에 의해서 설해진 것 전부이다. 승의제에서 마음이 작용하는 것도 존재하지 않는다면, 문자 등은 다시 말해 무엇하겠는가?'라는 『성무진의경 *Ārya-Akṣayamatinirdeśasūtra*』의 구절을 인용한다. 그 경문에 대해서 무분별인 직접 지각과 그 대상을 승의로서 인정해야 한다고 주장하는 유식파는 '[승의에 있어서는] 마음이 작용하는 것도 존재하지 않는다면'이라고 경전에서 설한 것은 '승의에 있어서는 분별지가 작용하는 것도 존재하지 않는다면'이라는 의미로 이해해야 하며, '마음'이라는 말에 무분별지를 포함해서는 안 된다고 반박한다. 그에 대해서 즈냐나가르바는 마음이라는 말이 분별지만을 의미한다고 결정할 수 있는 원인이 존재하지 않기 때문에, 직접 지각인 무분별지를 포함한 일체의 마음 작용이 조금이라도 있으면, 그것은 승의제가 아니라 세속제라고 주장하여 유식파의 해석을 부정한다.[6]

이처럼 승의제는 일체지자의 지知에도 현현하지 않으므로 유분별지와 무분별지에 관계없이 어떤 인식의 대상도 될 수 없는 것이다. 그러므로 인식에 따라 발생한 언어 표현은 당연히 승의가 아니고, 승의제는 언어에 의해서 표현될 수 있는 것이 아니라고 말하게 된다. 승의가 불가언설이라는 것의 교증으로서 인용되었던 것이 유명한 『유마경 *Vimalakīrtinirdeśasūtra*』의 「불이법문장」에서 발견되는 다음과 같은 구절이다.

> 그러자 문수보살은 릿차비족의 비말라키르티에게 다음과 같이 말했다. "선남자여, 우리들은 각각의 견해를 설했습니다. 당신도 불이법문不二法門에 대해서 무언가 말하고 싶은 것이 있습니까?" 그러자 비말라키르티는 [입을 닫고서] 아무것도 말하지 않았다. 그러자 문수보살은 비말라키르티에게 이렇게 말했다. "선남자여, 여기서 문자도 없고, 말도 없고, 마음이 작용하는 것도 아닌, 그것이야말로 여러 보살이 불이법문에 들어가는 것입니다. 선남자여, 훌륭합니다."

또한 즈냐나가르바는 이 내용을 설명한 직후, 중간게antaraśloka에서 유식파의 승의제에 대한 이해를 부정하면서 다음과 같이 결론짓고 있다.

"만약 두 가지, [즉 소취와 능취를 특징으로 하는 변계소집성]을 결여한 의타기성인 것, [즉 원성실성]이 진실한 존재라면, [불이 不二란 무엇인가라고] 물었을 때, 무슨 이유로 승자의 아들[인 비말라키르티]는 아무것도 말하지 않았겠는가?"

"그 [승의]에 대해서는 설해질 수 있는 어떤 것도 존재하지 않는다. 그러므로 [비말라키르티는 진실이란 무엇인가라고] 질문을 받았을 때, [그] 의미를 설하지 않고 내버려 둠으로써 [진실에 대해서] 많은 것을 설했던 것이다."

이처럼 즈냐나가르바는 경전 해석의 상위를 근거로 하여, 유식파가 주장하는 승의제의 인식이 존재하지 않는다고 논박하고서, 승의제란 '이희론·불가언설'을 특징으로 하는 것이라고 결론짓는다.

4.
세속제

한편 즈냐나가르바는 세속제에 대해서는 『이제분별론』 제3송의 cd구에서 '현현한 그대로의 것 *yathābhāsa'이라고 말하고 있다.

이 현현한 그대로의 것이야말로 세속[제]이고, [그것과] 다른 것이야말로 다른 한편의 것, [즉 승의제]이다.

그는 이에 대한 설명으로서 가장 교양이 없는 존재의 대표로서 자주 거론되는 '소치는 아이' 등 불교의 교의와는 무관한 일반인으로부터 청정한 지혜를 가진 성자에 이르기까지 모든 사람의 지각에 동일하게 현현한 대상이야말로 세속제라고 주장한다. 그러므로 그와 같이 정의되는 세속제에는 기본적으로 불교적이고, 중관파적인 교의상의 문제는 관여하지 않는다는 점에 주의해야 한다. 그런데 『이제분별론』 제8송과 제12송은 그와 같이 '현현한 그대로의 것'이라는 세속제와는 다른 관점에서 구체적인 특징을 제시하는데, 그중에서 제8송의 abc구는 다음과 같이 말하고 있다.

> 구상構想되어진 대상을 결여하고 있고, 다만 사물인 것이고, [여러 인연에] 의거한 후에 발생하는 것, 그것이 정세속正世俗이라고 알아야 한다.

이처럼 즈냐나가르바는 세 가지 특징을 거론하면서, 그것이 정세속(正世俗 *tathyasaṃvṛti)이라고 말한다. 뒤에서 자세히 설명하게 될 것처럼, 세속제라고 해도 정세속이 되지 못하는 것이 일부 존재하지만, 즈냐나가르바는 정세속을 정세속제(正世俗諦 *tathyasaṃvṛtisatya)라고도 부르면서, 세속제와 기본적으로 동일한 것으로 간주한다. 그것은 바비베카 Bhāviveka(490-570년경)가 그 양자에 질적인 차이를 인정한 것과는 구별되어야 할 것이다.[7] 어쨌든 위의 세 가지 특징 가운데 '다만 사물인 것'이란 무분별인 직접 지각의 대상이고, 개념을 떠나 있는 것을 말한다. '[여러 인연에] 의거한 후에 발생하는 것'이란 의타기인 것을 말한다. 이미 승의제를 개관할 때에 의타기 및 무분별지인 직접 지각과 그 대상은 승의가 아니라고 확인하였기 때문에, 그것들이 세속제의 특징으로 제시된 것은 매우 당연하다고 말할 수 있을 것이다. 한편 '구상되어진 대상을 결여하고 있는 것'이란 중관파 이외의 불교학파, 즉 유부나 유식파, 혹은 인도의 여러 철학파가 진리로서 제시하고 있는 여러 학설들을 결여하고 있는 것을 말한다.

그렇다면 '구상되어진 것'에 해당하는 유부의 '진실로서 사물이 생하는 것'과 유식파의 '진실로서 식이 현현한 것', 혹은 상캬의 '진실로서 근본 원질이 전개하는 것'과 로카야타의 '진실로서 지地 등이 전변하는 것' 등과 같은 타 학파의 주장은 이제설에서 어떻게 위치지어지는 것인가? 그것들은 개념적으로 '진실'이라고 구상된 것에 지나지 않고, 지식에 현현한 것이 아니기 때문에, '현현한 그대로의 것'이라는 세속제의 정의로부터 벗어난다. 그러므로 그는 그와 같은 것을 '정세속'과는 달리 '사세속'(邪世俗 *atathyasaṃvṛti)이라고 규정한다. 그는 『이제분별론』 제8송d구에서 이 사세속의 정의를 다음과 같이 말하고 있다.

구상되어진 것이 바로 사[세속]이다.

그런데 그가 『이제분별론』에서 이 사세속을 '사세속제'(邪世俗諦, yaṅ dag pa ma yin pa'i kun rdzob kyi bden pa, *atathyasaṃvṛtisatya)라고 말하고 있는 곳이 한 군데 있다.[8] '사邪'인 동시에 '제諦'라는 것은 일견 기묘하게 생각되지만, 그것은 '구상되어진 것'이 사邪임에도 불구하고, 각 학파에서 제 각기 진리라고 간주되기 때문에, '잘못된 세속의 진리'라는 정도의 의미라고 생각된다.

여기서 잠시 본론에서 벗어나 사상思想 발전상의 문제를 한 가지 지적하고자 한다. '사세속'이라는 용어에 대한 산스크리트어로서는 일반적으로 'mithyāsaṃvṛti log pa'i kun rdzob'를 상정하는 경우가 많지만, 본장에서는 'yaṅ dag ma yin pa'i kun rdzob' 이라는 티벳어역에 따라 'atathyasaṃvṛti'라는 용어를 상정했다. 필자가 조사한 바에 의하면, '정 正'인 승의에 대해서 본래 '사 邪'인 세속을 긍정적으로 포착하고자 하는 움직임 가운데, 바비베카에 의해서 먼저 정세속(正世俗 tathyasaṃvṛti)이라는 표현이 등장한다. 그런 후 세속 본래의 '사'라는 의미를 표현하기 위하여 부정의 접두사인 'a'가 부가된 'atathyasaṃvṛti 非正世俗'이라는 표현이 사용되었다고 생각된다. 그리고 그 'atathyasaṃvṛti'가 '긍정의 부정'이 아니라, 적극적인 부정 표현인 '사(邪 mithyā)'라고 부르게 된 것은 필자가 확인한 바에 의하면 카말라실라의 논서인 『중관장엄론세소』(D115a7) 등으로부터이다. 결과적으로 'atathyasaṃvṛti'와 'mithyāsaṃvṛti'가 가리키는 내용에 큰 차이는 존재하지 않지만, 사상의 발전을 고려할 때, 그 두 가지 표현의 차이는 명확하게 의식해야 할 것이다.

다시 본론으로 돌아가면, '현현한 그대로의 것'이라는 세속제의 정의에 대해서는 다른 관점에서 의문이 상정된다. 예를 들면 선천적으로 감각 기관에 문제가 있는 사람에게 달이 두 개로 겹쳐서 보일 때, 그 '두 개의 달 *dvicandra'은 구상된 것이 아니라, 현현한 그대로의 것이기 때문에, 세속제가 되는 것이 아닌가라는 의문이다. 혹은 감각 기관에 문제가 없다고 해도 더운 날에 아지랑이가 생기거나, 물이 존재하지 않는데도, 물이 존재하는 것처럼 현현한 경우도 마찬가지이다. 물론 이 두 개의 사례는 '현현한 그대로의 것'이라는 세속제의 정의로부터 벗어나 있는 것은 아니지만, 분명히 세속제로 인정하기에는 문제가 있다. 거기서 즈냐나가르바는 제12송과 그에 대한 주석에서 '효과적 작용 *arthakriyā'의 유무라는 관점에서 그 의문에 대해서 다음과 같이 답하고 있다.

> 현현에 있어서는 동일하더라도 효과적 작용을 행하는 것에는 능력이 있는 것과 능력이 없는 것이 있기 때문에, 정 正과 사 邪를 통해서 세속의 구별이 행해진다. 지식이 명료한 형상의 현현을 가진다는 점에서는 동일하더라도, 현현한 그대로 효과적 작용을 행하는 것에 대해서, 기만이 있는 것과 기만이 없는 것이 확정된 뒤에, 물 등과 아지랑이 등이 세간 사람들에 의해서 각각 정 正인 것과 사 邪인 것이라고 이해되는 것이다.

즉, 아지랑이의 물에 대해서 임시로 물이 실재한다고 판단하고 거기에 갔지만, 효과적 작용이 없어서 물을 얻을 수 없다면, 그 물의 현현은 실물 實物이 아니라고 판단된다. 그러나 만약 거기에 효과적 작용이 있어서 물을 얻을 수 있다면, 그 지각은 타당한 것이라고 판단되는 것이다. 그러나 실제로 모든 현현에 대해서 그것들의 효과적 작용을 확인하는 것은 불가능하다. 예를 들면 '두 개의 달'과 같다. 즈냐나가르바는 그에 대해서는 세간 일반의 사람들에게 '두 개의 달'의 존재가 승인되지 않는다는 사실을 근거로 하여 그것이 실물임을 부정한다. 요컨대 세속의 타당성은 불교이론이 아니라, 세간 일반의 상식에 맡겨지는 것이다. 어쨌든 '두 개의 달'이나 '아지랑이의 물' 등은 '현현한 그대로의 것'이라는 세속제의 정의로부터 벗어나지 않지만, 각각 세간 일반의 승인을 받지 못하는 것, 혹은 효과적 작용의 능력이 없는 것을 이유로 해서 세속제로부터 배제되어 '사세속'이라고 규정된다. 다만 그것들은 세간 사람들에 의해서도 진리라고 간주되지 못하는 것이기 때문에, 앞에서 언급했던 '구상되어진 것'과는 달리 사세속제라고 부를 수 있는 것도 아니다.

여기서 '효과적 작용이 있는 것'이 세속제가 되는 이유에 대해서 간단히 다루기로 한다. 다르마키르티는 『프라마나 바르티카 *Pramāṇavārttika*』「직접지각장」 제3송에서 효과적 작용이 승의유라고 설하는 한편, 이어지는 제4송에서 그것은 세속에 의해서 고찰되어진 것이라고 하여, 일견 모순되는 듯한 견해를 설한다. 이에 대하여 일찍이 마츠모토 松本史朗는 즈냐나가르바 이후의 중관파는 그 제3송의 해석을 물리치고 제4송의 견해에 따르는 자들이라고 하는 취지의 주장을 펼쳤다. 그에 대해서 『카담전집 *bKa' gdams gsung 'bum*』 가운데 수록되어 있는 차파 Phya pa Chos kyi seng ge (1109-1169)의 『이제분별론주』(*dBu ma bden gnyis kyi 'grel pa*: 『카담전집』 제1집 제6권)에서는 흥미로운 기술이 발견된다. 즉, 차파는 해당 제3송의 전반부를 인용한 후에 '그 [효과적 작용이 승의유라는] 것을 부정하기 위하여 효과적 작용이 있는 것이 정세속이라고 설해진 것이다.'(16a1-2)라고 말하고 있기 때문이다. 이로부터 티벳에서도 즈냐나가르바의 세속 이해가 다르마키르티의 주장에 큰 영향을 받았다고 생각하였음을 알 수 있다. 『카담전집』 가운데는 그 이외에도 이제설에 대한 귀중한 논서가 다수 수록되어 있어서, 그것들에 대한 연구의 진척이 기대된다.

그런데 기본적인 세속제에 대한 언급은 이상의 두 게송과 그에 대한 주석 부분에 있는 기술로 끝나지만, 최후에 불타나 세존 世尊 등에 의해서 설해진 업과 과보에 대해서는 어떻게 생각하는 것이 좋을 것인가? 그것들은 각각 과거의 행위, 혹은 장래의 결과이고, 지금 분명히 눈앞에 현현하지 않고, 세간 사람들에게 현현한 것이 아닌 이상, 세속제의 정의에서 벗어난다고 생각할 수 있기 때문이다. 이런 의문에 대해서 즈냐나가르바는 제31송에서 다음과 같이 답하고 있다.

현자의 견해에 있어서, 업과 과보는 현현한 그대로의 것이라고, 그 [세존]에 의해서 설해졌다. 그러므로 그 모두는 현현한 그대로의 것이라고 확정된다.

이처럼 업과 과보 등은 세간 사람들에게 현현하지 않는다고 해도, 현자들이 그것들의 현현을 보고, 그가 본 그대로 세간 사람들에게 설한 것이어서, 현현한 그대로의 것이라고 생각해도 문제가 없기 때문에 세속제로서 승인된다는 것이다.

5. 논리

앞에서 이제二諦 각각의 기본적인 특징을 살펴보았지만, 끝으로 중요한 문제가 하나 남아 있다. 즉, 승의제가 '이희론·불가언설'이라면, 그것을 어떻게 이해할 수 있는가 하는 문제이다. 그것은 나가르주나의 시대로부터 항상 문제가 되어 왔지만, 즈냐나가르바에 선행하는 바비베카는 『근본중론』에 대한 그의 주석서 『반야등론 *Prajñāpradīpa*』에서 승의paramārtha라는 말을 '승의를 가진 것'이라는 소유복합어 bahuvrīhi로 어의 해석함으로써, '진실을 대상으로 하는 무분별지'와 '불생不生' 등의 교설과 문사수聞思修로부터 만들어지는 지혜'라는 두 종류의 의미를 도출하였다.[9] 그리고 그 가운데 후자를 바탕으로 하여 언어 표현이 가능한 2차적인 승의의 존재를 적극적으로 인정하고 있다. 또한 그는 『중관심론 *Madhyamakahṛdaya-kārikā*』에서 그 양자에 대응한다고 생각되는 개념을 진실을 대상으로 하는 '승의적 반야 pāramārthikī prajñā'와 정세속을 대상으로 하는 '관습적 반야 sāṃketikī prajñā'라는 두 가지 반야로 제시하고 있다.

즈냐나가르바도 세속과 승의의 중재 역할을 하는 언어 표현 가능한 2차적인 승의에 대해서 언급한다. 특히 『이제분별론』 제9송의 b구에서 '[불생은] 진실과 상응하기 때문에 승의이다.'라고 말해서, '불생'을 2차적인 승의라고 인정하는 점은 바비베카의 견해와 일치한다. 티벳에서는 그런 사실에 기초해서 즈냐나가르바를 바비베카와 동일 계통의 중관파 인물로 간주하기도 한다. 그러나 즈냐나가르바는 2차적인 승의에 대해서 바비베카처럼 소유복합어 bahuvrīhi적인 어의 해석을 하지는 않는다. 그러면 그는 어떻게 2차적인 승의를 설정하는 것인가? 그는 그 점에 대해서 『이제분별론』 제4송의 ab구와 그에 대한 주석 부분에서 다음과 같이 설하고 있다.

> '기만이 없기 때문에 논리는 승의이다.' 논리의 힘에 의한 대상의 결정은 기만이 되지 않는다. 그러므로 세 가지 특징을 갖춘 원인(因=論理)에 의해서 발생한 이해는 '승勝'이기도 하고, '의義'이기도 하기 때문에 '승의勝義'이다. 그 [논리]에 의해서 결정된 대상도 [역시] 승의이다…….

이처럼 즈냐나가르바는 이희론·불가언설의 승의제와 모순하지 않음을 근거로 하여, 세 가지 특징을 갖춘 원인因에 근거한 논리를 '승의'라고 부른다. 그리고 그런 후에 그 논리에 의해서 음미를 거친 사물은 논리라는 승의에 의해서 확정된 것이기 때문에 승의라고 부를 수 있다는 것이다. '불생'은 바로 그와 같은 논리에 의해서 결정된 교설이기 때문에 승의라고 부를 수 있다고 말하는 것이다. 이와 같이 언어 표현이 가능한 두 가지 승의는 샨타락시타에 의해서 이문승의(異門勝義 *paryāyaparamārtha)라고 이름 지어졌다.

그러나 이 이문승의는 언어로 표현되는 것이기 때문에, 엄밀하게 말하면 승의제가 아니다. 실제로 그는 『이제분별론』 제17송의 cd구에 대한 주석 부분에서 다음과 같이 말한다.

> '세속의 진여, 바로 그것을 승의라고 승인하게 된다.' 왜인가? 왜냐하면 세속과 승의의 양자는 '다른 것이 아니기 때문에, 그 논리도 현현한 그대로 존재한다.' 논리도 또한 현현한 그대로의 것을 본성으로 하기 때문에 세속에 다름 아니고, 논리는 다른 사물, [즉 현현하지 않는 것]에 대해서는 작용하지 않는다.

그는 위에서 '세속의 진여', 즉 논리를 승의로 인정한 후에, 다시 그 논리는 세속과 다른 것이 아니라고 말하고 있다. 그는 계속해서 그 이유를 『이제분별론』 제18송과 제19송 및 그 두 게송에 대한 주석 부분에서 '논리 자체는 논쟁하고 있는 양자에게 공통으로 현현하고 있는 부분이 존재하기 때문에 성립하는 것이다. 그렇지 않다면 논리 자체가 성립하지 않는 것이 되고 말 것이다.'라고 설명하고 있다. 즉, 논리는 승의이면서도 '현현한 그대로의 것'이라는 세속의 정의에 부합한다. 그러므로 논리는 승의라고 불려지는 동시에 세속이라고도 불려질 수 있다는 것이다.

그러나 이미 확인했던 것처럼 논리는 세속제와 동일한 의미는 아니다. 만약 그 양자가 동일한 의미라면 세속제 모두가 승의가 되겠지만, 실제로는 그렇지 않기 때문이다. 즈냐나가르바의 설명에 따르면, 논리와 세속제는 모두 현현한 그대로의 것이지만, 다음의 두 가지 점에서 차이점이 있다.

첫 번째는 기만欺瞞의 유무이다. 논리는 '이희론·불가언설'의 승의로서 기만이 없지만, 세속제는 제4송의 c구에서 설하는 것처럼 기만이 있다. 두 번째는 논리에 의해서 결정된 것은 논리에 의한 음미에 견딜 수 있음에 대하여, 현현한 그대로의 것이라고 정의되는 세속제는 논리에 의한 음미에 견디지 못하는 것이다. 그러므로 그는 『이제분별론』 제21송에서 다음과 같이 설한다.

> 현현한 그대로의 것을 본성으로 하기 때문에, 그 [세속]에 대해서는 음미할 수 있는 것이 아니다. [세속에 대해서 설해진 것과 같은 논리에 의한] 음미를 행하면, 다른 의미에 도달하기 때문에, [음미를 행하는 것이] 거부되어질 것이다.

세속이 음미에 견디지 못한다는 것은 바비베카의 『사택염 *Tarkajvālā*』에서도 설해지고,[10] 8세기 전후의 문헌에서 흔히 발견되는 '음미되지 않는 한 즐거운 것 *avicāraikaramaṇīya'이라는 표현에서 하나의 정형적인 표현으로 완성된다. 그 표현은 꿈과 환영 등 세속에 대한 비유의 형용사로서 사용되었고, 샨타락시타의 『세소』[11]와 『중관장엄론 *Madhyamakālaṃkāra*』 제64송에서 비로소 명확하게 세속의 정의로 사용되기에 이르렀다고 생각된다. 어쨌든 '현현한 그대로의 것'으로서 규정된 세속제는 논리에 의해서 음미된 것이 아니다. 오히려 그것은 논리에 의한 음미에는 견디지 못하는 것이다.

그러나 '불생'이 승의인 동시에 세속제라면, 그것은 '현현한 그대로의 것'이 아니면 안 되지만, '불생不生'은 세간 사람들의 지각에 현현하지 않기 때문에 사세속이

되는 것이 아닐까? 이와 같은 의문에 대해서 즈냐나가르바는『이제분별론』제8송의 d구에 대한 주석에서 '불생이란 사물의 본성이기 때문에, 사물 자체가 현현해 있다면, 지각되지 않아도 실제로는 현현해 있는 것과 동일하다.'라고 답하고 있다. 그러나 이것은 일체법의 무자성성을 주장하는 중관파의 논사로서는 상당히 억지스러운 답변이다.

이처럼 즈냐나가르바가 본래 언어로 표현되어 세속제라고 생각되는 논리를 승의라고 설명한 이유는 이희론·불가언설의 승의를 설명하는 언어 표현이 필요했기 때문이라는 이유 외에도 두 가지 이유가 더 존재했다고 생각된다. 그 가운데 하나는 경전과의 정합성 문제이다. 대승 경전에서는 승의와 세속이 동일한 의미라고 설하는 경우가 있는데, 그와 같은 경전의 언급과 정합성을 확보하기 위해서는 어떻게 해서든 세속과 일치 가능한, 즉 언어 표현이 가능한 승의를 상정할 필요가 있었다는 것이다. 다른 하나는 논증을 행한 후 세간 일반과의 정합성의 문제이다. '불생'의 교설은 '승의로서 사물은 불생이다.'라고 말하는데, 주요 대론자인 유식파는 그 '승의로서'라는 한정구를 문자 그대로 '이희론·불가언설의 승의로서'라고 이해한다. 그러나 그렇게 이해할 경우, 이희론·불가언설의 승의를 가지고는 '사물은 불생이다.'라고 설하는 것 자체가 부정되어서 논증이 성립하지 않게 된다. 이 문제를 피하기 위해서 논리라는 세속적인 측면을 가지는 승의를 상정함으로써, '논리적으로 사물은 불생이다.'라는 해석을 가능하게 하고, 세속에서 논증의 유효성을 담보하고자 했다는 것이다. 그것은『이제분별론』제18송과 제19송의 주석 부분에서 발견되는 다음과 같은 경전 인용과 그 주석 내용을 통해서 알 수 있다.

그러므로 실로 경전, [즉 『대품반야경』]에서도 "수부티여, '세간 세속은 [승의와] 다르고, 승의는 [세간 세속과] 다르다.'고 말하지 않고, 세간 세속의 진여야말로 승의의 진여이다."라고 말하는 것이다. 혹은 또 어떤 사람, [즉 논리학자=중관론자]는 [논리만이 아니라 논리에 의해서 음미되고 결정된 사항인] '[승의로서 사물의] 발생 등이 부정되는 것'도 승의(=논리)라고 승인하지만, 다른 사람, [즉 유식론자]는 진실(=이희론·불가언설의 승의)에 다름 아니라고 승인하는 것이고, 그렇다면 또한 경전의 그 언급, [즉 승의가 세속이라는 것]은 올바르게 설해진 것에 다름 아닌 것이다.

이처럼 그는 승의를 논리라고 인정함으로써, 승의와 세속이 일치한다고 하는 경전 내용과의 정합성을 유지하고, 유식파의 해석에서 발생하는 불합리를 배제할 수 있음을 밝히고 있다.

이상과 같이 『이제분별론』에서 논리는 승의와 세속이라는 양의적 兩義的인 의미를 가지는 것으로서, 세속과 승의를 모순 없이 결합하는 중요한 작용을 하고 있다.

다만 그가 승의로 간주하는 논리에 대해서는 다르마키르티의 강한 영향을 받았다고 생각되기 때문에, 그 자세한 내용에 대해서는 이후의 다른 연구가 기대된다.

6.
요약

즈냐나가르바는 『이제분별론』에서 유식파의 이제설 이해를 논박하면서, 중관파가 이해한 이제설을 시대의 변화에 따라 발생한 다양한 문제점을 해소한 더욱 합리적인 것으로 사용하고자 하였다. 그의 이제설은 나중에 티벳불교의 초석을 놓은 샨타락시타와 카말라실라라는 저명한 중관파 논사들에 의해 채용되어, 8세기 이후에는 중관파의 정설처럼 간주되었다. 그러므로 즈냐나가르바는 중관사상사에서 핵심 사상인 이제설의 최종적인 확립에 결정적인 역할을 한 인물이라고 말할 수 있을 것이다. 끝으로 그의 이제설을 도식으로 그려보면 다음과 같다.

[즈냐나가르바의 이제설]

승의제 (비이문승의)	이희론·불가언설
승의제 (이문승의)	논리와 논리에 의해서 결정된 불생 등의 교설, 이는 현현이라는 점에서는 세속제와 일치하지만, 다음과 같은 두 가지 점에서 세속제와 다르다. ① 기만의 유무 ② 음미에 견딜 수 있는가, 없는가?
세속제 정세속 정세속제	현현한 그대로의 것, 다음의 특징을 가진 것 ① 여러 인연에 의거해서 생한 것, 즉 의타기 ② 다만 사물인 것, 즉 직접 지각과 그 대상 ③ 구상된 것을 결여한 것 ④ 효과적 작용 능력이 있는 것
사세속	현현한 그대로의 것이 아닌 것 ① 효과적 작용 능력이 없는 것, 즉 아지랑이의 물 ② 세간 일반에 의해서 승인되지 않는 것, 즉 두 개의 달
사세속제	현현하지 않는데도 진리라고 말해지는 것, 즉 타 학파에 의해서 구상되어진 진리

1 이후 『이제분별론』이라고 적을 경우는 『이제분별론자주』를 가리킨다. 또한 인용에서는 주석에 기초하여 [ ]를 가지고 의미를 보충하였다.

2 즈냐나가르바 1인설, 2인설도 존재하지만, 3인설이 더 합리적이고 유력하다. 또한 『논리일적론(論理一滴論 *Nyāyabinduṭīkāṭipaṇī*)』에 '의지각 意知覺은 개념지 概念知를 발생하기 때문에 필요하다.'고 주장하는 인물로서 즈냐나가르바의 이름이 거론되고 있지만, 이 인물이 『이제분별론』의 저자와 동일인물인지는 명확하지 않다.

3 현존하는 티벳어역 『이제분별론게 二諦分別論偈』는 티벳어역 『이제분별론』으로부터 적출했을 가능성이 높다. 본래 『이제분별론게』가 존재하지 않았던 것인가, 혹은 존재했지만 소실되었기 때문에 『이제분별론』으로부터 적출했는가 하는 것은 분명하지 않다.

4 『성무변문성취다라니게 聖無邊門成就陀羅尼偈』의 제38송ab, 제57송ab, 제40송, 제53송은 각각 『이제분별론』 제9송cd, 제11송b의 중간게, 제13송 최초의 중간게와 대응한다.

5 본장에서는 지금까지의 관례에 따라 'satya'라는 말을 '진리'라고 번역했지만, 최근에는 원어의 의미에 충실하게 '사실'의 의미로 이해해야 한다고 하는 지적도 있다. 榎本文雄, 「『四聖諦』の原意とインド佛教における『聖』」, 『印度哲學佛教學』 24(2009), pp.336-354을 보라.

6 이 경전의 세속제를 설하는 전반 부분은 본래 '문자, 술어, 기호에 의해서 설해진 세간의 관습'이라는 의미인데, 즈냐나가르바 이전에는 학파를 불문하고 공통의 해석이 행해졌을 가능성이 있다.

7 바비베카는 정세속 正世俗이 세속제 世俗諦보다 상위 개념이라고 한다.

8 Eckel(1987), p.160 ll. 27-28.

9 최신의 연구에서 이 '불생 등의 교설'이 승의로 되는 것에 대해서는 bahuvrīhi적인 어의 해석에 기초한 설명 이외에 다른 해석도 제시되고 있다. 그에 대해서는 다음의 논문이 최신의 연구를 포함하여 정리하고 있다. 早島慧, 「PrajñāpradīpaとMadhyāntavibhāga-bhāṣyaにおける勝義解釋」, 『龍谷大學大學院文學研究科紀要』 33(2011), (1)-(16)쪽.

10 D dza 53b7-53a1, P dza 56a6-7. 다만 『사택염』의 저자에 대해서는 문제점도 지적되어 있다.

11 '현현한 그대로의 것'의 특징으로서 이 표현이 사용되고 있다. D sa 38b6, P sa 31a7.

참고문헌

Eckel, M. D.

Jñānagarbha's commentary on the distinction between the two truths —An Eighth Century Handbook of Madhyamaka Philosophy, State University of New York Press, New York, 1987.

마츠모토 시로(松本史朗)
「Jñānagarbhaの二諦說」,『佛教學』5, 1978, pp.109-137.

본고의 집필에 있어서 국내외의 많은 뛰어난 선행 연구를 참고하였다. 지면 관계상 참고문헌은『이제분별론』의 텍스트를 포함하는 에켈 M. D. Eckel의 저서와『이제분별론』의 선구적 연구인 마츠모토 松本史朗의 논문만을 제시했지만, 참고한 모든 연구 성과에 감사를 표한다.

제6장

아티샤의 중관사상

미야자키 이즈미

1.
머리말

아티샤 Atiśa 혹은 Dīpaṃkaraśrījñāna(982-1054)[1]는 벵갈 왕족의 차남으로 태어나, 어렸을 때부터 여러 스승 밑에서 밀교의 실천을 행했지만, 29세에 대중부 大衆部에 출가하였고, 그 후 비크라마실라 사원의 학장으로 임명되었다고 전해진다.[2] 아티샤는 1042년에 장춥외 Byaṅ chub 'od의 초청에 따라 티벳으로 들어가, 그 후 그곳에서 죽을 때까지 13년에 걸쳐서 포교와 번역을 통해서 티벳불교의 부흥에 힘썼다. 아티샤가 종합적인 성격으로[3] 실천을 중시했던 것은[4] 이미 여러 학자들에 의해서 지적되었던 바와 같다.

『보리도등』(*Bodhipathapradīpa*, D3497, 4459, P5343, 5378)에서 설해진 실천 체계인 보리도 菩提道는 대승을 근기 根機의 구분에 따라서 현교 顯敎인 바라밀승과 밀교 密敎인 진언승으로 구분한다. 그런데 대승의 계 戒는 성문의 율 律을 포함하기 때문에, 그 실천 체계는 성문승과 바라밀승과 진언승을 종합한다. 아티샤는 자신의 저술에서 불교도들이 하루 빨리 실천으로 향해야 함을 반복해서 권하고 있다. 그와 같은 아티샤의 성격은 그의 중관파적 입장을 검토하기 위해서도 고려하지 않으면 안 될 점이다.

그러나 아티샤의 실천을 강조하는 자세는 그의 사상을 검토하는 데 장애가 될 수도 있다. 아티샤가 자신의 중관사상을 가장 자세하게 해설하고 있는 것은 『보리도등세소』(*Bodhimārgadīpa-pañjikā*, D3948, P5344, 이하 『세소』)인데, 그는 거기서 설해지는 중관설도 '수습 修習을 위해서 요약해서 설한 것'에 지나지 않는다고 말하기 때문이다. 그와 같이 수습을 위해서 요약해서 설해진 교설로부터 아티샤의 중관사상을 재구성해야 하기 때문에 거기서 이론異論이 생겨날 여지도 있다.

아티샤가 자신이 중관파에 속한다고 생각했던 것은 의심의 여지가 없지만, 그의 중관 이해가 어떤 것이었던가에 대해서는 여전히 논의의 여지가 남아 있다. 그의 시대는 중관파와 유식파가 융합했다고 하는 후기 중관파에 속하지만, 티벳에서는 그를 붓다팔리타와 찬드라키르티를 계승하는 귀류논증파에 배치하는 경우도 있다.[5] 실제로 아티샤에게는 자립논증파(Raṅ rgyud pa, *Svātantrika)와 귀류논증파(Thal 'gyur ba, *Prāsaṅgika)의 어느 것으로도 해석할 수 있는 요소들이 발견된다. 자립논증파는 바비베카와 샨타락시타 계통인데, 여기서는 아티샤에 대한 티벳의 이해보다 지금까지의 연구 성과를 바탕으로 하여, 아티샤의 저술에서 발견되는 그와 같은 요소들을 정리해보기로 한다.

그 문제에 대해 더욱 중요한 것은 아티샤가 자립논증에 대해서 어떤 입장을 취했는가 하는 것이지만, 아티샤는 자립논증과 귀류논증의 문제에 대해서 일체 언급하지 않기 때문에, 아티샤가 그 문제를 어떻게 이해했는가를 직접적으로 파악할 수는 없다. 그러므로 여기서는 그가 자립논증과 자립논증파의 논사를 어떻게 취급했는가를 검토함으로써, 간접적으로 아티샤의 자립논증에 대한 입장을 고찰하도록 한다. 그런데 그의 자립논증에 대한 입장은 이제설과도 관련되어 있다. 현대의 학계에서도 그의 이제설에 기초하여 아티샤를 귀류논증파로 이해하려는 시도가 있지만,[6] 아티샤의 이제설에 대해서는 아직 논의의 여지가 있다고 생각되기 때문에, 본 논문의 말미에서 그 문제를 생각하면서 이후의 전망을 보여주는 것으로 하겠다.

2.
아티샤의 법통

우선 그의 주저인 『보리도등세소』를 통해서 아티샤가 중관파를 어떻게 이해했는가를 보도록 한다. 그는 이렇게 말한다.

이 세계(jambudvīpa 閻浮提)의 학자들은 다음과 같다. 성 아상가(Asaṅga 無着)는 불설佛說의 이문異門을 설했다. 그는 반야바라밀의 의미를 유식(唯識, rnam par rig pa tsam, vijñaptimātra)이라고 설했다. 스승 수바르나드비파와 스승 라트나카라샨티가 그와 같이 생각한다. 궤범사 나가르주나(Nāgārjuna 龍樹)는 불설의 진수眞髓를 설했다. 그는 반야바라밀의 의미를 유有와 무無를 넘어선 '위대한 중dbu ma chen po'[7]의 의미로 이해하고, 다른 학자의 계통에게도 그와 같이 설했다. 스승 보디바드라와 존자 쿠스루파도 그와 같이 생각한다.

'성 나가르주나의 그와 같은 감로甘露에 의해서 아리야데바, 찬드라키르티, 바비베카Bhavya,[8] 샨티데바, 보디바드라에 이르기까지가 만족되었다. [그것이] 나에게도 조금 흘러 내려왔다. 그와 같이 4대 이유에 의해서 일체법의 불생不生을 논증하고, 이전의 궤범사들에 따라 위대한 중中의 교의에 머물러야 한다.'

혹은 또 다음과 같이 생각하였다.

'지금은 중생[탁]衆生濁, 겁[탁]劫濁, 번뇌[탁]煩惱濁, 견[탁]見濁, 명탁命濁이 되어, [다양한] 교의를 들을 필요는 없기 때문에 본질적인 유가瑜伽를 수습해야 한다. 지금은 배船와 같은 광대한 교의를 들을 시간이 없으므로, 마음을 미혹시키는 것 모두를 버리고, 학자들의 가르침 ñer bstan만 수습해야 한다. 인생은 짧고 알아야 할 것은 많다. 수명의 길이도 어느 정도인지 알 수 없기 때문에, 거위가 물에서 우유를 얻는 것처럼 스스로 구하는 바를 얻어야만 한다.' (『세소』 D280a4-280b2, P323b4-324a4)

이와 같이 아티샤는 바라밀승으로 유식파와 중관파를 거론하지만, 중관파에 대해서는 아무런 구분을 짓지 않는다. 중관파는 물론 나가르주나를 따르는 자들을 말하지만, 나가르주나로부터 아티샤 사이에는 아리야데바, 찬드라키르티, 바비베카, 샨티데바, 보디바드라가 거론된다. 찬드라키르티가 바비베카를 비판했음을 아는 우리들에게 이 법통은 이해하기가 힘들다. 찬드라키르티와 바비베카를 동일선상에 놓는 것만이 아니라, 그 순서에도 의구심이 있다. 그에게는 어떻게 이와 같은 중관 이해가 가능했던 것인가? 아티샤가 생각한 중관파란 어떤 것인가?

또한 위의 인용문의 끝에 있는 게송은 신속하게 실천에 들어갈 것을 권하고 있는데, 그와 동일한 게송이 『입이제론』 제25송에서도 발견되기 때문에, 이 게송은 아티샤가 특히 강조한 것이라고 할 수 있다. 그가 실천을 강조하는 전제는 그 앞에 제시된 5탁濁에 물든 시대라는 인식인데, 그것이 아티샤의 사상에도 반영되어 있는 것을 확인할 수 있다.

3.
아티샤와 찬드라키르티 및 바비베카

우리들에게는 일견 기묘하게 보이는 이와 같은 아티샤의 중관 이해는 그의 다른 논서에서도 발견된다. 지금까지의 연구에서 문제가 되었던 것도 거의 동일한 것이기 때문에, 우선 종래의 연구를 근거로 하여 문제가 되었던 곳을 항목으로 정리하기로 한다.[9] 여기서 우리들에게 최대 문제는 아티샤가 찬드라키르티와 바비베카를 어떻게 다루고 있는가 하는 점이다. 그러므로 여기서는 그 점에 초점을 맞추어 찬드라키르티와 바비베카를 지지하는 표현을 구분해서 정리해보았다. 바비베카를 높이 평가하는 요소 속에는 티벳에서 동일하게 자립논증파로 분류되는 샨타락시타 등을 높이 평가하는 요소도 포함되어 있기 때문에, 찬드라키르티를 높이 평가하는 요소와 바비베카를 높이 평가하는 요소는 각각 귀류논증파적 요소와 자립논증파적 요소라고 불러도 좋겠지만, 여기서는 귀류논증파와 자립논증파라는 말을 사용하는 것은 최소한으로 줄이면서, 아티샤의 사상을 고찰해보고자 한다. 아티샤 이전에는 귀류논증파와 자립논증파라는 구분이 발견되지 않을 뿐 아니라, 아티샤 자신도 그와 같은 구분이나 표현을 사용하지 않기 때문이다.

(1) 찬드라키르티와 바비베카의 양자를 모두 지지하는 요소

- 『보리도등세소』에서 찬드라키르티와 바비베카의 이름을 모두 언급하는 것.
- 『입이제론』에서 찬드라키르티와 바비베카의 이름이 모두 거론되고, 양자의 인용이 모두 발견되는 것.

- 찬드라키르티와 바비베카를 모두 전거로서 인용한 것.

(2) 바비베카를 높이 평가하는 요소(=찬드라키르티에 대한 평가와 대립하는 요소)

- 아티샤의 번역 활동
- 일체법 불생의 4대 이유 가운데 이일다성離一多性의 이유
- 『입이제론』의 세속설

(3) 찬드라키르티를 높이 평가하는 요소

- 『보리도등세소』의 법통法統
- 『입이제론』에서 공성을 이해한 자로서 특히 찬드라키르티를 거론한 것
- 『개보협開寶篋』(Ratnakaraṇḍodghāṭa-nāma-Madhyamakopadeśa D3930, P5325)에서 찬드라키르티가 궁극의 중관 논서를 저술했다고 언급한 것
- 논리학에 대한 부정적인 표현
- 『입이제론』에서 하나의 승의를 강조한 것

이 가운데 '찬드라키르티와 바비베카의 양자를 모두 지지하는 요소'를 가진 논서들에는 '찬드라키르티를 높이 평가하는 요소'도 존재한다. 그런 점에서 그 논서들은 찬드라키르티를 높이 평가하고 있다고 생각할 수도 있다. 그러나 이제二諦를 게송으로 간결하게 설한 『입이제론』에서 굳이 찬드라키르티와 바비베카의 이름을 함께 거론하고, 또한 양자의 저술이 모두 인용되는 점 등을 보면, 설사 아티샤가 바비베카보다 찬드라키르티를 높이 평가했다고 해도, 바비베카도 중시했다는 사실은 의심하기 힘들다. 그것을 확인하기 위하여 양자를 병렬해서 거론하는 표현을 '양자를 지지하는 요소'로서 제시했다. 이제 그 내용을 상세하게 살펴보도록 한다.

1) 찬드라키르티와 바비베카의 양자를 지지하는 요소

『세소』에는 일체법 불생의 '4대 이유'[10]를 주석할 때, 그와 관련된 중관파 논사와 논서에 대한 해설이 있고, 그 가운데 찬드라키르티와 바비베카의 이름이 거론된다. 다음의 인용은 4대 이유 가운데 '연기의 이유'를 설하는 『보리도등』의 게송에서 '『중론』 등'[11]이라는 언급에 어떤 논서가 포함되어 있는가를 주석한 것이다. 『세소』는 나가르주나의 『중론』 이외의 논서들을 제시한 후 다음과 같이 말한다.

> 혹은 '등'이라는 것은 규범사인 성자 [나가르주나]의 직계 제자인 존사 아리야데바, 규범사 찬드라키르티, 규범사 바비베카(Bhavya, sNaṅ bral),[12] 규범사 샨티데바 등이 지은 논서를 말한다. 존자 아리야데바는 (……중략……) 을 저술하였다. 규범사 찬드라키르티는 『입중론 *Madhyamakāvatāra*』, 『육십송여리론주 *Yuktiṣaṣṭikāvṛtti*』, 『(중관)오온론』(*dBu ma phuṅ po lṅa pa*, *Pañcaskandhaprakaraṇa*), 『명구』(明句, *Tshig don gsal ba*, *Prasannapadā*) 등을 저술하였다. 규범사 바비베카는 『(중관)사택염』(*dBu ma rtog ge 'bar ba*, *Tarkajvālā*), 『반야등론 *Prajñāpradīpa*』 등을 저술하였다. (『세소』 D280b4-6, P324a5-b1)

위의 인용문은 앞에서 언급한 법통에 포함된 논사 가운데 아티샤의 직접적 스승인 보디바드라를 뺀 4명의 논사들을 거론하고, 또한 샨티데바를 뺀 3명의 경우에는 그들의 대표적인 논서도 거론하고 있다.[13] 그런데 여기서 거론된 찬드라키르티와 바비베카의 논서가 우리들에게도 친숙한 것들뿐이라는 것에는 주의할 필요가 있다. 여기에는 오늘날 학계에서 바비베카의 진작이라고 인정되지 않는 『중관보등론 中觀寶燈論』 등이 포함되어 있지 않다. 그리고 그것은 오히려 우리들을 곤혹스럽게 만든다. 우리들은 찬드라키르티가 『명구』에서 『사택염』과 『반야등론』을 저술한 바비베카를 비판한 것을 알고 있지만, 여기서는 그것들이 병렬적으로 제시되고 있기 때문이다. 유사한 표현은 아티샤가 『세소』에서 4대 이유 가운데 '금강편金剛片의 이유'를 설명할 때에도 발견된다. 『세소』는 『중론』에 대한 6개의 주석, 2개의 복주, 『중관최파론』(*dBu ma rnam par 'thag pa, Vaidalyaprakaraṇa?*), 『명구』, 『사택염』, 『입중론』을 참조하도록 주석하고 있는데, 거기서도 찬드라키르티와 바비베카의 저술을 병렬해서 거론하고 있다(『세소』 D279b5, P323a3-4).

다음의 인용도 찬드라키르티와 바비베카를 구분하지 않고 동렬로 다루는 예이다.

> 또한 반야바라밀의 진수眞髓의 의미를 오해 없이 있는 그대로 이해한 규범사 성 나가르주나, 규범사 성 아리야데바, 규범사 성 찬드라키르티, 규범사 성 샨티데바, 규범사 성 바비베카(Bhavya, sNaṅ bral), 규범사 아슈바고샤, 규범사 성 찬드라고민 등이 저술한 논서는 경전의 의미를 밝게 해설하고 있으므로, 그것들도 유의해서 보도록 노력해야 한다. (『세소』 D284b2, P328b8-329a3)

이와 같은 기술은 그 순서의 문제를 제외하면, 아티샤가 찬드라키르티와 바비베카를 변함없이 함께 중시하고 있었던 것을 보여주는 예라고 할 수 있다. 여기서는 그 두 논사가 모두 반야바라밀의 진수의 의미를 이해한 논사로서 거론되고 있다.

또한 앞에서 설명한 것처럼, 『입이제론』에서도 찬드라키르티와 바비베카의 이름이 함께 거론된다.[14] 즉, 『입이제론』 제14송은 바비베카Bhavya의 이름으로 『중관심론*Madhyamakahṛdaya*』을 인용하고, 제21송은 이름을 거론하지 않은 채 『중관심론』을 인용한다.[15] 또 찬드라키르티의 인용은 제19송에서 발견되는데, 『입중론』 제6장 제80송이 인용되어 있다.

아티샤는 『입이제론』 이외에서도 찬드라키르티의 저술과 바비베카의 저술을 함께 인용한다. 그가 인용하는 찬드라키르티의 저술로는 『입중론 *Madhyamakāvatāra*』[16]과 『삼귀의칠십(三歸依七十 *Triśaraṇa[gamana]saptati*)』[17] 이외에 밀교문헌인 『등작명(燈作明 *Pradīpodyotana-ṭīkā*)』[18]도 있다. 한편 그가 인용하는 바비베카의 저술은 『중관심론』[19]과 『사택염』[20]이다.

여기서 다룬 인용문들에 따르면, 아티샤의 법통에서 함께 언급되고 있는 찬드라키르티와 바비베카는 모두 아티샤에게 중요한 인물임에 틀림이 없고, 거기서 큰 차이점을 찾아내는 것은 어렵다. 그런 점에 주목하면 아티샤에게 중관파란 나가르주나로부터 시작해서 찬드라키르티와 바비베카를 통해서 전해진 것이고, 거기서 바비베카에 대한 찬드라키르티의 비판 등은 문제가 되지 않는 것이 된다.

2) 바비베카를 지지하는 요소

한편 아티샤가 바비베카를 중시하고 있었다고 생각되는 이유 가운데 하나는 그의 번역 활동이다. 아티샤는 티벳에서 많은 저술의 번역과 교정 작업에 참여했지만, 그 대부분이 바비베카의 저술에 대한 것이고, 찬드라키르티의 저술에 대해서는 『삼귀의칠십』, 『오온론』의 2권을 번역한 것밖에 없다.[21] 바비베카의 저술 가운데 『중론』의 주석서인 『반야등론』은 아티샤가 티벳에 들어왔을 때 이미 번역되어 있었지만, 아티샤는 그 밖에도 바비베카의 주저인 『중관심론』과 그에 대한 주석서인 『사택염』, 그리고 현대 학계에서는 바비베카의 진작이라고 인정되지 않지만, 바비베카의 저술이라고 전해지는[22] 『중관보등론』과 『중관의집 中管義集』에 이르는 여러 저술들의 번역에 관여하였다. 아티샤가 『세소』에서 거론한 주요 저술과 관련해서 말하면, 그가 찬드라키르티의 『입중론』과 『명구』를 번역하지 않고, 『중관심론』과 『사택염』을 번역한 것은 그가 바비베카를 더욱 중시하고 있었음을 보여준다. 물론 번역 활동은 티벳 측의 요구에 따라 우선순위가 변할 수도 있기 때문에, 티벳 측의 사정을 반영한 것이라고 보는 것도 가능하지만, 뒤에서 언급하게 될 것처럼 아티샤가 '모든 중관 논서의 궁극'이라고 인정하고 있었던 찬드라키르티의 저술이 무엇인가를 생각하면, 단서가 될 수 있는 점도 있다고 생각된다.

두 번째로 일체법 불생의 '4대 이유'에 대해서는 에지마江島惠教가 '4대 이유'가 정리되어진 경위에 대하여 그 대략적인 내용을 추정하였고, '4극단 부정 등에 대한 네 가지 증인證因'이라는 표현이 『중관의집』에서 발견되는 것도 이미 지적하였다.[23] 『중관의집』에는 4개의 증인 모두가 거론되고 있을 뿐 아니라, 『중관의집』의 성립에 대해서도 분명한 것은 알 수 없어서 단정하기는 힘들지만, 4대 이유는 아티샤 이전에 이미 넷으로 정리되어 있었던 것을 아티샤가 그대로 채용했다고 생각할 수 있을 것이다.

아티샤는 수습을 위해서 그와 같은 4대 이유를 요약해서 설했다고 말하기 때문에,[24] 그 네 가지에 대한 고찰을 통해서 아티샤의 중관파에 대한 입장을 상세하게 검토하는 것은 불가능하지만, 그가 4대 이유 모두에 대해서 긍정적이었던 것은 의심하기 힘들다. 그 가운데 '이일다성의 이유ekānekaviyoga'는 소위 자립논증파인 샨타락시타 계통이 빈번하게 사용했던 것이고, 『보리도등』에는 추론식의 형태를 취한 유명한 『중관장엄론』 제1송도 인용된다. 그것은 바비베카에 대한 직접적인 지지를 보여주는 것은 아니지만, 무자성성의 논증에서 추론식의 사용을 비판하는 찬드라키르티의 입장과는 대립하는 것이기 때문에 여기서 거론하였다.

마지막으로『입이제론』에서 설해진 세속설도 바비베카와 찬드라키르티 이후에 정형화된 것으로서 샨타락시타의 것과 일치한다. 그러므로 그것도 완전히 바비베카의 설은 아니지만, 찬드라키르티 계통의 설과 대립한다는 점에서 간접적으로 바비베카 계통의 중관설을 지지하는 것이라고 생각하여 여기에 포함시켰다.『입이제론』에서 설해진 이제설은 뒤에 상술하겠다.

3) 찬드라키르티를 높이 평가하는 요소

찬드라키르티를 높이 평가하는 요소 가운데 첫 번째는 앞에서 언급한『보리도등세소』의 법통이다. 그것과 유사한 내용의 표현이『입이제론』에도 있다.

> 공성을 누가 이해하는가 하면, 여래에 의해서 수기授記된 법성法性의 진리를 보았던 나가르주나의 제자 찬드라키르티이다.[25] 그로부터 유래한 교설에 의해 법성이라는 진리를 이해하게 될 것이다. [불타가] 설한 8만 4천의 법온法蘊은 모두 그 법성에 포함된다. (『입이제론』 제15-16송)

위의 인용문에서는 바비베카의 이름은 거론되지 않고, 찬드라키르티만이 언급된다.

또한『개보협』에는 그 저술 내용에 따라 불교의 여러 논사들을 분류하는 곳이 있는데, 거기서 열거된 저술의 내용은 논리학과 비바사사로부터 밀교까지 포함하고 있다. 거기서 중관파의 저술은 더욱 분류되어 있는데, 여기서는 지면 관계상 상세한 내용은 생략하지만, 거기서는 찬드라키르티가 더욱 높이 평가되고 있는 것처럼 보인다. 논사를 포함하여 항목을 제시하면 다음과 같다.

- 중관 논서 dbu ma'i gźuṅ : 바비베카 Bhavya, 붓다팔리타, 데바샤르만, 아바로키타바라타, 샨타락시타, 카말라실라
- 초학자를 위한 실천에 대한 논서 : 찬드라고민, 슈라, 사가라메가, 샨티데바, 룬타카
- 일체의 중관 논서 가운데 궁극의 중관 논서 dbu ma'i gźuṅ thams cad kyi phyi mo[26] : 성나가르주나, 아리아데바, 마티치트라, 칸바라, 찬드라키르티

여기서는 소위 자립논증파에 속하는 바비베카, 샨타락시타, 카말라실라가 다만 중관 논서의 저자로 소개되고 있음에 대하여, 찬드라키르티는 '궁극적인 중관 논서'의 저자로 되어 있어서, 소위 귀류논증파가 더욱 높이 평가되었다고 볼 수 있다. 그러나 찬드라키르티와 마찬가지로 귀류논증파인 붓다팔리타가 바비베카와 동일한 위치에 있는 점과 아티샤의 법통 가운데 속했던 샨티데바가 실천에 대한 논서의 저자로서 거론되고 있음에 지나지 않는다는 것도 주의할 점이다. 그러므로 이 구분을 자립논증파와 귀류논증파의 구분과 관련짓는 것은 곤란하다. 어쨌든 이것이 아티샤가 찬드라키르티를 특히 높이 평가하고 있었음을 보여주는 자료인 것은 분명하다.[27]

한편 아티샤가 논리학에 대해서 부정적인 태도를 보이고 있었던 것은 이전부터 지적되어 왔다. 『입이제론』과 『세소』에 매우 유사한 표현이 발견되지만, 여기서는 『세소』를 인용하기로 한다.

자타 自他의 교의에 대해서는 어떤 자는 제법이 존재한다고 논증하고, 다른 자는 제법은 존재하지 않는다고 말한다. 진실로 고찰하면 존재라고 말한 것과 비존재라고 말한 것은 진실의 궁극 bhūtakoṭi은 아니다. 그러므로 어떤 것도 논증하는 것은 불가능하다. 스승의 전통을 떠난 자들이 추론의 지혜에 의해서 존재, 비존재, 상주, 단멸 등을 논증한다고 해도, 헛수고로 끝나고 의의 意義에 도달하지는 못할 것이다. 다르마키르티 Dharmakīrti와 다르못타라 Dharmottara 등이 많은 논서를 지은 것은 무슨 이유인가? [그] 학자들은 외교도의 논란을 배척하기 위해서 그 [논서]를 지은 것이다. 그러므로 승의를 수습하는 것 don dam bsgom pa에 [추론이라는] 인식 근거는 필요 없다고, 나는 다른 [저술인 『입이제론』]에서 썼기 때문에, 어쨌든 여기 [『세소』]에서 [다시] 설할 필요는 없다. 그러므로 추론을 주로 하는 논리 tarka의 논서를 버리고, 성나가르주나의 학파가 전하는 가르침 man ṅag을 수습해야 할 것이다. (『세소』 D282b3-6, P326b4-8)

여기서 아티샤는 분명히 추론을 위주로 하는 인식 근거에 대하여 부정적인 태도를 취하고 있다. 다만 그 인식 근거가 부정되는 범위에 대해서는 더욱 검토가 필요하다고 생각된다. 왜냐하면 여기서는 '승의를 수습하는 것'에 대해서 인식 근거가 부정되고 있을 뿐, 그 이외에는 부정되고 있지 않기 때문이다. 적어도 외교도 外教徒의 논란을 배척하기 위해서는 추론이 유효한 것을 인정하고 있다. 그 이외의 경우 추론에 대해서 아티샤가 어떤 태도를 취했는가 하는 것도 문제가 된다. 그에 대해서는 뒤에서 이제설의 문제와 관련하여 고찰하도록 한다.

끝으로 『입이제론』에서 '하나의 승의의 강조'란 아티샤가 다만 하나의 승의밖에 인정하지 않았다고 하는 것이다. 이것은 바비베카가 '승의'라는 복합어를 소유복합어, 즉 유재석(有財釋 bahuvrīhi)으로 해석하여 승의에 상응하는 2차적인 승의를 인정했던 것과는 달리, 아티샤가 찬드라키르티에 가깝다고 하는 근거가 된다. 그 점에 대해서도 뒤에서 『입이제론』의 세속설과 함께 검토하도록 한다.

4) 소결

이와 같이 아티샤는 찬드라키르티와 바비베카 양자를 모두 높이 평가하지만, 분명히 찬드라키르티를 더욱 중시했다. 그러나 찬드라키르티가 옹호했던 붓다팔리타가 특별하게 다루어진 것은 아니고, 찬드라키르티가 바비베카, 샨타락시타, 카말라실라와 동렬로 다루어지는 등, 도대체 중관파를 구분하는 의식이 없었던 것 같기도 하다. 적어도 추론식의 사용에 대해서 중관파를 구분하지 않았던 것은 분명하다. 또한 아티샤에게는 찬드라키르티와 대립하는 요소도 존재하기 때문에, 그것도 포함해서 모순 없이 설명할 필요가 있다.

지금까지의 연구로는 먼저 에지마江島惠敎가 『중관보등론』에서 아티샤와 유사한 요소를 발견하고, 『중관보등론』을 통해서 아티샤에 이르는 중관사상의 전개를 추구하고자 했다. 그에 대해서 근년 나가시마長島潤道가 『중관보등론』을 중심으로 다시 연구를 추진하여, 찬드라키르티와 바비베카의 대립을 해소하고자 한 『중관보등론』을 아티샤가 계승했다는 방향으로 이해하고자 했다. 『중관보등론』이 아티샤에 가까운 요소를 가지고 있는 것은 의심이 없지만, 아티샤에게 『중관보등론』이 그만큼 중요했다면, 어째서 아티샤는 자신의 저술에서 『중관보등론』을 인용하지도 않고, 그 서명조차 언급하지 않았던 것인가에 대하여, 충분한 설명을 제시할 필요가 있을 것이다. 앞에서 언급했던 것처럼 아티샤가 거론했던 바비베카의 저술은 『사택염』과 『반야등론』이다. 아티샤는 『중관심론』 본송과 『사택염』을 인용하면서도 『중관보등론』을 인용하지는 않았다. 그러므로 설사 아티샤에게 『중관보등론』의 영향이 있었다고 해도, 아티샤가 언급하는 바비베카가 『사택염』과 『반야등론』의 저자였던 것은 분명하기 때문에, 그 위에서 아티샤의 바비베카 이해가 검토될 필요가 있을 것이다.

또한 『중관보등론』이 아티샤에게 주었던 영향을 논하기 위해서는 그 논서에 대한 연구도 필요하다고 생각된다. 『중관보등론』은 성립 연대도 확정되었다고 말할 수 있는 상황이 아니다. 필자가 여기서 언급할 수 있는 단계는 아니지만, 인용문헌에 따르는 한, 그 성립 연대는 10세기까지 내려갈 가능성이 있다고 생각된다. 그렇다면 아티샤에게 제법 가까운 시대에 성립한 것이 되고, 아티샤와 『중관보등론』에서 공통점이 발견되는 이유는 시대 배경을 공유하고 있었기 때문이라고 생각할 수도 있다. 어쨌든 이후 『중관보등론』에 대한 상세한 연구가 필요하고, 그에 근거해서 아티샤와의 관계가 논의되어야 할 것이다.

본장에서는 지면 관계상 아티샤와 『중관보등론』의 관계는 남겨두기로 하고, 끝으로 아티샤의 저술에 기초해서 그의 중관 이해를 어떻게 설명할 수 있는지 고찰해보고자 한다.

4.
아티샤가 설하는 4대 이유의 위치

『세소』에서 설해지는 4대 이유는 (1)사불생四不生의 이유 mu bźi skye ba ’gog pa’i

gtan tshigs, (2)금강편金剛片의 이유 rdo rje gzegs ma'i gtan tshigs, (3)이일다성離一多性의 이유 gcig daṅ du ma daṅ bral ba'i gtan tshigs, (4)연기緣起의 이유 rten ciṅ 'brel bar 'byuṅ ba'i gtan tshigs이다. 아티샤는 그 가운데 (2)에 대한 주석에서 찬드라키르티의 『명구』와 『입중론』 및 바비베카의 『사택염』을 나란히 거론하고, (3)에 대한 주석에서는 나중에 자립논증파로 분류되는 샨타락시타 등을 거론하는 등, 소위 자립논증파도 거론하고 있는 것은 이미 설명했다. 아티샤는 거기서 자립논증과 귀류논증의 차이점 등을 언급하지 않으므로, 찬드라키르티와 바비베카의 의견의 상위相違도 무시하고 있는 것처럼 보인다. 한편으로는 추론을 부정하면서, '4대 이유'에서는 샨타락시타의 추론식을 포함하는 것이 어떻게 가능한 것일까? 그것을 고찰하기 위해서는 우선 4대 논증의 위치를 알 필요가 있다.

4대 이유는 『세소』에서 지혜般若에 대한 설명 가운데 포함되어 있지만, 『세소』는 4대 이유를 설명하고 나서 지혜도 존재하지 않는 것 등을 설명한 후에 이렇게 말한다.

> 그와 같이 논리論理라는 점에서 일체법의 불생을 논증한 후, 지금 성교聖教라는 점에서 일체법의 불생을 설하는 것이 '마찬가지로 세존도'(『보리도등』 I. 224a)라고 말하는 것으로서, 본송(本頌 『보리도등』 II. 229-232)을 보아야 할 것이다. (『세소』 D283a7-b1, P327b2-3)

이로부터 '4대 이유'는 이증理証으로 설해진 것을 알 수 있다. 또한 아티샤는 교증敎証으로서 여러 경전을 인용한 후에 다음과 같이 말한다.

그러므로 그와 같이 널리 설해진 성교聖教와 논리論理를 알아서, 그 의미를 확정하고 의심을 없앤 후에, 관觀이라는 무분별無分別을 수습해야 한다. (『세소』 D285a2, P329b1-2)

이와 같이 아티샤는 교증과 4대 이유를 포함하는 이증의 의미를 확정하고 의심을 없앤 후에, 처음으로 관觀에 들어가야 한다고 말한다. 여기서 '4대 이유'의 위치를 알 수 있다. 그리고 추론은 이증에서는 작용하지만, 관은 무분별無分別이라고 말해지기 때문에,[28] 거기에는 추론이 작용할 여지가 없다. 그러므로 승의의 수습修習에 추론은 필요 없다고 하는 표현이 성립한다고 생각할 수 있다. 그러나 아티샤가 정말로 두 가지 의미의 승의를 인정하지 않았다면, 추론이 작용하는 영역은 아티샤의 이제설 가운데 어디에 있는 것인가? 이제 아티샤의 이제설을 재검토하도록 한다.

5. 아티샤의 이제설

아티샤의 이제설은 그것을 주제로 하는 소품 『입이제론』을 중심으로 논해져 왔다.[29] 지금까지의 연구에 의하면 아티샤의 이제설은 다음과 같이 정리하는 것이 가능하다.

[아티샤의 이제설]

- 승의
- 세속
  - 정세속
  - 사세속 (물에 비친 달과 잘못된 가르침)

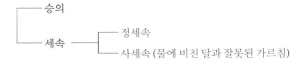

아티샤의 이제설은 자립논증파가 이문승의 異門勝義라는 명칭으로 부르는 것과 같은 2차적인 승의를 포함하지 않기 때문에 귀류논증파에 가깝다고 생각되어져 왔다. 분명히 2차적인 승의가 존재하지 않으면, 자립논증이 기능하는 영역은 존재하지 않는 것이 될 것이다. 그러나 정말로 여기서 재고의 여지는 없는 것일까? 왜냐하면 아티샤가 설하는 세속의 분류는 소위 자립논증파 계통과 가깝다고 생각되기 때문이다.

이와 같은 아티샤의 이제설 이해는 『입이제론』의 다음과 같은 언급에 기초한 것이다.

> 세속은 두 종류라고 인정된다. 사[세속]과 정[세속]이다. 최초의 것 [즉 사세속]에는 두 종류가 있다. '물에 비친 달'과 '잘못된 가르침에 의한 지식'이다. '고찰되지 않는 한 승인할 만하고, 효과적인 작용 능력을 가지고, 생멸의 성질을 가진 것'은 정세속이라고 인정된다. 승의는 다만 한 종류이지만, 다른 자들은 두 종류라고 인정한다. 어떻게 해도 성립하지 않는 법성 法性이 어떻게 둘이나 셋일 수 있겠는가? 가르침의 언어와 결합함으로써 '불생' 혹은 '불멸' 등이라고 말해지는 승의는 다양성이 없는 존재 방식에 의하면, 주제 dharmin도 아니고, 속성 dharma도 아니다.[30] 공성에 다양성은 조금도 없다. 이해하지 않는다고 하는 존재 방식을 통해서 이해함으로써, '공성을 본다.'고 말해지는 것이다. (『입이제론』 제2-6송)

이 가운데 세속의 정의는 찬드라키르티나 바비베카에게서는 발견되지 않는 것으로서, 즈냐나가르바나 샨타락시타 등의 세속과 유사하다.[31] 예를 들면 샨타락시타는『중관장엄론 *Madhyamakālaṃkāra*』에서 정세속에 대해서 다음과 같이 말하는데, 그것은 아티샤의 정세속에 대한 정의와 거의 동일하다.

'고찰되지 않는 한 승인할 만하고, 생멸의 성질을 가지고 있고, 효과적 작용 능력이라는 본질을 가지고 있는 것'이 세속적인 것이라고 이해된다. (『중관장엄론』 제64송)[32]

사세속에 대해서는 완전히 일치하지 않는데, 샨타락시타는 즈냐나가르바의『이제분별론』에 대한 주석『이제분별론세소 *Styadvayavibhaṅga-pañjikā*』에서 다음과 같이 말하고 있다.

그렇다면 세속은 세 종류라고 설명된다. 정세속이 한 종류이고, 사세속이 두 종류이다. 유분별有分別과 무분별無分別의 구별 때문이다. (『이제분별론세소』 ad k.12, D27a7, P17a1-2)

이 인용문에서 사세속에 대한 유분별과 무분별의 구별은 아티샤가 말한 '잘못된 가르침'과 '물에 비친 달'에 대응한다고 생각할 수 있다. 어쨌든 본장에서는 정세속의 정의가 일치하는 점이 특히 중요하고, 이에 대해서는 나중에 다시 다루도록 하겠다.

한편 즈냐나가르바와 샨타락시타는 승의를 바비베카처럼 본래의 승의와 승의에 상응하는 2차적인 승의로 구분한다. 그 가운데 2차적인 승의가 추론이 작용하는 영역이다. 그런데 그에 대해서 아티샤는 『입이제론』에서 승의 혹은 공성은 다양성이 없는 것이고, 불생이나 불멸 등과 같이 언어로 표현되었다고 해도, 본래 언어를 넘어선 것이라고 말한다. 그것은 1차적이고 본래적인 승의에 해당한다고 생각된다. 그와 같은 승의가 개념을 전제로 하는 추론과 결합하는 것은 생각할 수 없기 때문에, 아티샤는 다음과 같이 논리학을 비판하게 된다.

> 차안此岸을 본 어리석은 자는 이렇게 말한다. '불교도는 직접 지각과 추론이라는 두 가지를 인정한다. [그리고 그] 두 가지에 의해서 공성空性이 이해된다.' [그러나 만약 그렇다면] 외교도와 성문도 법성法性을 이해하는 것이 가능할 것이고, 유식파는 말할 것도 없을 것이다. [그렇다면 그들과] 중관파의 차이는 없어지고 말 것이다. 그러므로 여러 가르침이 모두 인식 근거에 의해서 헤아려지기 때문에 동일한 것이 될 것이다. [혹은] 논리tarka가 모두 다르기 때문에, 인식 근거에 의해서 헤아려진 법성도 다양한 것이 되지 않겠는가? [그러므로] 직접 지각과 추론은 필요하지 않다. [그것들은] 외교도의 비판을 물리치기 위해서 학자들에 의해서 말해진 것이다. (『입이제론』 제10-13송)

여기서 공성空性 혹은 법성法性이라고 말해지는 것은 승의와 동일한 의미이다. 그리고 앞에서 인용했던 다양성이 없는 승의는 직접 지각과 추론에 의해서 이해되는 것이 아니기 때문에, 승의의 이해를 위하여 직접 지각과 추론은 필요가 없는 것이 된다.

이와 같은 기술은 바비베카 등과 대립하고, 찬드라키르티를 높이 평가하는 아티샤의 자세와 일치하는 것처럼 보인다. 그러나 엄밀하게 말하면 이와 같은 『입이제론』의 승의에 대한 정의로부터 확실하게 알 수 있는 것은 자립논증파가 설한 승의의 구분이 거기서 설해지지 않고, 1차적인 승의의 이해에 직접 지각과 추론이 부정되고 있다는 사실뿐이다. 이미 『세소』 등을 통해서 확인했던 것처럼, 아티샤는 바비베카를 시작으로 하여, 샨타락시타와 카말라실라를 부정하지 않는다. 또한 세속에 대한 아티샤의 분류는 샨타락시타와 일치한다. 이처럼 일견 모순하는 것처럼 보이는 아티샤의 태도를 정합적으로 이해하기 위해서는 자립논증파인 그들에게 논리yukti가 작용하는 장에 해당하는 승의에 상응하는 2차적인 승의勝義가 어떤 것인가를 고찰할 필요가 있을 것이다. 그것은 근본적으로는 승의에 상응하는 2차적인 승의와 정세속正世俗의 관계가 어떤 것인가 하는 것이다.

바비베카가 정세속과 2차적인 승의의 관계를 분명하게 설명하는 문구는 발견되지 않지만, 샨타락시타는 『중관장엄론』에서 그 관계를 다음과 같이 말한다.

> '불생' 등도 정세속에 속하는 것이지만,
>
> 승의와 상응하는 것이기 때문에, 그것은 승의라고 말해진다.
> [그러나] 진실에 있어서 그 [승의]는 언어적 허구(prapanca 戱論)의 덩어리를 완전히 떠나 있다. (제70송)
>
> 승의제는 존재와 비존재, 생과 불생, 공과 불공 등의 모든 언어적 허구를 결여한다. [그러나] 불생 등은 그 [승의]에 들어가도록 하는 것에 상응하기 때문에 '승의'라고 가설되는 것이다. (一鄕[1985], p.168)

이와 같이 샨타락시타는 2차적인 승의가 본래는 정세속이라고 말한다. 또한 그가 그런 후에 바비베카의 『중관심론』을 인용한 것은 그가 바비베카의 2차적인 승의도 동일한 의미로 이해하고 있었음을 보여준다.

2차적인 승의가 정세속의 한 측면이라면, 아티샤의 이제설에 대한 이해도 이전과는 다르게 다가온다. 아티샤가 명시적으로 2차적인 승의를 설하지 않아도, 정세속의 어떤 곳에 2차적인 승의라고 할 수 있는 논리가 작용하는 영역이 있다고 생각하는 것이 가능해지기 때문이다. 앞에서 인용했던 정세속에 대한 아티샤의 정의와 『중관장엄론』의 정의에서는 '고찰되지 않는 한 승인할 만한 것'이라고 되어 있지만, 그것은 정세속의 양면성을 규정하는 것으로서, 정세속은 일단 4대 이유 등을 바탕으로 하는 논리에 의해서 고찰되어진 후에 부정되는 것이다. 본장에서는 아티샤 이전의 여러 논사의 이제설에 대해서 고찰할 수 있는 지면은 없기 때문에, 여기서 이와 같은 바비베카와 샨타락시타의 이제설에 대한 해석이 올바른지는 여기서 더 이상 논할 수 없지만, 그와 같은 해석이 가능하다면 아티샤의 이제설은 찬드라키르티보다 오히려 샨타락시타의 이제설에 가까운 것이 되고, 그의 이제설은 후기 중관파에게 대단히 일반적인 것이었다고 할 수 있을 것이다. 즉, 아티샤의 중관 이해는 후기 중관파의 일반적인 이해와 함께 찬드라키르티를 높이 평가하고 있다는 점에서 그 특징이 있다는 것이다.

아티샤가 본래의 승의가 복수가 아니고, 추론과 직접 지각에 의해서 증득되지 않는 것을 강조했던 것은 분명하다. 그것은 실천의 강조라는 아티샤의 성격을 잘 드러내고 있다. 그러나 그것은 아티샤가 모든 논리를 거부하고 실천만을 강조했다고 하는 것은 아니다. 관觀이라는 명상에 들기 전에는 이증(理証=論理)과 교증敎証에 의해서 확신을 가질 필요가 있고, 아티샤는 그 단계에서 자립논증과 귀류논증을 구별하지 않고 인정하였던 것이다. 그것이 바로 아티샤의 종합적인 측면이라고 생각할 수 있다.

6. 맺음말

아티샤가 찬드라키르티를 높이 평가했던 것은 사실이지만, 그것은 공성의 논증 방법 등에 근거한 중관파 내부의 구분에 기초한 것은 아니었다. 아티샤는 찬드라키르티를 한 단계 높이 평가하는 측면이 있지만, 그와 동시에 바비베카도 높게 평가하였다. 바비베카가 붓다팔리타를 비판하고, 찬드라키르티가 바비베카를 비판했다고 해도, 아티샤는 그것에 주의를 기울이지 않고 모든 중관파 논사들을 일괄해서 중관파로 파악하였다. 아티샤는 공성 논증 방법의 차이에 무게를 두지 않고, 중관파를 유식파에 대립하는 것으로서 종합적으로 파악하고, 그 속에서 특히 자신의 법통으로서 나가르주나, 아리야데바, 찬드라키르티, 바비베카, 샨티데바를 언급한 것이다. 거기에는 자립논증파와 귀류논증파라는 구분은 존재하지 않기 때문에, 방법론적인 자각이 있었던 바비베카나 찬드라키르티와는 완전히 다른 태도라고 말할 수 있다. 아티샤가 그와 같은 태도를 취한 이유 가운데 하나로 아티샤의 시대 인식이 거론된다. 그것은 5탁五濁에 물들은 시대에 자질구레한 논의에 시간을 낭비할 여유가 없다고 하는 생각이다.

그러나 그가 그와 같은 시대 인식만을 이유로 찬드라키르티와 바비베카를 일괄적으로 다루었던 것은 아니었을 것이다. 결국 아티샤는 어떤 형태로든 그들의 대립을 해소하고 있었을 것이라고 생각하지 않을 수 없는 것이다. 그럴 경우『중관보등론』이 참고가 되었으리라는 것은 지금까지의 연구에서 지적되어 왔지만,『중관보등론』자체가 충분하게 검토되었다고는 말하기 힘든 것이 현재의 상황이고, 아티샤와『중관보등론』의 관계는 더욱 검토가 필요하다. 아티샤가 자신의 법통 속에서 바비베카보다 찬드라키르티를 앞에 둔 것은『중관보등론』과 일치한다.『중관보등론』은 바비베카의 저술이라고 전해지면서도, 찬드라키르티를 인용하기 때문이다. 그러나 아티샤가『중관보등론』에 의지해서 그렇게 이해했던 것인가, 혹은 아티샤와『중관보등론』이 다만 동일한 전통 속에 있었던 것에 지나지 않는 것인가는 현시점에서는 결정하기가 힘들다.

한편 아티샤의 이제설이 후기 중관파에게 일반적인 것이었다고 한다면,『중관보등론』에 대해서도 동일하게 말할 수 있고,『중관보등론』보다 이전에 그 대립이 해소되었을 가능성도 있다. 그럴 경우 이제설과 마찬가지로 아티샤의 중관설도 후기 중관파의 일반적인 중관설에 찬드라키르티에 대한 높은 평가가 덧붙여진 것이라고 생각하는 것이 가능할 것이다. 그렇다면 어째서 아티샤가 찬드라키르티를 높이 평가했는가 하는 것이 문제가 되겠지만, 그것은 아직 검토가 가능한 단계는 아니기 때문에, 본장에서는 그 점에 대해서 다루지 못했다. 찬드라키르티가 새삼스럽게 중관파의 역사 속에서 높이 평가되어진 과정도 아직 분명하지 않다. 동시대의 프라즈냐카라마티도 아티샤와 마찬가지로 찬드라키르티를 자주 인용하기 때문에, 그 당시 찬드라키르티를 높이 평가하는 배경이 있었다고 생각되지만, 밀교자密敎者로서 등장하는 찬드라키르티와의 관계를 포함해서, 이후 그 배경을 분명하게 밝힐 필요가 있을 것이다. 그것을 통해서 아티샤의 찬드라키르티 이해, 나아가 아티샤의 중관설에 대한 연구가 더욱 진보할 것이 기대된다.

1 아티샤는 존칭이고, Dīpaṃkaraśrījñāna는 출가명이다. '아티샤'라는 호칭은 Eimer가 주장한 것이고 본고도 일단 그에 따른다. H. Eimer, *Berichte über das Leben des Atiśa*, Asiatische Forschungen, Band 51 (Wiesbaden, 1997), pp.17-22. Eimer 이전에는 티벳어의 음사 Atiśa로부터 상정된 'Atīśa'를 사용하는 것이 일반적이었다. Eimer는 그 음역 'phul du byuṅ ba'로부터 상정된 'atiśaya'를 통해서 'Atiśa'라는 존칭이 가능하다고 결론지었다. 필자는 존칭으로서는 'Atīśa'의 쪽이 어울린다고 느껴지고, 금후 다시 결론이 수정될 가능성도 있다고 생각되지만, 티벳어역의 음사로 'Atīśa'라는 형은 발견되지 않고, 'Atiśa'로 음사되는 것이 보통이라는 것은 분명하기 때문에 본고에서도 'Atiśa'를 사용하였다.

2 아티샤의 사상, 연대, 전기에 대해서는 다음 글들을 보라. 羽田野伯猷, 『チベット·インド學集成 第1巻 チベット篇 I』(法藏館, 1986); 동, 『チベット・インド學集成 第3巻 インド篇 I』(法藏館, 1987); 그리고 아티샤의 전기에 대해서는 H. Eimer, *Rnam thar rgyas pa, Materialien zu einer Biographie des Atiśa* (*Dipaṃkaraśrījñāna*), Asiatische Forschungen, 67 (Wiesbaden, 1979)를 보라. 그 밖에도 본고에서 망라하지 못한 아티샤 관련 연구에 대해서는 塚本啓祥·松長有慶·磯田熙文 編著, 『梵語佛典の研究 III 論書篇』(平樂寺書店, 1990), pp.299-303을 참고하라.

3 하다노 하쿠유우 羽田野伯猷에 의하면 '『보리도등』의 요체를 한마디로 말하면, 삼학 三學과 삼혜 三慧를 날줄과 씨줄로 삼고, 성문 및 연각의 바라제목차 波羅提木叉와 바라밀승 波羅蜜乘과 진언승 眞言乘의 삼승에 각각의 존재 가치를 인정하여 제자리를 찾도록 하고, 그 사이에 개재 介在하는 모순과 단층의 회통을 기획하고, 모든 불교를 궁극의 목적을 위해 합목적적이고 유효한 존재로 지양 止揚해서, 하나의 체계로 조직하여 도차제 道次第로서 파악하고자 하는 것'이고, 그것이 그대로 아티샤의 불교에 대한 자세라고 생각된다. 羽田野伯猷 再錄, 「衛へのアティーシャの招請」, 『チベット・インド學集成 第3巻 インド篇 I』(法藏館, 1987), pp.249-250, 羽田野伯猷 初出, 『高野山開創千百五十年記念密教學密教史論文集』(1965).

4 에지마 야스노리 江島惠教는 아티샤가 실천적 성격이 강한 찬드라키르티와 샨티데바를 높이 평가해서 실천을 중심으로 불교의 종합적인 체계를 구축하였다고 지적하고 있다. 江島惠教, 『中觀思想の展開－Bhāvavivekaの研究』(春秋社, 1980), p.248.

5 예를 들면 잠양세파('Jam dbyaṅs bźad pa, 1648-1722)는 아티샤를 귀류논증파로 분류한다. Katsumi Mimaki, *Blo gsal grub mtha'* (Kyoto, 1982), pp.29-30.

6 나가시마 준도 長島潤道의 다음 논문들을 참고하라. Jundo Nagashima, "The Distinction between Svātantrika and Prāsaṅgika in late Madhyamaka : Atiśa and Bhavya as Prāsaṅgikas", *Nagoya Studies in Indian Culture and Buddhism*, Saṃbhāṣā 24 (2004), pp.65-98; 長島潤道, 「後期中觀派の歸謬派の系譜」, 『松濤誠達先生古稀記念梵文學研究論集』(東京 : ラトナ・コーポレーション株式会社大祥書籍, 2007), pp.377-402. 본장에서 다루는 자료는 대부분 이미 제시했던 것들이고, 하나하나 주석을 달지는 않았지만, 번역에 있어서도 위에 제시한 나가시마 長島潤道와 에지마 江島惠教의 연구를 주

로 참고하였다.

7 아티샤는 적어도 이 문맥에서는 유식보다 뛰어난 것이라는 의미로 'dbu ma chen po'라고 설하고 있다고 보이기 때문에 '위대한 중中'이라고 번역했다. 이것이 중관파를 분류하고 그중에서 특히 뛰어난 것이라는 의미는 아니라는 점에 주의해야 한다.

8 여기서 아티샤가 바비야라고 부르는 인물은 바비베카 Bhāviveka를 말한다. 다른 곳에서는 'Bhavya sNaṁ bral'로 되어 있는 곳도 있다. 아티샤는 티벳대장경에서는 바비베카의 저술이라고 전해지지만, 현재의 학계에서는 바비베카의 진작眞作으로 인정되지 않는 『중관보등론 *Madhyamakaratnapradīpa*』과 『중관의집 *Madhyamakārthasaṃgraha*』의 번역에도 관여하였다. 아티샤가 생각하는 Bhavya는 우리들이 생각하는 6세기의 바비베카 淸辯과 동일하지는 않다고 생각되지만, 여기서는 아티샤가 생각하는 바비베카도 '바비베카'로 통일해서 번역하고, 참고를 위하여 괄호에 원어를 넣는 것으로 하였다. '바비베카'의 명칭에 대해서는 江島惠教, 「Bhāvaviveka/Bhavya/Bhāviveka」, 『印度學佛教學研究』 38-2(1990), (98)-(106)쪽을 참고하라.

9 江島惠教, 『中觀思想の展開－Bhāvavivekaの研究』(春秋社, 1980), 특히 pp.239-248; 동, 「アティーシャの二眞理說」, 『龍樹教學の研究』(大藏出版, 1983), pp.359-391; Jundo Nagashima, "The Distinction between Svātantrika and Prāsaṅgika in late Madhyamaka : Atiśa and Bhavya as Prāsaṅgikas", *Nagoya Studies in Indian Culture and Buddhism*, Saṃbhāṣā 24 (2004); 長島潤道, 「後期中觀派の歸謬派の系譜」, 『松濤誠達先生古稀記念梵文學研究論集』(東京 : ラトナ·コーポレーション株式会社大祥書籍, 2007); 그리고 宮崎 泉, 「アティーシャの論理學に對する立場」, 『哲學研究』 580(2005), pp.15-37을 참고하라.

10 아티샤가 설하는 '4대 이유'에 대해서는 江島惠教, 『中觀思想の展開－Bhāvavivekaの研究』(春秋社, 1980)가 상세하다.

11 『보리도등』 I. 206. 『보리도등』의 게송에는 Eimer가 제시한 게송 번호를 사용하였다. Helmut Eimer, *Bodhipathapradīpa : Ein Lehrgedict des Atiśa(Dīpaṃkaraśrījñāna) in der tibetischen Überlieferung*, Asiatische Forschungen, Band 59 (Wiesbaden, 1978).

12 sNaṅ bral이라는 번역으로부터는 Bhāvivikta라는 산스크리트어를 상정할 수 있다.

13 이 언급에서는 『중론』에 대한 8대 주석과 『반야등론』에 대한 2개의 복주가 거론되는 것으로도 잘 알려져 있다.

14 『입이제론』에 대해서는 江島惠教, 「アティーシャの二眞理說」, 『龍樹教學の研究』(大藏出版, 1983)과 Chr. Lindtner, "Atisa's Introduction to the Two Truth, and its Sources", *Journal of Indian Philosophy* 9, no.2 (1981), pp.161-214를 보라. 게송번호는 江島惠教, 「アティーシャの二眞理說」(1983)에 따랐다.

15 이것은 『중관심론』의 장역藏譯에만 있고, 현존 산스크리트로는 존재하지 않는 게송이기 때문에, 그런 점에서는 주의가 필요하지만, 『현관장엄론광명 *Abhisamayāṃkārālokā*』에도 인용되어 있는 유명한 게송이다. 江島惠教, 「アティーシャの二眞理說」(1983), 주 18)을 보라.

16 『세소』 D269a7-b1; P310b8-311a1에는 『입중론』 제16장 제4송의 인용이 있다.

17 『개보협 開寶篋』 D110b6-7; P123b7-8.

18 『개보협』 D115a2-5; P130a6-b1.

19 아티샤는 『중관심론』의 게송도 『중관사택염 *dBu ma rtog 'bar ba*』의 이름으로 인용한다. 『세소』 P317b8-318a1; D275a6-7.

20 『개보협』 D108a2-5; P120a6-b3.

21 Jundo Nagashima, "The Distinction between Svātantrika and Prāsaṅgika in late Madhyamaka : Atiśa and Bhavya as Prāsaṅgikas", *Nagoya Studies in Indian Culture and Buddhism*, Saṃbhāṣā 24 (2004), p.85; 長島潤道, 「後期中觀派の歸謬派の系譜」, 『松濤誠達先生古稀記念梵文學研究論集』(東京 : ラトナ・コーポレーション株式会社大祥書籍, 2007), pp.385-386.

22 『중관보등론』의 저자명은 Bhavya, 『중관의집』의 저자명은 Legs ldan 'byed라고 되어 있지만, 모두 바비베카에 대한 호칭이다.

23 江島惠敎, 『中觀思想の展開－Bhāvavivekaの硏究』(春秋社, 1980), pp.243-246.

24 『보리도등』에는 4대 이유에 대한 게송 다음에 '논서가 커지기 때문에 여기서는 상세하게 설명하지 않는다. 이미 논증된 교의만을 수습修習을 위해서 설명한 것이다.'(BPP II. 213-216)라고 말하고 있고, 그에 대해서 『세소』는 '여기서는 위대한 우리 중관의 교의는 이와 같다고 말한 것뿐이고, 교의를 상세하게 적지는 않는다. 경험하고 싶다고 바라는 유가행자들에 대해서 짧게 요약해서 쓴 것이기 때문이다.'(D281a4-5; P324b7-8)라고 주석하고 있다.

25 이곳은 Klu sgrub slob ma Zla grags yin이라고 되어 있어서 읽기가 어렵다. 에지마江島는 이 번역처럼 읽었지만, 『보리도등세소』의 법통과 앞에서 인용한 문구를 참고로 하면, '나가르주나와 [직]제자 (아리야데바)와 찬드라키르티이다.'라고 읽어야 할지도 모른다. 그렇다면 법통에 가깝게 되고, 바비베카 이후의 법통이 생략되어 있을 뿐이라고 생각하는 것도 가능하다.

26 『개보협』 D113a1; P126b1-2, …… slob dpon lna bos mdzad pa'i dbu ma'i gźuṅ de dag ni dbu ma'i gźuṅ thams cad kyi phyi mo yin no // dbu ma'i gźuṅ thams cad kyi rtsa ba yin pas 'gran zla med pa yin no //

27 여기서 마티치트라와 칸바라가 궁극의 중관 논서의 저자로서 거론되는 이유로서, 나가시마長島는 『중관보등론』을 키텍스트로 상정하고 있다. 분명히 그와 같은 상정도 가능하지만, 『중관보등론』의 직접적인 영향이라고 단정하기 위해서는 세밀한 검토가 필요하다고 생각된다.

28 '관觀'을 무분별無分別이라고 하는 것은 일반적인 이해와는 다르지만, 그것은 아티샤의 직접적인 스승인 보디바드라에 따른 것이다. 이 점에 대해서는 宮崎 泉, 「アティ―シャの論理學に對する立場」, 『哲學研究』 580(2005), pp.28-29을 참고하라.

29 江島惠敎, 「アティ―シャの二眞理說」, 『龍樹教學の研究』(大藏出版, 1983); Jundo Nagashima, "The Distinction between Svātantrika and Prāsaṅgika in late Madhyamaka : Atiśa and Bhavya as Prāsaṅgikas", *Nagoya Studies in Indian Culture and Buddhism*, Saṃbhāṣā 24 (2004); 長島潤道, 「後期中觀派の歸謬派の系譜」, 『松濤誠達先生古稀記念梵文學研究論集』(東京 : ラトナ・コーポレーション株式会社大祥書籍, 2007)을 참고하라. 아티샤의 이제설에서 발견되는 문제점에 대해서는 다음 논문이 그 요점을 논하고 있다. 宮崎 泉, 「アティシャの二諦說再考」, 『印度學佛教學研究』 58-1(2009), (128)-(132)쪽.

30 에지마 江島는 제1구 'bstan pa'i tshig gis sbyor ba yis //' 가운데 'tshig gis sbyor ba'를 '합성어 해석'(vigraha, tshig sbyor ba)으로 해석하여, 바비베카 비판을 의식하고 있는 것처럼 보인다. 그러나 필자는 승의가 불생불멸 등의 언어로 표현되는 것을 보이고 있을 뿐이라고 생각하여, '언어 tshig와 결합함 sbyor ba'이라고 나누어서 번역하였다. 한편 Lindtner는 By applying (°prayogena) explanatory terms이라고 말한다.

31 즈냐나가르바와 샨타락시타가 설하는 이제설은 후기 중관파에게 있어서 전형적인 것이고, 바비베카의 저술로 전해지는 『중관의집』과도 일치한다. 그러므로 아티샤에게 가장 영향을 준 저술로서 『중관의집』을 상정하는 것도 가능할지 모르지만, 아티샤의 저술에서 『중관의집』에 대한 직접적인 언급은 발견되지 않으므로, 여기서는 주로 샨타락시타설을 사용해서 논한다. 『중관의집』도 '이문승의 異門勝義'라는 명칭으로 2차적인 승의를 인정하고 있고 논지는 다르지 않다.

32 원전은 이치고 마사미치 一鄕正道의 교정본을 사용했다. 一鄕, 『中觀莊嚴論の硏究－シャンタラクシタの思想』(文榮堂, 1985).

제7장

티벳의 중관사상

요시미즈 지즈코

1.
머리말

21세기에 들어 티벳의 불교 연구는 새로운 국면을 맞이하였다. 지금까지 알려지지 않았던 불교후전기 佛教後傳期 초기(10-13세기)의 1차 자료 발견에 의해서 카담파 계통의 많은 문헌이 참조 가능하게 되었기 때문이다.[1] 중관사상의 관점에서 보면 이 후전기 초기는 큰 전환점에 해당한다. 실체적 존재의 유무 有無를 전제로 해서 기능하는 언어 표현의 허구성을 철저하게 추구한 나가르주나 Nāgārjuna(2세기)의 『중론 *Madhyamakakārikā*』에서 시작한 중관 철학은 그 후의 역사적 전개 속에서 다음과 같은 문제와 만나게 되었다. 그것은 현상의 진실한 존재 방식을 언어 표현에 입각한 논리에 의해서 밝히는 것이 가능한가, 그렇지 않은가에 대한 문제였다. 이 문제는 티벳에서 찬드라키르티 Candrakīrti(7세기)의 저술에 대한 번역을 시작으로 하여 11세기에 표면으로 떠올랐다. 불교전전기 佛教前傳期에 티벳에 최초로 중관사상을 전했던 샨타락시타 Śāntarakṣita(?-787?)와 카말라실라 Kamalaśīla(?-797?) 사제 師弟는 불교 내외의 여러 사상을 체계적으로 탐구한 나란다 승원 계통의 학승으로서, '일체법 무자성'이라는 교의의 증명에 논리학적 방법을 구사한 중관파 논사였다. 그러나 찬드라키르티의 『명구론 *Prasannapadā*』이 파찹 니마닥 Pa tshab Nyi ma grags(1055?-1145?) 등에 의해서 티벳어로 번역되자 중관파 중에서 일찍이 논리학적 방법을 받아들인 바비베카 Bhāviveka(6세기)에 대한 비판이 알려지게 되고, '중관파에게 주장 명제 pratijñā는 없다.', '중관파는 자립논증 svatantrānumāna을 사용하지 않는다.'고 하는 찬드라키르티의 학설이 주목받게 되었다(Pr p. 16).[2] 그 후 티벳인은 바비베카와 샨타락시타 계통을 '자립(논증)파'(Rang rgyud pa, *Svātantrika), 찬드라키르티 계통을 '귀류(논증)파'(Thal 'gyur ba, *Prāsaṅgika)로 구분하게 되었다.[3] 이는 당초 티벳인에게 '전통'이었던 자립파 계통의 중관사상과 새롭게 소개된 찬드라키르티의 중관사상의 대립을 의미하는 것이었다.

이후 겔룩파의 개조 쫑카파 Tsong kha pa Blo bzang grags pa(1375-1419)가 찬드라키르티의 사상을 재해석하고 거기에 논리학적 수법을 결합하면서도, 자립파와의 사이에 존재론적인 차이를 부각시켜서 귀류파 우위의 체계를 확립하였다. 이로부터 문제는 쫑카파에 반대한 사캬파의 학자들과 쫑카파의 제자들 사이에 찬드라키르티의 사상 해석에 대한 것으로 발전하였으며, 그와 동시에 찬드라키르티의 중관사상이야말로 최고의 것이라는 평가가 정착하고, 자립파 계통의 중관 학설에 대한 관심은 약해졌다.[4] 15세기 이후 그들의 논의 가운데 주목해야 할 것은 쫑카파가 파찹의 계승자인 후전기 後傳期 초기 카담파 계통의 중관 논사들에 의한 찬드라키르티 해석을 비판함에 대하여, 사캬파는 한결같이 찬드라키르티의 해석을 높이 평가하여 정통설로 삼았다는 사실이다.[5] 그러나 이제 1차 자료의 결락에 의해 알려지지 않았던 파찹 계통 중관 논사들의 사상이 드러나 있고, 또한 찬드라키르티의 사상을 비판했던 상푸 승원의 대논리학자 차파 최키셍게 Phya pa Chos kyi seng ge(1109-1169)의 저술도 접근이 가능해졌다. 그러나 그들에 대한 연구는 이제 겨우 시작되었을 뿐이다.[6] 그러므로 여기서는 그에 대한 연구가 전개된 이후 그려지게 될 인도와 티벳의 중관사상사의 모습을 염두에 두면서, 더욱 정확한 이해를 얻기 위하여 우리들이 어떤 문제를 고찰해야 하는가를 논해보도록 하겠다.

2.
중관사상과 논리학

우리들은 일상생활에서 항상 현상을 식별하고 언어로 표현하고 있다. 예를 들면 '씨앗으로부터 싹이 돋았다.'라고 말한다. 그러나 종자와 싹은 개체로서 다른 사물이 아니고, 현실의 변화에서 씨앗이 소멸하고 나서 싹이 출현하는 것도 아니다. 또한 '봄이 가고 여름이 왔다.'라고 말하지만, 봄과 여름도 별개의 실체로서 존재하는 것은 아니다. 씨앗과 싹, 봄과 여름의 경계는 사람의 지각 경험에 의해서 정해진다. 그와 같이 언어 표현은 서로 다른 형상의 지각에 기초해서 개별적인 사물을 식별하고, 그 각각의 자성(svabhāva 본래적인 독자의 존재 방식)을 상정하면서, 지각 대상의 유무 有無와 생멸 生滅에 의해서 변화를 나타내지만, 그와 같은 자성의 생멸과 유무는 현실 세계에서는 일어나지 않는다. 그러므로 나가르주나는 언어와 관념의 허구성을 지적하면서, 진실은 희론 prapañca을 초월한 것으로서, 언어 표현 불가능한 것이라고 설했던 것이다(MMK 18.7, 9).[7] 따라서 그는 연기 pratītyasamutpāda, 혹은 공성 śūnyatā이라고 부르는 진실을 이해시키기 위하여 '불생불멸 不生不滅'(MMK 1.1), '비유비무 非有非無'(MMK 15.7) 등의 부정적인 표현을 사용하였다. 결국 중관파가 세속 saṃvṛti의 언어 표현 vyavahāra을 사용해서 승의 paramārtha의 진실을 밝히려고 하면, 그것은 부정의 언어 표현이 되는 것이다.

1) 중관파에게 주장 명제는 있는가?

이 문제는 '부정 명제를 세워서 그것을 논증해야 하는가?'의 문제이다. '주장 명제 pratijñā'란 '논증되어야 할 것 sādhya'의 제시이다. 그러나 자신에게 논증해야 할 사물이 없고, 대론자가 진실이라고 생각하는 사물을 부정할 뿐이라면, 그와 같은 부정은 타설 他說에 의존해서 일어날 뿐이고, 자설 自說에 의존한 추론식 svatantrānumāna이 되지는 않는다. 그러므로 대론자의 오류를 지적해서 prasaṅga 그것을 부정하는 것이 귀류파이다.[8] 이에 대해서 부정을 스스로 논증해야 할 것이라고 이해하여, 주장명제를 들어서 증명하는 것이 자립파이다. 양쪽 모두에게 공통인 것은 그들의 부정이 '정립적 부정'(定立的 否定, paryudāsapratiṣedha, ma yin dgag)이 아니라, '비정립적 부정'(非定立的 否定, prasajyapratiṣedha, med dgag)이라는 사실이다. 예를 들면 '자신으로부터 생하는 것의 부정'이 그 반대인 '타자로부터 생하는 것의 긍정'을 함의하는 것은 아니라는 것이다.

2) 부정의 의미

나가르주나에 따르면 부정되어야 할 것은 자성을 전제로 한 '생멸 生滅'과 '유무 有無'라는 대립 개념의 양쪽 모두이다. 그러나 중관파가 논박해야 할 대상은 오직 실재론이기 때문에, 유의 부정이 중관파의 중심 과제가 된다. 티벳인이 공부한 중관파의 부정 대상은 무엇보다도 '자성의 유 有'였다. 그것은 샨타락시타와 카말라실라의 이일다성 離一多性에 의한 무자성성 niḥsvabhāvatā 논증을 통해서 부정된다. 그리고 티벳의 논사들은 그들의 중관 학설을 통해서, 혹은 후전기 초기에 불교 철학의 원천이 되었던 카슈미르 지방의 학자들을 통해서,[9] 찬드라키르티의 저술이 수입될 당시에 이미 완벽할 정도로 불교 논리학에 정통해 있었다. 그와 같은 시대 상황은 그들에게 부정의 의미를 다시 생각하도록 했다. 논리학의 모순율과 배중율에 따르면, A의 부정을 통해서 비 非A가 성립하며, 그 중간에 제3의 선택지는 있을 수 없다. 그러므로 단일성과 다양성(=非單一性)을 떠난 자성은 있을 수 없고, 이일다성에 의한 무자성성 증명이 유효한 것이다(MAlv D56b7f., MĀ D191a4f.). 그러나 그와 같은 논리학의 규칙에 따르면, 설령 그것이 '비정립적 부정'이라고 해도, 유자성의 부정에 의해서 '자성의 부정', 즉 '무자성인 것'이 긍정적으로 성립하게 된다. 그와 같은 귀결은 논증 대상을 세우지 않고 부정만을 행하는 귀류파에게도 해당된다. 카담파의 귀류파 계통 중관 논사들은 그와 같은 문제의 해결에 몰두하여 '부정(되는 것)의 무 無'(bkag pa med pa)를 주장했다. '부정뿐'인 것도 논증의 대상은 아니라는 의미이다. 파찹는 『중론주』(*dBu ma rtsa ba shes rab kyi ti ka* 11a9 p.49)에서 '우리(=중관파)는 부정뿐이라는 논증되어야 할 것도 승인하지 않는다. 부정 대상인 자성이 성립하지 않으면, 부정(되는 것)도 인정되지 않는다.'라고 말한다. '부정의 부정', 즉 '이중 부정'은 논리학의 규칙에 따르면 긍정을 의미하지만, 파찹의 제자인 샹탕삭파(Zhang Thang sag pa 'Byung gnas ye shes / Ye shes 'byung gnas, 12세기)는 그것을 피하기 위하여 '어떤 것도 아닌 것 ci yang ma yin'이라는 표현을 사용하면서, 이것이야말로 중관파에게 있어서 진실한 '비정립적 부정'이라고 정의하였다(*dBu ma tshig gsal gyi ti ka* 11a4).[10] 이것이 후대 쫑카파에 의해서 비판되고, 고람파 Go rams pa bSod nams seng ge(1429-1489)에 의해서 옹호된 '이변중관설(離邊中觀說 mtha' bral dbu ma)'이다.

3) 이변중관설과 그에 대한 비판

'이변중관설'이라는 명칭은 고람파의 저술 『견해의 변별』(*lTa ba'i shan 'byed* 8a3-8b6)에서 파찹로부터 샹탕삭파 등을 거쳐 사캬파에 전해진 정통 중관설을 가리키는 것이라고 말해진다. 본래 중관인 이상 유무有無와 단상斷常 등의 양 극단을 떠나야 하는 것은 당연하지만, 고람파는 여래장사상을 설하는 조낭파 Jo nang pa의 돌포파 Dol po pa Shes rab rgyal mtshan(1292-1361)에 의한 타공설(他空說, 승의의 진실은 세속의 성질에 대해서는 공이지만, 그 자신은 상주 견고한 실재라고 설하는 학설)을 '상변중관설常邊中觀說', '비정립적 부정'(=부정뿐인 것)을 승의의 진실이라고 주장하는 쫑카파의 설을 '단변중관설斷邊中觀說'이라고 비판하고, 그들에 대해서 부정도 떠남을 설한다는 의미에서 '이변중관離邊中觀'이라는 호칭을 사용하였다.[11] 그 성패成敗는 별도로 하더라도, 카담파의 이변중관설은 모순율과 배중율에 지배되는 논리학의 그물로부터 벗어나고자 하는 시도라고 할 수 있다. 그러나 쫑카파는 귀류파의 학설을 따르면서도 논리의 원칙에 머물고자 했다. 카담파의 이변중관설을 비판했던 것은 쫑카파가 최초는 아니다.[12] 돌포파에게서도 유사한 비판을 발견하는 것이 가능하다. 그는 고람파의 저술과 동일한 제목을 가진 저서 『견해의 변별』(*lTa ba shan 'byed* 38b2ff. p.680)에서, '이변離邊'이란 '무無의 극단'과 동일하다고 비판하고, '부정의 부정에 의해서 긍정이, 긍정의 부정에 의해서 부정이 성립한다.', '존재와 비존재 이외에 제3의 선택지는 없다.'라는 논리학의 규칙을 제시하면서, '그대는 아무것도 증명할 수 없고, 아무것도 부정할 수 없다.'라고 엄격한 비판을 가했다. 여래장사상가라고 말해지는 돌포파에게서 그와 같은 논리학적 사고를 중시하는 자세를 발견할 수 있는 것은 그 시대의 학문 기반에 논리학이 침투해 있었음을 잘 보여주는 것이다.[13]

4) 티벳 중관사상의 기반

티벳불교가 그 독자적 발전을 시작한 것은 불교후전기 佛教後傳期이다. 10-11세기에 걸친 계율 부흥 운동, 인도의 비크라마실라에서 초빙받은 아티샤Atiśa(982-1054)의 입장 入藏, 그리고 산스크리트어 원전에 대한 티벳어 번역의 재개, 새로운 승원의 건립, 그리고 여러 종파들이 생겨나면서, 14세기에는 대장경이 편찬되었다. 유식사상, 여래장사상, 밀교 등도 이 시기에 본격적으로 연구되기 시작하였다. 그 무렵 인도에는 이슬람 교도의 침입을 피해서 카시미르와 네팔 등에서 도피해 온 불교도도 많아서, 그들이 티벳인들의 학문적 원천이 되었고, 그와 함께 티벳인들의 사이에서 '우리는 불교를 계승하고 수호하는 자들'이라고 하는 기개가 생겨나면서, 독창적인 저술도 활발하게 행해지게 되었다. 그중에서도 현교 顯教의 중심으로서 1073년에 건립된 상푸 네우톡gSang phu sNe'u thog 승원이[14] 낳은 대학자 차파는 그 상징일 것이다. 자립논증파의 중관 학설을 따르고, 티벳에서 논리학의 기초를 확립한 차파는 중관사상의 발전에도 크게 공헌하였다. 자립파 중관 학설의 대립항으로 각광을 받았던 찬드라키르티의 소위 귀류파 중관사상도 논리학과 그에 의거한 자립파 중관사상을 기반으로 해석되어 발전하였다. 우리들은 샨타락시타와 카말라실라가 티벳에 뿌렸던 무자성성 논증의 씨앗을 결코 과소평가해서는 안 될 것이다. 그것은 귀류파 학설 속에도 받아들여져 유지되었다.

카말라실라는 그의 저서인 『중관광명론*Madhyamakāloka*』에서 '이일다성에 의한 무자성성 논증'이 귀류논증식 prasaṅgasādhana과 자립논증식의 어느 쪽이라고 해도, 부정 명제의 가언적 논증이 내포하는 논리학적 결함을 극복하면서 성립할 수 있음을 보여주었다(MĀ D215b2-217b2).[15] 또한 중관파에서 사용되었던 무자성성 증명의 다른 이유인 사불생四不生과 연기 등도 포함하면서, 그것들을 논증 대상sādhya과 논증인sādhana의 변충 관계vyāpti에 기초해서 논리학의 규칙을 이탈하지 않는 논식으로 통합하였다.[16] 중관파에 의한 '(비정립적) 부정'이 실재론자가 구상하는 실재의 '부정(뿐)'(rnam par bcad pa [tsam], vyavaccheda[mātra])의 '긍정 sgrub pa'이라고 명언했던 것도 카말라실라였다(MĀ D172a6f., 217b2f.).[17] 그 이후 귀류이든 자립이든 부정을 행하는 중관파의 모든 논증은 논리학의 규칙을 무시하면서 설하는 것은 불가능하게 되었다.[18] 카말라실라의 『중관광명론』은 즈냐나가르바Jñānagarbha(8세기)의 『이제분별론*Satyadvayavibhaṅga*』, 샨타락시타의 『중관장엄론*Madhyamakālaṃkāra*』과 함께 티벳에서는 '동방삼서'(東方三書 dbu ma shar gsum)라고 불리면서 존중되었고, 차파도 그에 대한 해설서를 저술하였다.[19] 특히 카말라실라는 삼예 종론의 승자라고 전해지는 논객이었기 때문에, 그의 책은 후전기 초기에 있어서도 계속해서 연구되었을 것이다. 티벳를 방문했던 아티샤는 『중관광명론』의 산스크리트 원본을 삼예 승원에서 발견했다고 전해진다.[20]

그러나 한편으로 중관사상가들에게는 처음부터 지속되어 온 또 다른 근본 교의가 있다. 중관의 '중'이란 유무有無의 양 극단을 떠난 것이고, 그와 같은 승의의 진실은 희론을 떠나 있기 때문에 언어 표현이 불가능한 것이라는 학설이다. 그것은 언어와 개념의 결속에 의해서 성립하는 언어 세계의 논리학과는 완전히 다르다. 그 두 가지를 융합시키는 방법은 언어와 논리의 세계를 세속世俗, 이희론離戱論의 세계를 승의勝義라고 설정하는 것이다. 이제설에 대한 해석은 인도와 티벳에서 중관사상의 근간에 물음을 던진다. 이제 그 문제를 고찰해보도록 하자.

3.
이제설과 연기

1) 승의이희론이란 무엇인가?

'승의이희론 勝義離戱論'이란 나가르주나 이래 정해진 중관 학설이라고 말할 수 있지만, 그것도 언어로 표현된 것이기 때문에 그것이 의미하는 바에는 변천이 있었다. 그것을 논리학에 기반을 둔 사상적인 환경에서 정의하면, '생멸'이나 '유무' 등의 대립 개념 및 모순율과 배중율을 벗어난 것이다. 중관적 표현으로 말하면, '사구분별(四句分別 catuṣkoṭi, mtha' bzhi)', 즉 개념적으로 구상된 것을 떠난 것이라고도 말할 수 있다. 샨타락시타는 『중관장엄론』에서 '무자성성 논증'에 의해서 실재론적 사고를 물리친 후 마지막으로 '승의이희론'을 언급한다. 그는 『중론』 제1장의 '불생'의 교설도 승의가 아닌 실세속(實世俗 yang dag kun rdzob)이며(MAl 70, MAlv D73a2f.), 부정 대상인 '발생'은 본래 존재하지 않으므로, 그것을 부정하는 말인 '불생'도 분별에 의존한 세속이라고 그 이유를 설한다(MAl 71, 72). 카말라실라는 그것을 주석하면서 '승의로서 발생이 부정되었기 때문에 불생 不生이 설정되는 것이 아닌가?'라는 반론을 삽입하고 있다(MAlp D120a6). 그러나 자립파 논사들에 있어서도 분별에 의해서 구상된 개념은 설사 진실을 표시한다고 해도 세속인 것이다.[21]

아마 이와 같은 견해를 받아들이고 있었을 것이다. 이변중관설을 따르는 논사 상탕삭파도 '배중율에 따르면 발생의 부정에 의해서, [중관파에게] 불생이라는 주장 명제가 성립하는 것이 아닌가?'라는 반론에 대하여 '구상되어진 것만의 불생이 성립한다고 해도 [실재를 증명하는] 주장 명제는 되지 못한다.'라고 답하고 있다

(dBu ma tshig gsal gyi ti ka 10b3f.). 그러나 이 '구상되어진 것만의 불생'조차도 자신의 논증 대상으로 삼지 않는 것이 이변중관설이다. 샹탕삭파는 언어에 의한 부정, 즉 개념적인 부정조차 버린 것을 '어떤 것도 아닌 것 ci yang ma yin'이라고 말했다. 그것이 '승의이희론'이다. 그러나 그렇게 해서 얻어진 '승의'도 생각할 수 있는 선택지를 모두 부정한 논리적 귀결이기 때문에, 부정 개념까지 버렸다고 해도 아직 논리의 범주 속에 있는 것이 아닐까? 'A와 비A의 부정'을 버린 '부정의 무 無'도 또한 '유무 有無'의 범주 속에 있다. '어떤 것도 아닌 것'도 언어상으로는 '어떤 것'의 부정이기 때문이다. 언어를 사용하는 이상 '유와 무' 및 '긍정과 부정'의 사고 형식을 벗어날 수는 없다. 거기서 벗어나기 위해서는 침묵밖에는 없다. 그러므로 후대의 고람파는 '정리 正理'에 의해서 고찰함으로써 사구 四句의 희론을 버린 것'을 '수순승의(隨順勝義 don dam rjes su mthun pa)', 성자가 명상에서 '사구 四句의 희론을 모두 버리고, 대상인 법성 法性과 인식인 지 知가 하나가 되고, 그것이 승의라는 파악조차 없는 경지를 실현한 것'을 '진정한 승의 don dam mtshan nyid pa'라고 불렀던 것이다(*lTa ba'i shan 'byed* 39b5-40a2). 이변중도설이 설하는 '승의'란 그와 같이 논리의 그물을 논리의 가위로 끊고, 마지막에는 그 가위도 버리고 삼매의 경지에 들어간 최종적인 '승의이희론'을 말하는 것이다.

한편 쫑카파는 진정한 승의가 그와 같이 성자의 무분별 삼매의 경지가 되어서 대상으로서 불분명하게 되는 것을 비판하였다. 쫑카파의 중관사상은 귀류파를 내세우면서도, 샨타락시타와 카말라실라의 '무자성성 논증'이라는 논리로의 회귀를 강하게 느끼게 한다. 쫑카파는 최후에는 그것들도 분별로서 세속에 포함시킨 '비정립적 부정'에 의한 '자성의 부정뿐인 것'을 반야 지혜의 대상(=승의의 진실)으로 삼고,

그것이 논증 대상으로서 모순율과 배중율이라는 논리적 규정에 따르는 '부정의 긍정'이 되는 것은 자립파와 귀류파에 공통한다고 말한다(*Lam lim chen mo* 383a3f, 386a5f., *Rigs pa'i rgya mtsho* 26a1f.). 그는 그런 방법으로 찬드라키르티에 대한 이변중관설적인 해석을 물리치고, 귀류파의 학설에 논리학적 고찰을 통한 승의의 정립을 도입하였다. 그리고 자립파와 귀류파의 상위에 대해서, 전자는 언설(=世俗)로서 자성(rang bzhin, svabhāva), 혹은 자상(rang mtshan, svalakṣaṇa)의 존재를 가假로 승인하고, 후자는 승인하지 않는다고 하는 존재론적 입장에서 구했던 것이다. 또한 쫑카파는 자립논증의 의미를 '올바른 인식 수단(pramāṇa, tshad ma)에 의해서 성립하는 자상의 존재有'를 전제로 한 논증이라고 재해석하여, 그것의 존재를 전제로 하지 않는 귀류파에게 정립적 논증의 사용을 가능하게 하였다.[22] 또한 그는 '승의이희론'에 대해서, 진실을 직접 지각하는 인식의 측면에서 언어에 의한 분별은 일어나지 않기 때문에, 유무有無 등의 희론을 떠나 있다고 말해지는 것이고, 승의가 인식과 언어의 대상이 되지 않는다는 의미는 아니라고 설했다(*dGongs pa rab gsal* 125b2ff., 126a4ff.).[23] 그렇다면 어떻게 해서 '유무'의 이변을 떠나 있는 것인가? 그에 의하면 '이변중관mtha' bral dbu ma'의 진정한 의미는 일체법 무자성이라는 승의를 이해해서, 유有의 극단에 빠지지 않고, 세속으로서 인과의 작용을 설정해서, 무無의 극단에 빠지지 않는 것이라고 한다(*Lam rim chen mo* 356a5-356b3). 즉 그는 끝까지 '유인가, 무인가?'라는 배중율에 머물렀던 것이다.

이처럼 티벳 중관사상가들에게 논의의 출발점은 귀류법에 의한 발생의 부정, 혹은 자립논증에 의한 자성의 부정을 통한 승의의 탐구이고, 그것은 또한 부정 대상과 부정 언어에 대한 고찰이었다. 부정되는 대상은 '자성'이나 '자아' 등 잘못 구상된 것이다. 본래 존재하지 않는 것을 부정한 후에는 타공설他空說을 취하지 않는 한 '부정의 유有'는 인정되지 않는다. '비정립적 부정'으로부터 다른 사물의 긍정은 도출되지 않기 때문이다. 남은 것은 '무자성'과 '무아'라는 개념이지만, 그것도 버려진 무경無境의 경지일 뿐이다. 쫑카파는 전자를 택하고, 이변중관론자는 후자를 택했다. 그러나 그것이 중관파에 있어서 '희론을 떠난 승의'라면, 우리들은 자성이 없고, 혹은 있는 것도 없는 것도 아닌, 언어에 의해서 표현 불가능한, 어떤 존재 방식으로 존재하고 있는 것인가? 공이고 무자성인 존재 방식으로 존재하고 있다면, 그것은 인연에 의해서 일어나고, 변해간다고 하는 '연기'라는 존재 방식이 아닌가? 나가르주나는 『중론』의 귀경게에서 '불생 불멸이고, 희론 적정인 연기를 불타가 설했다.'라고 설하지 않았던가? 그러나 티벳에서는 '희론을 떠난 승의의 존재 방식'이 연기라는 설은 발견되지 않는다.

2) 세속으로서의 연기

연기는 승의의 진실인가, 세속의 진실인가? 나가르주나가 『중론』 제24장 제18송에서 '연기인 것은 공성이다.'라고 설한 이래, '연기하는 것'은 공이라고 말해져 왔다. 그러나 중관사상사에서는 일찍부터 '연기'는 세속이라는 이해가 정착되었다. 만약 두 가지 독립 자존하는 자성 A와 B를 전제로 하여, 일상적으로 표현되는 것처럼 인과 관계를 'A에 의해서 B가 생하고, A가 멸하면 B가 멸한다.'라고 생각한다면 그것은 연기가 아니다. 그것은 『중론』 제1장에서 부정되었던 그대로이다. 그러나 나가르주나에게 귀착되는 『공칠십론 *Śūnyatāsaptati*』 제70송에서는 이미 그런 구별을 망각한 것처럼, 연기를 세간에서 말하는 인과因果와 동일시하고 있다. '이것(A)

에 의존해서 저것(B)이 생한다고 말하는 것처럼, 세간에서 성립하고 있는 것을 [불타는] 부정하지 않는다. 어떤 것이라도 연기하는 것 rten 'byung gang de은 무자성이다.'(ŚS D120b7). '연기는 공성이다.'라는 교설은 '세속으로서 연기하는 것의 진상인 승의勝義는 공, 무자성이다.'라고 이해되어진 것이다.

연기가 세속으로 간주된 배경에는 유가행파의 삼성설三性說과 경량부(=論理學派) 학설의 영향이 있다. 그들에게 있어서 '연기하는 것'은 실재로서, '타에 의존해서 발생한 것(paratantra 依他起)', '지어진 것(saṃskṛta 有爲法)', '찰나멸인 것 kṣaṇika'이다. 『중론』은 유위법의 인과를 부정하고, 의타기 즉 '타에 의존해서 발생한 것'(제1장), '지어진 것'(제7장), '생멸의 연속'(제21장)을 모두 부정하고 있다. 찬드라키르티는 『입중론 *Madhyamakāvatāra*』 제6장 첫머리에서 '6지地에 오른 보살은 연기의 진실을 본다.'고 선언하고, 『중론』 제1장 제1송을 주석하면서 '타에 의존해서 발생한 것'의 실재성을 부정한다. 그러나 한편으로 '세속의 진실은 허구인 동시에 연기이다.'(MAvBh 107, 10), '이것에 의존해서 그것이 생한다고 하는 이 [연기의] 도리에 의해서만 세속의 사물은 스스로의 존재를 얻게 된다.'(MAvBh 228, 5f.)라고도 설하고, '연기인 것 rten cing 'brel par 'byung ba'과 '지어진 것 byas pa can'을 동일시한다(MAvBh 201, 15). 중관파에게 '타에 의존해서 발생한 것'과 '지어진 것'은 승의일 수 없기 때문에 연기도 세속이 된다. 또한 샨타락시타와 카말라실라에 의해서 '고찰되지 않으면 승인할 만한 것 ma brtags gcig pu nyams dga'', '생멸인 것 skye dang 'jig pa'i chos can pa', '인과의 효력을 가진 것'(don byed pa dag nus rnams MAl 64), '연기하는 것'(rten cing 'brel par 'byung ba, MAlv D70b7, MĀ D150a4), '의타기성'(gzhan gyi dbang gi ngo bo nyid, MĀ D150a4)은 세속이라고 언급되었다. 즉, 유가행파와 논리학파가 실재의 진상이라고 생각했던 것이 중관파에게는 세속의 진실이 된 것이다. 이와 같은 사상사의 연장선 위에 있는 티벳의 중관사상이 '연기'를 '세속'이라고 한 것은 당연할 것이다.

이변중관론자도 쫑카파도 자신들이 허무론자가 아닌 이유를 세속의 인과를 인정하는 것에서 찾는다. 샹탕삭파는 찬드라키르티의 『명구론』(Pr 368, 7f., 14f.)을 모방하여, 중관파는 '연기라는 이유에 의해서 무자성을 말하기 때문에', '세속으로서 현세와 내세 등[의 인과 관계]를 인정하기 때문에', 허무론자가 아니라고 말한다(*dBu ma tshig gsal gyi ti ka* 75a4f.). 쫑카파는 『선설심수』(*Legs bshad snying po* 47a4-47b5)에서 『중론』의 귀경게를 인용하면서 '의존해서 가설된 [성질을 가진] 것 rten nas btags pa과 의존해서 발생하는 성질을 가진 것 rten nas skye ba'i chos can[이라고] 설해진 모든 것은 세속의 진실이고, 승의란 그 [연기라는] 이유에 의해서 자상으로서 성립 rang gi mtshan nyid kyis grub pa이 아니라는 [의미의] 그 공인 것만으로 끝난다.'라고 설한다. 쫑카파에 의해서 귀류파 독자의 뛰어난 가르침이 되고, 겔룩파에서 반복되어진 학설은 '승의로서 그 자신의 본성, 즉 자성 혹은 자상으로서 성립해 있는 것은 미진微塵도 존재하지 않는다는 것과 세속의 언설로서 환영과 같은 연기 rten 'brel의 의미를 이해하는 것'(*Lam rim chen mo* 410a5f.), '무자성인 사물에 윤회와 열반 등 모든 것의 연기 rten 'brel가 타당한 것'(동 351a5f.), '무자성인 사물에 작자와 행위 등의 모든 설정이 타당한 것'(*dGongs pa rab gsal* 139a1f.) 등이다. 즉 '씨앗', '싹', 그리고 '가는 사람' 등의 주체 혹은 행위자에 대하여 '발생'이나 '간다'라는 행위, 혹은 인과 효력, 혹은 현세의 업이나 내세 등의 인과 관계가 승인된다고 하는 의미이다.

3) 연기와 자성

연기를 세속의 진실이라고 생각하면, '연기하는 것'은 '생멸하는 것'과 동일한 것이 된다. 유가행파에 의하면 '생멸 生滅'은 '자성'을 가진 것(=의타기)으로서만 일어난다. 실재인 의타기에 부탁付託된 언어 표현과 개념(=변계소집)은 자성을 갖지 못하고 생멸하지 않는다. 여기서 '자성'이라는 개념에 대하여 생각해보자. 인도불교의 모든 학파들은 공통적으로 '자성 svabhāva'이라는 것이 존재한다면 불변일 것이라고 생각하였다. 그러나 봄春에 자성이 있다면, 그것은 여름이 될 수 없을 것이고, 씨앗에 자성이 있다면 싹이 될 수 없을 것이다. 자성을 인정하면서 변화를 설명하기 위해서는 자성이 소멸하거나 교체되지 않으면 안 된다. 그러므로 경량부와 그 흐름을 따르는 논리학파는 존재란 자성이고, 그것이 찰나멸한다고 하여 무상을 설명하였다. 그들에게 생멸이란 자성의 교체인 것이다. 유가행파에서도 찰나멸을 인정한다. 논리학파에서는 이 찰나에 생멸하는 자성을 '인과 효력'이라고 생각했다. 현재의 '인과 효력이 있는 것 arthakriyāsamartha'만이 승의의 존재이기 때문이다(Dharmakīrti, *Pramāṇavārttika* 3.3).[24]

샨타락시타와 카말라실라는 유가행파와 논리학파가 승의의 존재라고 생각했던 것을 거의 그대로 세속으로 간주하였다. 찰나도 이일다성離一多性이기 때문에, 언어 관습으로서 승인되는 것에 지나지 않는다. 이와 같은 입장을 답습한 차파는 찰나멸의 연속에 의한 인과를 '세속적인 연기 kun rdzob pa'i rten 'brel'라 부르고 있다(*Tshad ma yid kyi mun sel* 70b7). 그것은 직접 지각(pratyakṣa, mnong sum)에 현현한 외계의 형상이기도 하다. 그러므로 쫑카파는 자립파가 외계의 대상이 지각에 현현한 힘에 의해서 설정된 찰나멸하는 인과 효력을 가진 것을 세속의 존재로 설정하여, 세속(=언설)으로서 임시로 자성(=자상)의 성립을 인정한다고 이해했던 것이다(*dGongs pa rab gsal* 81b3-85b4). 쫑카파에 의하면 귀류파는 언어 표현의 힘에 의해서 설정된 것만이 세속이라고 한다(동 85b4-88a1). 이와 같은 쫑카파에 의한 귀류파의 세속 설정은 찬드라키르티가 『중론』 제24장 제18송에 대한 해석으로서, 유가행파의 '의타기의 실재에 의존한 언어 표현의 가설 prajñapti'이라는 사상도 빌리면서, '연에 의존한 언어 표현의 가설 upādāyaprajñapti'을 '연기 pratītyasamutpāda'와 동일한 의미로 해석함으로써 가능하게 되었다.[25] 그것은 장단長短 등과 같은 대립 개념의 상호의존(=相依性)이라는 의미의 연기도 포함한다. 귀류파에서는 언어 표현이 가탁되어진 대상에 대해서 자상을 인정하지 않으므로, 세속이란 명칭과 개념에 의해서 설정된 그대로의 일상적인 언어 표현의 세계이다.[26] 쫑카파에 의하면 '인과 효력'은 과거의 소멸한 상태 등과 같이 계속적인 사물에도 가능하고(*Rigs pa'i rgya mtsho* 11a4), 찰나란 '하나의 행위를 완료한다.'고 하는 의미에서 '1년' 등의 일상적인 시간 단위로도 확대된다(동 105b4ff.).[27]

이와 같이 '의타기'와 '생멸'이라는 '자성'을 전제로 한 다른 학파의 사상을 사용하면서, 그로부터 '자성'이라는 실재성을 제거하고, 그것과 동치된 연기와 세간의 일상적인 언어 표현대로 인정되는 세속인 연기는 이희론離戲論이 아니라 희론이다. 그렇다면 그것이 나가르주나가 말한 바의 불설佛說, 즉 '불생 불멸이고 희론 적정인 연기'(『중론』 귀경게)와 동일한 연기인가? 우리들은 그에 대하여 재고찰할 필요가 있을 것이다.[28]

4) 고찰의 주제로서의 연기인 것

연기는 초기불교 이래로 불교의 근본 교의이지만, 앞에서 언급했던 것처럼 그 해석은 다양하다. 중관, 유식, 여래장 등의 여러 사상에 덧붙여 인식론과 논리학을 포괄적으로 수용한 티벳인들이 그것들을 정리하기 위하여 전전기 前傳期로부터 '학설강요서 grub mtha''라고 부르는 형태의 문헌을 편찬했던 것은 잘 알려져 있다. 그들은 그와 같은 학설강요서를 통하여 다양한 학설을 정리하고, 동이 同異를 분명히 하고, 논리학을 학습의 기초로 삼고서, 중관사상을 중심으로 한 불교사상의 체계화를 성취했던 것이다. 그런 경험 속에서 그들은 연기라는 가르침과 마주했다고 생각된다. 그럴 경우 중관파가 설하는 연기와 유가행파가 설하는 의타기는 동일한 것이라고 생각했던 사람도 있지 않았을까? 그러나 찬드라키르티, 샨타락시타, 카말라실라와 같은 인도 중관의 전통을 받아서, 연기를 세속의 진실이라고 설정한 티벳의 중관 논사들은 여러 사상의 체계적 이해와 승의에 대한 논리학적 고찰이라는 목적 때문에, 그 연기라는 개념에 논리학적 역할을 부여하였다. 그것은 '세속으로서 연기인 사물의 진상(=勝義)은 공이고, 무자성이다.'라는 명제의 해석에 의해서 초래되었다.

'연기인 것'은 '고찰의 기체(=主題)'이고, 공과 무자성이라는 승의는 논증되어야 하는 그것의 속성이다. 무엇인가가 공이고, 무자성이라고 말하는 경우, 그 주제는 '여러 법', '일체법 dharma', '존재하는 것 bhāva'이라고 말해진다. 그렇다면 '존재하는 것'이란 무엇인가? 존재가 곧 자성이라고 생각하는 학파와 중관파에게 공통적인 이해는 없다. 부정 대상인 실체적인 존재를 주제로 하는 것은 불가능하기 때문이다. 거기서 공통의 주제로서 부상되는 것이 '연기인 것'이다. 그것이 승의인가 세속인가는 별도로 하더라도, 그것을 인정하지 않는 학파는 없다. 그러므로 '연기하는 것'과 '의타기'와 '유위법'은 동일한 것을 가리킨다고 설정함으로써, '그것에 자성이 있는 것인가, 없는 것인가?' '있다면 승의로서인가, 세속으로서인가?'라는 고찰이 동일한 토대에서 가능해지는 것이다. 쫑카파는 그것을 중관의 입장에서 '부정의 기체 dgag gzhi'라고 불렀다. 그는 『선설심수』에서 '부정 대상 dgag bya에 대해서 상위 相違는 있다고 해도, 부정의 기체 dgag gzhi인 연기 rten 'brel에서 각각의 부정 대상인 자아 bdag를 부정할 뿐 rnam bar bcad pa tsam이라는 것을 승의의 진실이라고 설정하는 것은 [중관과 유식이라는] 두 가지 길 shig rta'i srol gnyis이 일치한다.'라고 말한다(*Legs bshad snying po* 48a1f.). 유가행파와 중관파는 모두 연기, 즉 의타기를 고찰의 주제로 하고, '연기하는 것'인 사람과 사물에 부탁된 자아의 존재를 부정한다. 그럴 경우 설해지는 논의의 상위가 학설의 상위가 될 것이다. 승의의 논리학적 고찰에서 '연기하는 것'은 '주제'(主題 chos can), 즉 '고찰되는 속성을 가진 사물'이고, 승의의 진실 don dam pa'i bden pa)은 그 속성 chos인 것이다(동 48a4).

그리고 위의 명제를 '연기하는 사물은 모두 공이고 무자성이다.'라고 변충 관계를 보여주는 것으로 바꾸어 읽으면, '연기하는 것'이라는 속성은 무자성성 논증의 '논증인'(論証因, hetu, gtan tshigs)으로서 기능하게 된다(동 47a3). 이처럼 '연기하는 사물'과 '연기하는 것'은 티벳 중관사상의 근간이라고도 말할 수 있는 논리학적 고찰에서 주제와 주제의 속성인 논증인 論証因의 역할을 하는 것이다.

쫑카파 이전의 카담파 계통의 중관 논서에서도 동일한 것이 확인된다. 왜냐하면 그와 같은 사고방식의 뿌리는 결국 샨타락시타와 카말라실라에게 있기 때문이다. 샨타락시타는 이미 학설강요서적 교상판석의 요소를 가지고 있는 『중관장엄론』

제8송의[29] 자주 自註에서 '인과의 효력이 있는 존재(=有爲法)에 대해서만 인무아와 법무아 등을 설하고, 그것과 반대의 것인 가탁되어진 본성(ngo bo 自性)을 부정한다.'(MAlv D58a3f.)라고 설하여, 고찰의 주제를 인과의 효력이 있는 세속적 존재에 한정하고서 실재성의 부정을 행한다. 카말라실라의 『중관광명론』은 『해심밀경 *Saṃdhinirmocanasūtra*』이 설한 '삼무자성설'을 중관파의 입장에서 재해석하여, 유가행파의 학설을 논박하면서 무자성성 논증을 행한 논서이다. 그 고찰의 주제도 역시 의타기이다. 그는 '이 무자성(ngo bo nyid med pa nyid, niḥsvabhāvatā)이라는 것도 실제로는 의타기성인 것에 대해서만 설정되는 것이다.'(MĀ D151a3)라고 말한다. 쫑카파가 이와 같은 카말라실라의 방법에 따라 『선설심수』를 저술하고, 『해심밀경』의 삼무자성설에 근거한 '자상 自相으로서의 성립 rang gi mtshan nyid kyis grub pa'이라는 개념을 축으로 하여, 유가행파와 중관 자립파와 중관 귀류파의 학설을 특징지었던 것은 이미 알려져 있다.[30] 다양한 학설의 정리와 구분, 및 우열의 판정은 그것들에 공통하는 주제 개념을 설정한 논리학적 고찰에 의해서 얻어진다. 이 방법론도 티벳 중관사상의 기반이라고 말할 수 있다.

4.
맺음말

티벳의 중관사상은 우리들이 인연에 의존해서 생멸 변화하는 현상에 부탁 付託한 독립 자존의 존재성(=自性)에 대한 논리학적 고찰과 그것들에 대한 논리학적 부정을 기반으로 한다. 중관사상은 인도 이래 유가행파의 삼성, 삼무자성설과 논리학파의 논증 방법을 그 속에 포함하면서 발전해 왔다. 대립하는 학설을 비판할 때 상대방의 사고의 틀 속에 일단 들어가서, 그 속에서 개개의 문제에 대한 시비를 판단해가는 것은 우리들도 행하는 것이다. 그 틀을 이용하거나 혹은 그로부터 영향을 받음으로써, 비판의 이면에서는 공통적인 사상의 기반이 넓어진다. 그것은 사상의 숙명일지도 모른다. 특히 중관사상은 대론자의 학설에 대한 부정을 통하여 자신의 학설을 분명하게 밝힌다. 그들의 논의는 대론자의 사상의 틀 속에서 행해진다. 다양한 불교사상을 수용했던 티벳인들은 그 사상들에 공통된 논의 기반을 확립함으로써, 전체를 바라볼 수 있는 시야를 얻었다. 그들은 공통의 기반 위에 자립파 계통의 중관사상, 귀류파 계통의 중관사상, 이변중관설, 타공설, 유가행파의 교설까지도 올려놓고서, 그것들을 부정 대상에 대한 범위의 차이를 바탕으로 하여 구분 짓는다. 그들의 공통적인 수단은 논리학적인 고찰과 분석이다. 연기와 무자성은 모두 그 속에서 자신의 위치와 역할을 할당받고 있다. 중관사상은 이미 단일체가 아니고, 다양한 사상의 복합체인 것이다. 우리들은 그와 같은 복합 과정에서 취해지고 버려진 것을 변별하지 않으면 안 될 것이다.

1 『噶当文集 *bKa' gdams gsung 'bum phyogs bsgrigs*』, 百慈藏文古籍研究室編(四川民族出版社, 成都), 1-30卷(2006), 31-60卷(2007), 61-90卷(2009), 91-120卷(2012년 간행 예정). 수록된 사본의 대부분은 라사의 데풍사 寺에서 발견된 것임. 상세한 것은 井內眞帆, 「ペルツェク・チベット古籍研究室編纂『デプン寺所藏古籍文獻』」, 『佛教學セミナハ』 83(2006), pp.16-24; 加納和雄, 「ゴク・ロデンシェーラブ著『書簡・甘露の滴』－校訂テクストと內容概觀」 및 「譯注篇」, 『高野山大學密教文化研究所紀要』 20호(2007), (1)-(58)쪽; 22호(2009), (121)-(176)쪽 참조. 그리고 『藏族史記集成目錄 *Bod kyi lo rgyus rnam thar phyogs bsgigs kyi dkar chag*』, 百慈藏文古籍研究室編(青海民族出版社, 西寧), 1-30권(2010), 31-60권(2011)은 동시대의 역사문헌을 수록하고 있다. 개별의 저술집으로서 『噶当藏文孤本丛刊 *bKa' gdams dpe dkon gces btus*』, 百慈藏文古籍研究室編(中國藏學出版社, 北京)의 아티샤 Atiśa(982-1054), 알 장춥예쉐 Ar Byang chub ye shes(11세기), 오 로덴세랍 rNgos Blo Ldan shes rab (1059-1109), 도뢴파 로뒤중네 Gro lun pa Blo gros 'byung gnas(11-12세기)의 저술집이 간행되어 있다(2006, 2009). 또한 Tibetan Buddhist Resource Center(http://www.tbrc.org/)로부터도 많은 자료가 제공되고 있다.

2 '중관파에게 주장 명제는 없다.'라는 학설은 나가르주나에게 귀속되는 『회쟁론 *Vigrahavyāvartanī*』 제29송과 제30송에서 발견된다. 그 책은 즈냐나가르바 Jñānagarbha(8세기)와 팰첵 dPal brtsegs에 의해서 전전기 前傳期에 번역되었고 후전기 後傳期에 자야난다 Jayānanda(11-12세기), 쿠 도데바르 Khu mDo sde 'bar(11-12세기)에 의해서 교정되었다. 그러나 그 학설 자체는 찬드라키르티 저술의 번역 이전부터 티벳에 전해져 있었다고 생각된다. Chizuko Yoshimizu, "The Madhyamaka Theories Regarded as False by the dGe lugs pas", *Wiener Zeitschrift für die Kunde Südasiens und Archiv für indische Philosophie* 37(1993), pp.201-227을 보라.

3 이 구분을 최초로 도입한 것은 파찹이었다고 전해진다. 『噶当文集』 11권에 수록되어 있는 파찹에게 귀속되고, 인도인 하수마티(Hasumati / Mahāsumati)의 견해에 따라서 저술되었다고 하는 『중론주 *dBu ma rtsa ba'i shes rab kyi ti ka*』에는 실제로 rang rgyud pa와 thal 'gyur ba라는 호칭이 자주 발견된다. 그러나 그것이 하수마티의 견해라면 이 구분은 이미 인도에서 성립되어 있었다고 생각할 수 있을 것이다. 또한 파찹의 제자 샹탕삭파 Żaṅ Thaṅ sag pa는 자립논증을 사용한 자를 중관파라고 인정하지 않으므로, 11-12세기에는 중관파를 자립파와 귀류파로 구분하는 사고가 정착되어 있지 않았다고 볼 수 있다. 吉水千鶴子, 「インド・チベット中觀思想史の再構築へむけて」, 『哲學·思想論集』 32(筑波大學, 2006), p.77 주 15)와 pp.79-83. 이와 같은 중관파의 구분을 주제로 한 논문집으로 *The Svātantrika-Prāsaṅgika Distinction, What difference does a difference make?* (G.B.J. Drefus & S.L. McClintock, eds., Wisdom Publications, Boston, 2003)이 있다. 그리고 Kevin A. Vose, *Resurrecting Candrakīrti, Disputes in the Tibetan Creation of Prāsaṅgika* (Wisdom Publications, Boston, 2009)는 이 문제를 사상사적인 관점에서 자세하게 논하고 있다.

4 쫑카파의 중관사상과 그것을 둘러싼 겔룩파와 사캬파의 논쟁에 대해서는 많은 연구가 있다.

四津谷孝道, 『ツォンカパの中觀思想』(大藏出版, 2006)과 그 문헌표(p.374 이하) 및 Kobayashi Mamoru, "The Madhyalaka Thought of Roṅ ston Śākya rgyal mtshan and Its Impact" *The Memories of the Toyo Bunko* 63 (2005, pp.13-40)과 그 문헌표를 참조하라. Kobayashi의 논문에 의하면 쫑카파를 비판했던 사꺄파의 논사 가운데 롱뙨 Rong ston Shākya rgyal mtshan/ rMa ba'i seng ge/ She bya kun rig(1367-1449)에게서만 찬드라키르티 사상에 대한 비판이 발견되지만, 고람파, 샤캬촉덴 gSer mdog Paṇ chen Shākhya mchog ldan(1428-1507)은 자립파와 귀류파를 동등하다고 간주한 쫑카파의 찬드라키르티 해석을 비판하면서도 찬드라키르티의 학설은 수용하였다. 쫑카파에 대한 가장 엄격한 비판자였던 탁짱파 sTag tshang lo tsā ba Shes rab rin chen(1405-?)는 귀류파를 자립파의 위에 위치지었다.

5 Chizuko Yoshimizu, "The Madhyamaka Theories Regarded as False by the dGe lugs pas", *Wiener Zeitschrift für die Kunde Südasiens und Archiv für indische Philosophie* 37(1993)를 보라.

6 후기 자료에 근거해서 초기 티벳 중관사상사를 해설한 것으로, D. Seyfort Ruegg, *Three Studies in the History of Indian and Tibetan Madhyamaka Philosophy*; Part 1 (Wien 2000), Section I이 있다. 새로 발견된 카담파 계통의 자료를 사용한 연구로서 Helmut Tauscher, ed., *Phya pa Chos kyi seng ge, dBu ma śar gsum gyi stoṇ thun* (Wien 1999); Pascale Hugon, ed., *mTshur ston gzhon nu seng ge : Tshad ma shes rab sgron ma* (Wien 2004); Ralf Kramer, *The Great Tibetan Translator, life and works of rNgog Blo ldan shes rab* (1059-1109) (München, 2007)이 있다. 그리고 11-13세기 카담파 계통의 논리학 및 중관사상에 대하여 최신의 연구를 집성한 논문집으로서, 'Tibetan Scholasticism in the 11th and 12th Centuries', Pascale Hugon, Kevin A. Vose eds., *Journal of International Association of Buddhist Studies* vol.32, number 1-2 (2009[2010], pp.235-487); Kevin A. Vose, Resurrecting Candrakirti, Disputes in the Tibetan Creation of Prasangika (Wisdom Publications, Boston, 2009) 등이 거론된다. 그 밖에 카담파 연구의 제1차, 제2차 자료에 대해서는 井内眞帆·吉水千鶴子, 『西藏佛教宗義研究』 제9권, 토칸, 『一切宗義』「カダム派の章」(東洋文庫, 2011), 「略號と文獻一覽」(pp.92-109)을 보라.

7 필자는 희론을 떠난 '법성'(dharmatā, MMK 18.7)과 '진실'(tattva, MMK, 18.9)이란 '희론이 적멸한 연기'(pratītyasamutpādaṃ prapañcopaśanam, MMK 귀경게)를 가리킨다고 생각한다.

8 찬드라키르티의 시대에 '주장 명제 pratijñā'는 니야야 학파와 바수반두 Vasubandhu(4세기)에 의해서 '논증되어야 할 것의 설시'(sādhyanirdeśa, sādhyābhidhāna)라고 정의되었고, 디그나가 Dignāga (5-6세기)는 다시 그것을 '입론자 자신이 인정하는 svayam iṣṭa 논증되어야 할 것의 설시' (*Pramāṇasamuccaya* 3.2)라고 설명하였다. 찬드라키르티의 논의도 이와 같은 규정들을 전제로 하였다고 생각된다. Tom Tillemans, *Dharmakīrti's Pramāṇavārttika : An annotated translation of the fourth chapter(parārthānumāna)*, vol.1(Wien 2000), p.39, 47을 보라. 한편 귀류법은 그 가언적 假言的 성격에 의해서 유효한 논증식으로 인정되지 않았고, 자립논증식으로 환원하는 방법도 확립되어 있지 않았다. 梶山雄一, 『佛教の思想3 空の論理 [中觀]』(角川書店, 1969), p.159. 그러나 찬드라키르티가 사용한 귀류논증은 디그나가의 귀류법 규정과 일치한다는 점에서 주의할 필

요가 있다. 吉水千鶴子, 「チャンドラキールティの論理學」, 『印度學佛教學研究』, 제59권 제1호 (2010), (122)-(127)쪽.

9 다르못타라 Dharmottra(740-800년경)와 샹카라난다나 Śaṅkaranandana(9-10세기) 등 티벳에 큰 영향을 끼친 불교 논리학자들의 거점은 카슈미르였다. 카담파의 오 로덴쉐랍 rNgos Blo Ldan shes rab(1059-1109)을 시작으로 하여 찬드라키르티 저술의 번역자 파찹 Pa tshab 자신도 카슈미르에서 공부하고, 여기서 하수마티와 함께 『명구론』를 최초로 번역했다. 또한 나중에 사캬파의 논리학 발전에 공헌한 샤캬슈리바드라(Śākaśrībhadra, 1127-1225)도 카슈미르에서 티벳으로 초빙되었다.

10 Georges Dreyfus, Drongbu Tsering, "Pa tshab and origin of Prasaṅgika", 'Tibetan Scholasticism in the 11th and 12th Centuries', Pascale Hugon, Kevin A. Vose eds., *Journal of International Association of Buddhist Studies* vol.32, number 1-2 (2009[2010]), pp.387-417; Chizuko Yoshimizu, "Źaṅ Thaṅ sag pa on theses (*dam bca', pratijñā*) in Madhyamaka thought", 'Tibetan Scholasticism in the 11th and 12th Centuries', Pascale Hugon, Kevin A. Vose eds., ibid., pp.443-467. 샹탕삭파와 그의 『明句論註釋』 및 중관 학설에 대해서는 Chizuko Yoshimizu, "A Tibetan Text from the Twelfth Century Unknown to later Tibetans"; F. Jagou ed., *Cahiers d'Extrême-Asie* 15 (2005), pp.125-163; 吉水千鶴子, 「インド・チベット中觀思想史の再構築へむけて」, 『哲學·思想論集』 32(筑波大學, 2006)를 보라.

11 고람파의 중관 학설과 그 분류에 대해서는 松本史朗, 『チベット佛教哲學』(大藏出版, 1997년) 제6장, 그리고 José Ignacio Cabezón, Geshe Lobsang Dargyay, *Freedom from Extremes* (Wisdom Publications, Boston, 2007), Introduction과 Chapter I을 보라. '이변중관'이라는 명칭은 돌포파도 사용하였고, 고람파 이전에 존재했다고 생각된다.

12 쫑카파의 이변중관설 비판에 대해서는 松本史朗, 『チベット佛教哲學』(大藏出版, 1997), 제9장을 보라. 다만 이변중관설은 승의의 진실에 대해서 '이변 離邊'과 '주장 명제의 무 無'를 말하는 것이고, 세속의 인과를 부정하는 학설은 아니다.

13 돌포파는 초담 승원으로 옮겨 가기 전에 사캬의 승원에서 논리학 등을 공부하였다. 그는 자신의 사상적 입장을 '대중관'(大中觀 dBu ma chen po)라고 부르면서, 유식설과 여래장설에 기초한 타공설 他空說을 주장하여, 나중에 부퇸 Bu ston Rin chen grub(1290-1364)과 사캬파만이 아니라 겔룩파에 의해서도 비판되었다. 山口瑞鳳, 「チョナンパの如來藏說とその批判說」, 『田村芳朗博士還曆記念論集, 佛教教理の研究』(春秋社, 1982, pp.585-605); 袴谷憲昭, 「チョナンパの如來藏思想」, 『チベット佛教』(岩波書店, 1989, pp.192-211); 望月海慧, 「Dol po paの二諦說批判について」, 『佛教學』 48(2006, pp.21-51); Jeffrey Hopkins, *Mountain Doctrine : Tibet's Fundamental Treatise on Other-Emptiness and the Buddha-Matrix*(Ithaca, 2006)를 보라.

14 상푸 승원의 역사적 전개와 후대에 끼친 영향에 대해서는 Leonard van der Kuijp, "The Monastery of Gsang phu ne'u thog and its Abbatital Succession from ca. 1073 to 1250", *Berliner Indologisches Studiens* 3(1987, pp.103-127); Onoda Shunzo, "The Chronology of the Abbatial Succession of gSang phu sNe'u thog Monastery", *Wiener Zeitschrift für die Kunde Südasiens* 33 (1989, pp.202-213); 小野

田俊藏, 「チベットの學問寺」, 『チベット佛教』(岩波書店, 1989, pp.351-373); 西沢史仁, 『チベット論理學の形成と展開－認識手段論の歷史的變遷を中心として』, 第1卷(東京大學博士論文, 2011)을 보라.

15 이일다성 離一多性에 의한 무자성 논증이 귀류논증으로 해석될 수 있음에 대해서는 Ryusei Keira, *Mādhyamika and Epistemology, a study of Kamalasila's method for proving the voidness of all dharmas* (Wien 2004), p.179 이하를 보라.

16 카말라실라는 중관파의 무자성성 증명을 이일다성도 포함하여 5종류의 논증인에 의한 추론식으로 정리하였다. Keira(2004), p.10, n.32.

17 이것은 '소의 불성립 āśrayāsiddha'이라는 논증인 論証因의 오류를 피하기 위한 것이고, 논리학자들에 의해서 사용된 해석이기도 하다. Keira, ibid., p.32f., p.132, n.212.

18 이변중관론자인 상탕삭파도 붓다팔리타(500년경)의 『중론석』에서 발견되는 귀류논증을 후대의 불교 논리학 규칙에 맞추어서 해석한다. Yoshimizu Chizuko, "Zhang Thang sag pa's reevaluation of Buddhapālita's statement of consequence(*prasaṅga*)", 『哲學·思想論集』 34(筑波大學, 2008), pp.81-99.

19 Helmut Tauscher, ed., *Phya pa Chos kyi seng ge, dBu ma śar gsum gyi stoṅ thun* (Wien 1999)를 보라. 차파는 이 세 권의 책에 대해서 별도의 주석도 남기고 있다. 『噶当文集』 제6권. 거기서 발견되는 차파의 귀류논증 비판에 대해서는 Kevin A. Vose, *Resurrecting Candrakirti, Disputes in the Tibetan Creation of Prasangika* (Wisdom Publications, Boston, 2009)를 보라.

20 이는 아티샤의 전기에 의한 것이다. Helmut Eimer, *rNam thar rgyas pa : Materialien zu einer Biographie des Atiśa* (*Dīpaṃkaraśrījñāna*) (Wiesbaden 1979), Teil I, p.258을 보라. 『중관광명론』은 티벳에서 저술되었다고 생각되고 있다.

21 승의 무분별과 승의 무희론에서는 '부정'조차도 존재하지 않는다는 것은 『반야등론』(Prajp D228a3-6)과 『이제분별론』 제9-11송(SD D2a4ff.)에서도 설해진다. Ichigo Masamichi, *Madhyamakālaṃkāra* (Buneido, Kyoto 1985), p.230.

22 쫑카파의 중관 학설에서 올바른 인식 수단과 정립적 논증의 수용 및 그 존재론적 근거에 대해서는 D. Seyfort Regg, *Three Studies in the History of Indian and Tibetan Madhyamaka Philosophy*; Part 1 (Wien 2000), Section III; 四津谷孝道, 『ツォンカパの中觀思想』(大藏出版, 2006); 松本史朗, 『チベット佛教哲學』(大藏出版, 1997), 제8장; 그리고 Yoshimizu Chizuko, "Tsong kha pa's Reevaluation of Candrakīrti's Criticism of Autonomous Inference", *Svatantrika-Prasangika Distinction : What Difference Does a Difference Make?*, edited by Georges B.J. Dreyfus, and Sara L. McClintock(Boston : Wisdom Publications, 2003), pp.257-288를 보라.

23 吉水千鶴子, 「ツォンカパの『入中論』註釋における二諦をめぐる議論－勝義諦をめぐる議論」, 『伊原照蓮博士古稀記念論文集』(九州大學, 1991), pp.135-153; Helmut Tauscher, *Die Lehre von den zwei Wirklichkeiten in Tsoṅ kha pas Madhyamaka-Werken* (Wien 1995), pp.306-341.

24 Chizuko Yoshimizu, "Augenblicklichkeit(*kṣaṇikatva*) und Eigenwesen(*svabhāva*) : Dharmakīrtis polemik im Hetubindu", *Wiener Zeitschrift fur die Kunde Sudasiens und Archiv für Indische Philosopie* 47(2003), pp.197-216; Id., "Causal efficacy and spatiotemporal restriction : An analytical study of the

Sautrāntika philosophy", *Pramāṇakīrti : Papers dedicated to Ernst Steinkellner on the occasion of his 70th birthday*, part 2, B. Kellner, H. Krasser, H. Lasic, M.T. Much; H. Tauscher, eds., (Wien, 2007), pp.1049-1078를 보라.

25 吉水千鶴子, 「Upādāyaprajñaptiについて－Mūlamadhyamakakārikā XXIV 18を考える」, 『成田山佛教研究所紀要』 20(1997), pp.95-155.

26 이것을 귀류파 독자의 연기설이라고 부르는 것도 가능하다. 福田洋一, 「ツォンカパの中觀思想における歸謬派獨自の緣起說」, 『印度學佛敎學硏究』 48-2(2000), pp.124-129.

27 根本裕史, 「ゲルク派 における時間論の硏究」(平樂寺書店, 2011)를 보라.

28 야마구치 山口瑞鳳는 『評說インド佛教哲學史』(岩波書店, 2010)에서 지각의 표상이 외계의 선험적 先驗的인 시간을 경과하는 존재를 원인으로 해서 일어나는 것을 '연기생 緣起生'의 의미라고 생각하고, 그런 사고를 통해서 초기불교로부터 나가르주나와 샨타락시타에 이르는 사상을 해석한다. 이 논고는 세간적 시간과 시간을 떠난 지각 표상 및 개념의 존재 방식에 대해서 뛰어난 통찰을 보여주고 있다. 그러나 그에 의하면 '연기인 것'은 희론을 떠난 진실이지만, '연기하는 사물'은 생멸하는 허망(=世俗)이라고 한다. 또한 연기의 의미가 지각 표상의 발생만으로 한정되는 것에도 의문이 있다.

29 이 게송은 다르마키르티 Dharmakīrti(7세기)의 *Pramāṇavārttika*, 제1장 제211송의 인용이다.

30 상세한 것은 吉水千鶴子, 「raṅ gi mtshan ñid kyis grub paについて(I)」, 『成田山佛教研究所紀要』 15 『佛教文化史論集』 II(1992), pp.609-656; 「*raṅ gi mtshan ñid kyis grub pa*について(II)」, 『宮坂宥勝博士古稀記念論文集, インド學·密教學研究』(法藏館, 1993), pp.971-990; "On *raṅ gi mtshan ñid kyis grub pa* III, Introduction and Section I", 『成田山佛教研究所紀要』 16(1993), pp.91-147; "On *raṅ gi mtshan ñid kyis grub pa* III, Section II and III", 『成田山佛教研究所紀要』 17(1994), pp.295-354를 보라.

원전약호표

• Nāgārjuna

MMK *Mūlamadhyamakakārikāh.* J.W. de Jong(ed.), Madras, Adyar Library and Research Center, 1977.

SŚ *Śūnyatāsaptati.* sDe dge ed. no.3827(*dBu ma* 1), Peking ed. no. 5227(vol.95).

• Bhāviveka(본문 중 인용 쪽수는 데르게판에 의함)

Prajp *Prajñāpradīpamūlamadhyamakavṛtti.* sDe dge ed. no.3853(dBu ma 2), Peking ed. no. 5253(vol.95).

• Candrakīrti

MAvBh *Madhyamakāvatāra per Candrakīrti.* L. de La Vallée Poussin(ed.), St. Pétersbourg 1907-1912.

Pr *Mūlamadhyamakakārikās de Nāgārjuna avec la Prasannapadā.* L. de La Vallée Poussin(ed.), St. Pétersbourg 1903-1913.

- Jñānagarbha

  SD *Satyadvayavibhaṅga*. sDe dge ed. no.3881(*dBu ma* 12).

- Śāntarakṣita

  MAl *Madhyamakālaṃkāra*. sDe dge ed. no.3884(*dBu ma* 12), Peking ed. no. 5284(vol.101). (본문 인용 번호는 게송을 보여줌)

  MAlv *Madhyamakālaṃkāravṛtti*. sDe dge ed. no.3885(*dBu ma* 12), Peking ed. no. 5285(vol.101). (본문 중 인용 쪽수는 데르게판에 의함)

- Kamalaśīla(본문 중 인용 쪽수는 데르게판에 의함)

  MAlp *Madhyamakālaṃkārapañjikā*. sDe dge ed. no.3886(*dBu ma* 12), Peking ed. no. 5286(vol.101).

  MĀ *Madhyamakāloka*. sDe dge ed. no.3887(*dBu ma* 12), Peking ed. no. 5287(vol.101).

- Pa tshab Nyi ma grags

  dBu ma rtsa ba shes rab kyi ti ka : dBu ma rtsa ba'i shes rab kyi ti ka bstan bcos sgron ma gsal bar byed pa(*dBu ma rtsa 'grel pa*).『噶当文集』11卷.

- Zhang Thang sag pa 'Byung gnas ye shes

  dBu ma tshig gsal gyi ti ka. Manuscript.

- Phya pa Chos kyi sene ge

  Tshad ma yid kyi mun sel.『噶当文集』8卷.

- Dol po pa Shes rab rgyal mtshan

  lTa ba shan 'byed : lTa ba shan 'byed yid kyi mun sel dbu phyogs. Kun mkhyen Dol po pa'i gsung 'bum. 'Dzam thang ed., vol.6. Tibetan Buddhist Resource Center, no. W21208(vol.3497).

- Tsong kha pa Blo bzang grags pa(본문 중 인용 쪽수는 타시룽포판에 의함)

  dGongs pa rab gsal : bsTan bcos chen po dbu ma la 'jug pa'i rnam bshad dGongs pa rab gsal. bKra shis lhun po ed. *in The Collected Works of Tsong kha pa blo bzang grags pa* 24(New Delhi 1979), Peking ed. 6143(vol.154), Zhol ed. Ma.

  Rigs pa'i rgya mtsho : dBu ma rtsa ba'i tshig le'ur byas pa shes rab ces bya ba'i rnam bshad Rigs pa'i rgya mtsho. bKra shis lhun po ed. in *Ibid.* 23(New Delhi 1975), Peking ed. 6153(vol.156), Zhol ed. Pa.

  Lam rim chen mo : Byang chub lam gyi chen ba. bKra shis lhun po ed. in Ibid. 19 & 20 (New Delhi 1977), Peking ed. 6001(vol.152), Zhol ed. Pa.

  Legs bshad snying po : Drang ba dang nges pa'i don rnam par phye ba'i bstan bcos Legs bshad snying po. bKra shis lhun po ed. in *Ibid.* 21(New Delhi 1979), Peking ed. 6412(vol.153), Zhol ed. Pa.

- Go rams pa bSod nams sene ge

  lTa ba shan 'byed : lTa ba'i shan 'byed theg mchog gnad kyi zla zer. The Complete Works og the Great Masters of the Sa skya Sect of Tibetan Buddhism 13. bSod nams rgya mtsho, ed., Tokyo, Toyo Bunko, 1969.

제8장

중관사상의 중국적 전개

길장의 중관사상

오쿠노 미츠요시

1.
머리말

중국에서 중관사상의 전개는 중국불교의 본격적 전개가 그랬던 것처럼, 401년(弘始 3년)에 장안 長安에 입경한 구마라집(鳩摩羅什 Kumārajīva)에 의한 중관 계통 논서의 번역에서 시작한다. 라집은 『묘법연화경』, 『유마힐소설경』, 『아미타경』, 『마하반야바라밀경』 등 주요 대승 경전을 시작으로 실로 다채롭고 중요한 경론을 다수 번역했지만, 그중에는 나중에 '삼론 三論' 내지 '사론 四論'이라고 불리는 용수의 『중론』, 『십이문론』, 성제바의 『백론』, 그리고 용수의 저술로 되어 있는 『대지도론』이 포함되어 있다. 그리고 라집이 여러 경론 중에서 가장 공을 들여서 번역했던 것이 바로 반야 계통의 대승 경전과 앞에서 언급한 중관 계통의 논서였다고 한다.[1]

최근 학계에서는 그 가운데 『십이문론』과 『대지도론』이 용수 Nāgārjuna(150-250년경)의 저술임을 의심하기도 하지만,[2] 중국불교 전통에서는 말할 것도 없이 그것들도 용수의 저술로 받아들여지고 있다.[3]

앞에서 언급한 '삼론'을 중심으로 학파를 대성했던 것이 바로 정영사 혜원 慧遠(523-592), 천태 지의 智顗(538-597)와 함께 수 隋의 삼대 법사라고 칭해졌던 가상대사 길장 吉藏(549-623)이다. 따라서 본장에서는 '길장의 중관사상'에 대해서 논술하고, 그로부터 중관사상의 중국적 전개를 살펴보도록 한다.

2.
라집 문하에 의한 중관 연구

대승불교의 근본 사상은 공의 사상이라고 말해진다. 그리고 그 공의 사상을 처음으로 논리화시켰던 논서가 『중론』이기 때문에, 앞에서 언급한 삼론 내지 사론 가운데 중핵을 이루는 것이 『중론』이라는 사실에는 의문의 여지가 없다. 기록에 의하면 라집에 의한 『중론』 번역은 그의 만년인 홍시 11년(409)의 일이었다고 되어 있지만(『출삼장기집』 제11권, 대정 제55권, p.77중), 그것은 최종적으로 그 번역이 이루어진 해로서, 라집은 장안 입경 이전에 몇 번이나 『중론』을 강설하였고, 또한 그것이 설사 초고草稿의 형태였다고 해도 이미 『중론』 번역을 시작해 있었을 것이라는 사실이 지적되고 있다. 즉, 문도門徒 3천이라고 말해지는 라집 문하에서 '해공제일解空第一'이라고 칭찬되었던 승조僧肇(374-414 또는 384-414)는 그의 저술 『조론』에서 여러 차례 '중관에서 말하기를'이라고 하여 『중론』을 인용하고 있는데, 그 인용문을 보면 현행의 『중론』 본문과는 일치하지 않을 뿐 아니라, 『중론』의 번역이 앞에서 언급한 것처럼 409년의 일이라고 하면, 405년에 성립해 있었다고 하는 『조론』의 「반야무지론」에서는 인용 불가능한 것이 되기 때문이다.[4]

그것은 어쨌든 『중론』은 제1 「관인연품」으로 시작하여 제27 「관사견품」에서 끝나는 4권 27품으로 되어 있지만, 라집이 번역한 한역 『중론』의 최대 특색은 산스크리트 원전과 티벳어역이 용수의 『근본중송』(445개로 된 게송)으로만 이루어져 있음에 대하여, 4세기 중반 무렵 인도의 학승인 청목青目 Piṅgala 賓伽羅라고 음사(생몰년 미상)의 주석과 함께 번역하고 있다는 점이다. 중국과 일본에서 『중론』이라고 하면,

청목의 주석을 포함하는 이 라집역을 가리키는 것이고, 중국과 일본불교에서 『중론』 연구는 『청목석』을 포함한 연구 해석이라는 의미에서, 그 시작부터 인도와 티벳의 그것과는 다른 독자의 흐름을 이룬 것이 되었던 것이다. 이토우伊藤隆壽 박사는 『청목석』의 사상적 입장과 라집의 불교사상에 대해서 고찰하고, 양자가 소위 '이변중관설離邊中觀說'에 입각해 있음을 보고하였다.[5] 그의 지적은 후술하게 될 것처럼, 당면의 과제로 되어 있는 '길장의 중관사상'을 살펴보는 데도 매우 중요한 관점이 될 것이다.

그런데 그와 같은 라집역 『중론』뿐 아니라, 삼론 내지 사론에 대해서 처음으로 연구한 것은 승조를 시작으로 하는 승예僧叡(352-436), 담영曇影(생몰년 미상) 등의 라집 문하였다. 즉, 그들은 사론에 대하여 다음과 같은 서문을 붙였고, 그것들은 모두 현존하고 있다.[6]

승예	「중론제일서」(中論第一序)	『출삼장기집』, 제11권, 대정 제55권, p.76하-p.77상
담영	「중론제이서」(中論第二序)	『출삼장기집』, 제11권, 대정 제55권, p.77상-중
승조	「백론서」	『출삼장기집』, 제11권, 대정 제55권, p.77중-하
승예	「십이문론서」	『출삼장기집』, 제11권, 대정 제55권, p.77하- 78상
승예	「대지도론서」	『출삼장기집』, 제10권, 대정 제55권, p.74하.

이 가운데 승예의 『중론서』에는 다음과 같은 언급이 있다.

『백론』은 외도를 다스려 삿된 견해가 일어나지 못하도록 하고, 이 [『중론』]은 [불교의] 내부內部를 깨끗이 하여 막힌 곳이 흐르도록 하였으며, 『대지도론』은 깊고 넓으며, 『십이문론』은 정교하다. [그러므로] 이 네 가지 책을 연구하는 사람은 실로 마치 해와 달을 가슴에 품은 듯, 밝고 분명하게 비추고 통하지 않음이 없을 것이다. (대정 제55권, 77상)

이와 같은 언급으로 이미 승예의 무렵에는 사론을 일괄해서 공부하는 경향이 있었던 것을 알 수 있다. 이것은 인도의 중관파가 오직 『중론』만을 연구 대상으로 삼았던 것과 달리 중국에서는 그 번역의 당초부터 삼론 내지 사론을 일괄해서 공부하고 있었다고 하는 점에서 주목된다. 뒤에 삼론학파를 대성시키는 길장은 이 서문들을 높이 평가하고, 그의 저서 속에서 종횡으로 그것을 인용해서, 자설의 토대로 삼고 있을 뿐 아니라, 자신의 삼론소三論疏, 즉 『중관론소』, 『백론소』, 『십이문론소』에서 주석을 가하고 있다.

이제 『중론』에 초점을 맞추고, 길장의 증언에 근거해서, 라집 문하로부터 길장에 이르기까지의 연구의 역사를 개관해보면, 먼저 길장은 「중론서소中論序疏」의 첫머리에서 '『중론』의 서문을 쓴 것은 이미 한 사람이 아니다. 담영은 의소義疏의 서문을 썼고, 하서 도랑道朗도 역시 논論의 서문을 썼다.'(대정 제42권 1상)라고 말하고 있다. 이로부터 『중론』에 서문을 쓴 것은 승예와 담영만이 아니고, 하서의 도랑(생몰년 미상)에게도 『중론』의 서문이 있었던 것을 알 수 있다. 또한 그 뒷부분에서는 '이는 논을 주석한 자가 다만 한 사람이 아닌 것을 말한다. 영공影公은 수십 가라 말하고, 하서河西는 70가라고 말한다.'(대정 제42권 5상)라고 하여, 담영은 수십 가가 『중론』에 주석을 썼고, 하서는 70가가 주석을 썼다고 말했던 것을 전하고 있다. 길장의 증언에 대한 옳고 그름은 뒤로 하더라도, 담영을 중심으로 한 라집 문하에서

『중론』이 빈번하게 강설되고 있었던 모습은 충분히 알 수 있을 것이다.

그런데 『고승전』의 저자인 혜교 慧皎(497-554)는 담영이 『중론』에 서문을 썼을 뿐 아니라, 『중론』에 주석서를 지었다고 말하고 있다(『고승전』 제6권, 대정 제50권, 364상). 담영의 『중론』에 대한 주석서는 아쉽게도 현존하지 않지만, 일본 남도의 학승 안징 安澄(763-814)은 그의 『중관론소기』[7]에서 여러 차례 담영의 주석서를 인용하고, 길장의 『중관론소』와 비교하면서 고증을 행하고 있다. 이전의 연구에 의하면 길장은 담영의 주석서를 '관내 關內의 고소 古疏'라 불러서, 라집 문하의 『중론』 연구를 대표하는 것으로 간주하고, 자소 自疏 집필의 좌우로 삼았다고 한다.[8]

안징의 『중관론소기』는 길장의 소에 대해서 정치한 고증을 행한 것으로 알려져 있고, 금일 산일되어 볼 수 없는 각종 문헌과 여러 학설을 빈번하게 인용하고 있는 것으로 유명하다.[9] 안징은 다음과 같은 『중론』 주석서를 『소기』에서 인용하고 있어서, 그로부터 그 당시 중국의 『중론』에 대한 주석 상황의 일단 一端을 엿볼 수 있다.[10] 여기에는 길장 이후의 것도 포함되어 있는데, 안징이 인용한 『중론』 주석서를 제시하면 다음과 같다.

① 『중론소』 2권 담영 曇影
② 『중론소』 권수불명 법요 法瑤(*안징은 '침[琛]법사'라 하지만 오류임)
③ 『중론소』 5권 지림 智琳
④ 『중론현의』 권수불명 법랑 法朗
⑤ 『중론문구』 승장 僧莊
⑥ 『중관론소』 10권 길장 吉藏

⑦『중론소』 12권 석법사碩法師

⑧『중론유의』 권수불명 석법사碩法師

⑨『중론의소』 4권 정수淨秀

⑩『중론소』 6권 원강元康

(*이 책들은 길장의 『중관론소』를 제외하고는 모두 현존하지 않는다.)

그런데 삼론三論을 통해서 학파를 대성한 길장이 그 교학의 안목으로 삼았던 것이 이제설이었던 것은 여러 학자들이 인정하는 것이지만, 『중론』의 요지가 이제에 있는 것을 중국에서 최초로 밝힌 것은 담영이었다. 왜냐하면 담영은 「중론서」에서 다음과 같이 설해서 『중론』의 요지가 이제에 있다고 주장하였기 때문이다.

> 그 논의 뜻을 세우면, 말로서 다하지 못할 것이 없고, 법으로서 다하지 못할 것이 없다. 그러나 그 요점을 모아보면 이제二諦로 모여서 통하게 된다. 진제이기 때문에 유有인 것이 아니고, 속제이기 때문에 무無인 것도 아니다. 진제로서 유가 아니므로 무이지만 유이고, 속제로서 무가 아니므로 유이지만 무이다. 유이지만 무이므로 유에 묶이지 않고, 무이지만 유이므로 무에도 머물지 않는다. 무에 머물지 않으므로 단멸斷滅의 견해가 사라지고, 유에 묶이지 않으므로 상주常住 등의 응어리가 영원히 소멸한다. 이와 같이 여러 극단이 사라지기 때문에 중中이라고 부른다. (대정 제55권, 77중)

특히 인용문 후반에는 유有와 무無는 각각 독립해서 있는 것이 아니라, 유는 무에 뒷받침된 유이고, 무는 유에 뒷받침된 무라는 소위 '유무상즉有無相卽의 이제

二諦'가 설해지고 있는데, 이와 같은 유무상즉의 이제는 이후 길장의 사상에서 중핵이 된다.

3.
길장과 이변중관설

1) 이변중관설

이토우伊藤隆壽 박사가 『중론』에 대한 『청목석』 및 한역자 라집의 불교사상이 '이변중관설'이라고 지적하였던 것은 이미 설했다. 이토우 박사는 마츠모토松本史朗 박사의 연구에 따라,[11] 이변중관설離邊中觀說을 다음과 같이 설명한다.

> '이변중관설'이란 '유有도 아니고, 무無도 아니라는 견해'라고도 부를 수 있는 것으로서, "최고의 실재는 유라고 말하는 것도, 무라고 말하는 것도 불가능하여, 일체의 언어와 분별과 극단을 떠나 있다."고 설하는 것이다. (이토우 논문, p.5)

마츠모토 박사는 쫑카파(1357-1419)의 불교 이해를 높이 평가하고, 그의 입장에 따라 '이변중관설'을 비판했지만,[12] 그와 동시에 인도 티벳불교에서 중관사상의 주류가 이변중관설이었던 것도 논증하고 있다. 그에 따라 이토우 박사는 이렇게 말한다.

> 쫑카파 이외의 모든 『중론』 주석자가 이변중관설을 입장으로 한다고 하는 것은

그것이 나가르주나의 게송으로부터 유래하는 것을 넌지시 이야기하는 것이다. (이토우 논문, p.14)

또 그는 이렇게 말하고 있다.

청목의 중관사상이 '이변중관설'이라는 것이 분명하게 되었다. 또한 『청목석』에 의해서 『중론』을 공부하고, 중관사상을 몸에 익혔을 라집도 동일한 입장에 있는 것을 확인할 수 있다. (이토우 논문, p.15)

중국의 중관사상 전개를 고찰할 경우, 이 지적은 매우 중요하다고 생각된다. 왜냐하면 『청목석』을 포함한 라집역의 한역 『중론』으로 중관사상을 배운 사람들은 필연적으로 그들의 사상적 영향하에 있다고 생각할 수 있기 때문이다.

그것은 어쨌든 현대에 『중론』의 대표적 연구자인 우류우즈 瓜生津隆眞 박사는 자신의 저서에서 이렇게 말한다.

나가르주나는 대승불교에서 공空은 유도 아니고 무도 아니라는 것을 강조하여, 그것을 이론적으로 밝히고자 노력했다. 즉 그는 유라든가 무라고 생각하는 것은 분별의 입장에 사로잡혀 있기 때문이고, 유와 무의 대립을 넘어선 곳에 사물의 진실상이 있고, 그것이 공이라는 것을 분명히 했던 것이다.[13] (밑줄=필자)

이 설명은 앞에서 마츠모토의 학설에 따라 설해진 이토우 박사의 설명과 잘 부합한다. 우류우즈 박사는 그와 같은 용수의 입장을 보여주는 대표적인 문장으로서 다음과 같은 『중론』의 게송을 지적한다.[14] 지금 『청목석』을 라집역에 따라 제시하면 다음과 같다.

"불타는 능히 유와 무를 소멸하신다. 가전연을 교화하시는 경전에서 '유도 떠나고 무도 떠나라.'고 설한 것과 같다." (15-7) 『산타가전연경』 중에서 불타는 정견正見의 의미가 유와 무를 떠나는 것이라고 설하셨다. 만약 제법 가운데 [어떤 것이] 조금이라도 결정적으로 존재한다면, 불타는 응당 유와 무를 논파하지 않았을 것이다. 만약 유를 논파하면 사람들은 무라고 말한다. 불타는 여러 법상法相에 통달하시기 때문에, 그 두 가지는 모두 존재하지 않는다고 설하신다. 그러므로 그대는 응당 유견有見과 무견無見을 버려야 할 것이다. (제3권, 「관유무품」, 대정 제30권, 20중)

길장은 이것을 『중관론소』 제7권의 말미에서 이렇게 주석한다.

'불타는 능히 유와 무를 소멸하신다.' 이하는 두 번째로 경經을 인용해서 유무有無를 버리도록 권한 것이다. 외인外人이 '논주 스스로 유와 무를 논파하니, 어찌 반드시 믿을 수 있겠는가?'라고 말할 것을 두려워한 것이다. 그러므로 이제 불타가 친히 권한 것을 보였으니, 마땅히 그것을 받아들여야 함을 밝힌 것이다. (대정 42권, 112하)

또 길장은 「관유무품」에 대한 주석의 첫머리에서도 다음과 같이 말하고 있다.

유와 무는 여러 가지 견해의 근본이고, 중도를 장애하는 뿌리이다. '여러 견해의 근본'이라는 것은 유무를 원인으로 하여 단상斷常이 이루어지고, 단상을 원인으로 하여 62견見이 생하는 것과 같다. 그러므로 유무는 여러 견해의 근본이다. 만약 유와 무의 병이 일어나면 여러 가지 병이 함께 일어난다. 유무가 소멸하면 여러 근심이 모두 소멸한다. '중도를 장애하는 뿌리'라는 것은 알기 쉽게 말하면 일체의 인과因果가 모두 중도라는 것이다. (대정 42권, 111중)

즉, 여기서는 유와 무가 여러 가지 잘못된 견해의 뿌리이고, 중도의 장애가 되는 근본이며, 유와 무에 의해서 여러 병이 일어나는 것이고, 유와 무가 멸하면 여러 근심도 멸한다고 말하고 있다.[15] 앞의 해당 게송에 대한 주석을 포함하여,[16] 여기서도 소위 '이변중관설'이 설해지고 있는 것을 다시 확인할 수 있다.

2) 소착所著과 소박所縛

이상과 같이 길장의 중관사상이 '이변중관설'에 입각해 있다는 것은 이토우 박사의 지적에서도 분명하지만, 이제 길장의 저서에 따라 논구해보고자 한다.

길장은 『삼론현의』에서 '마음에 소착이 있으면, 어떤 과실이 있는 것인가?'라는 물음에 대해서 다음과 같이 답하고 있다.[17]

묻는다. 마음에 소착이 있으면 어떤 잘못이 있는가?
답한다. 만약 소착所著이 있으면 소박所縛이 있으니, 생로병사의 우비고뇌를 해탈하지 못한다. (중략) 삼세의 제불은 육도 중생의 마음에 소착이 있기 때문에 출세하여 경을 설했고, 사의四依의 개사開士는 대소 학인學人의 마음에 소의所依가 있기 때문에 출세하여 논을 지었다. 그로므로 유의유득有依有得을 생사의 뿌리

라 하고, 무주무착無住無著을 경론의 대종大宗이라고 한다. (대정 제45권, 7상)

여기서 말해지고 있는 것은 다음과 같은 의미이다. 즉, 마음에 집착하는 바가 있으면 속박이 있는 것이기 때문에, 그런 상태에서는 생로병사의 우비고뇌로부터 해탈하는 것이 불가능하고, 삼세의 제불은 육도에 침륜하는 소착하는 중생을 구제하기 위하여, 이 세간에 출세해서 경을 설한 것이고, 사의의 보살(=용수와 제바)은 마음에 소의가 있는 대소승을 배우는 사람들을 위하여, 세간에 출세해서 논을 지었다는 것이다. 그리고 길장은 '유의유득'이 생사의 근본이고, '무주무착'이 경론의 대종이라고 주장하고 있다.

『법화유의』와 『법화통략』에는 다음과 같은 기술이 있는데, 그것을 보면 '유의유득'과 '무주무착'의 의미가 더욱 분명해진다. 이제 관련된 기술과 함께 그것을 제시하면 다음과 같다.

ⓐ 『법화유의法華遊意』 (대정 제34권, 644상)

그러므로 고해에 떠도는 것은 주착住著을 원인으로 하고, 피안에 초연한 것은 무득無得을 뿌리로 삼는 것을 알아야 한다. 그러나 누근累根, [즉 번뇌의 뿌리]는 하나가 아니기 때문에 전도顚倒를 멈추는 데에는 여러 문이 있다.[18]

ⓑ 『법화통략法華統略』 권상본 (만속장, 제43권, 2우상)

누근累根이란 취착取著을 말하는 것이다. 상相을 취하기 때문에 번뇌가 생하고, 번뇌에 근거하여 업을 일으키고, 업으로 인하여 고苦에 도달하게 된다.

ⓒ 『법화현론 法華玄論』 제2권 (대정 제34권, 381중)

즐김이 있으면 마음에 의지함이 있게 되고, 마음에 의지함이 있으면 소득所得이 있다고 한다. 소득이 있는 것이란 소박所縛이 있는 것을 말하는 것이다. 소박이 있는 것은 여러 속박의 창고이고, 온갖 고통이 무성한 정원이다.

위의 기술 가운데 『삼론현의』의 '유의유득'은 ⓐ『유의』의 '주착住著'에, '무주무착'은 '무득無得'[19]에 대응한다. '누근'은 ⓑ『통략』에서는 '취착'으로 되어 있기 때문에, 그것은 『삼론현의』의 '소착'에 대응한다. 그리고 『삼론현의』에서는 '소착'이 있으면 '소박'이 있다고 했기 때문에, ⓒ『현론』에서는 '소박이 있는 것은 여러 속박의 창고이고, 온갖 고통이 무성한 정원이다.'라고 말한 것이다. 그런데 ⓐ『유의』는 '누근累根, [즉 번뇌의 뿌리]는 하나가 아니기 때문에 전도顚倒를 멈추는 데에는 여러 문이 있다.'고 말한다. 다음에 그 점에 대해서 더욱 논해보기로 한다.

3) 교문에 여러 종류가 있다

『삼론현의』에는 다음과 같은 기술이 있다.

ⓓ 대략 대소승경을 논함에 모두 하나의 길을 밝히고자 하기 때문에, 무득無得의 정관正觀을 가지고 근본으로 삼는다. 그러나 소승교는 아직 정관에서 멀리 떨어져 있기 때문에, 사제교四諦敎를 가지고 근본으로 삼는다. 대승은 곧바로 정관을 밝히기 때문에, 여러 대승 경전은 모두 불이不二의 정관을 가지고 근본으로 삼는다. 그러나 대체로 방편을 사용함이 다르기 때문에 여러 부파의 차별이 있으니, [그것은] 응설應說과 불응설不應說을 밝히는 것과 같다. 금석今昔

의 개회開會를 『법화』라 하고, 여덟 가지 전도를 논파하고, 상주常住와 무상無常의 사용을 밝힌 것을 『열반』이라 한다. [그러나] 불이의 정도正道를 지극히 논하면 그 차이가 없어지니, 경에 있어서 그와 같고 논에 있어서도 그와 같다. (대정 45권 10하)

결국 여기서는 모든 대소승의 경전이 모두 하나의 길을 밝히고, 무득정관無得正觀을 근본으로 하고 있다고 하여, 여러 대승 경전도 마찬가지로 불이정관不二正觀을 근본으로 하고 있음을 설하고 있다. 여기서 말하는 무득정관이 불이정관과 동일한 의미인 것은 분명하다. 즉, 길장은 많은 경전이 그 근저에서 무득정관과 불이정관을 설하고 있다는 점에서 공통이지만, 다만 방편의 사용에서 다른 점이 있을 뿐이고, 예를 들면 개회開會를 설하는 『법화경』과 여덟 종류의 전도를 파척하거나, 상주와 무상에 대해서 설하는 『열반경』 등에서 표면적인 상위相違가 발견된다고 해도, 그 모든 경전들이 근저에서는 불이정도不二正道를 논하고 있음에 변함이 없다고 주장하는 것이다.[20] 즉, 중생들의 누근累根은 하나가 아니기 때문에, 그것을 대치하는 경전도 하나가 될 수 없으므로, 교문敎門은 여러 가지가 있다고 하는 것이다(기술ⓐ 참조).[21] 그리고 길장은 그것이 경만이 아니라, 논에도 해당한다고 주장한다. 그리고 그와 같은 주장은 다음의 『백론서소』를 볼 때 더욱 명료하다.

ⓔ 일체의 논은 모두 중도를 밝히고, 정관을 밝힌다. 그러므로 일체의 논은 모두 하나의 논이다. 일체의 경도 또한 모두 중도를 밝히고, 정관을 밝힌다. 그러므로 일체의 경은 모두 하나의 경이다. 또한 일체의 경은 그대로 일체의 논이다. 경과 논은 모두 도道를 드러내기 위한 것이기 때문이다. 도에 둘이 없는데,

어떻게 경과 논에 다름이 있겠는가? (대정 제42권, 232하)

즉, 길장은 여기서 분명히 '일체의 논은 모두 하나의 논', '일체의 경은 모두 하나의 경'이라고 주장하고 있다. 『백론서소』에서는 이에 계속해서 다음과 같이 문답을 설정하고 있다.

ⓕ 묻는다. 일체의 경이 모두 하나의 경이라면, 무슨 이유로 여러 경전과 여러 논서가 있는 것인가?
답한다. 대개 여러 불타는 연緣에 따라 전세轉勢해서 설법하신다. 그러므로 여러 경전이 있는 것이다. 사의四依도 전세해서 설법하기 때문에 여러 논서가 있는 것이다. 마치 하나의 음식을 병자에게 맞추어 맛을 변화시키는 것과 같다. (대정 제42권, p.232하)

이처럼 길장은 일체의 경이 하나의 경이라면 어째서 여러 경전과 여러 논서가 있는가라는 물음에 대하여, 여러 불타는 중생을 위하여 여러 가지로 설법하기 때문에 여러 경전이 있고, 사의四依의 보살들도 여러 가지로 설법하기 때문에 여러 논서가 있는 것인데, 그것은 마치 의사가 병자에 따라 음식을 조절하는 것과 같다고 답하고 있다.[22]

4) 언설에 대한 불신

그런데 길장은 『중관론소』 제2권본에서 스승인 흥황사 법랑法朗(507-581)의 언급으로서 다음과 같은 흥미로운 언급을 소개하고 있다.

ⓖ 스승은 이렇게 말한다. '무릇 말이 있는 것은 모두 병을 치유하기 위한 것이다. 병이 나으면 말도 다한다. 우박이 풀에 내려 풀이 꺾어지면, 우박도 사라지는 것과 같다.' 또한 말을 지켜서 깨달음을 얻지는 못한다. 말을 지켜서 깨달음을 얻는다면 다시 병이 되어 해탈을 얻지는 못할 것이다. (대정 42권, 27중)

즉, 법랑에 의하면 불교의 여러 가지 교설은 모두 중생의 병을 치료하기 위한 것이고, 병이 나으면 교설은 무용無用이 된다는 것이다. 그것은 비유하면 우박이 내려 풀을 때리면 풀이 마르게 되고, 그와 함께 우박도 사라지는 것과 같다. 따라서 언설에 붙잡혀서 이해를 따르려고 해서는 안 된다. 철저하게 언설에 의해서 이해를 얻으려고 한다면, 또한 거기서 병을 얻는 것이 되어서, 결코 해탈을 얻지 못하게 된다는 것이다. 또한 '석론에서 말하기를'[23]이라고 하여 동일한 비유를 이야기하고 있는 『법화현론』에서는 다음과 같은 논의가 전개되고 있다.

ⓗ (앞에서는) 무無를 빌려서 유有를 나가도록 하였다. 유의 병이 이미 나았으니, 무도 머물지 않는다. 『석론』에서 말하기를 '눈과 서리에 풀이 죽는다. 풀이 죽으면 눈도 사라지는 것과 같다.'고 하였다. 만약 능히 양 극단을 떠나면 묘한 깨달음이라고 말하게 된다.

묻는다. 유와 무를 모두 떠나면, 두 가지 견해가 모두 생겨나지 않을 것이다. 그러므로 비유비무非有非無를 밝히면, 그것은 우치愚癡의 론이 될 것이다. 답한다. 처음에는 유에 머물고, 다음에는 무에 물든다. 이제 그 두 병이 모두 사라지니, 오히려 쌍비雙非의 병이 일어난다. [이로써] 중생이 곳곳에서 말에 집착하는 것이 분명하다고 할 수 있을 것이다. 만약 능히 양 극단을 떠나고 중도에도 집착하지 않으면, 비로소 의지하는 바 없이 묘한 이치와 하나되어, 반본返本의 도가 분명하게 드러났다고 할 것이다. (대정 34권 381하)

인용문에 의하면 무를 설한 것은 유라는 병을 대치하기 위한 것이고, 유라는 병이 치유되면 무에도 머물러서는 안 된다고 말하고 있다. 유와 무라는 양 극단을 멀리 떠나고, 다시 중도에도 머물지 않을 때, 텅 비어 의지하는 바 없지만, 도리는 스스로 현묘하게 일치하는 것이고, 근본으로 돌아가는 도는 여기서 분명하게 되는 것이라고 설하고 있다. 여기서 말하는 '비로소 의지하는 바 없이 묘한 이치와 하나되어, 반본返本의 도가 분명하게 드러났다.'고 하는 문구는 승조의 「백론서」[24]에서 원용한 것이다. 요컨대 기술 ⓖ와 ⓗ에서는 유와 무에 붙잡혀서는 안 된다는 것, 병이 나으면 약도 버려진다는 것, 언어에 붙잡혀서 이해를 쫓아가려고 해서는 안 된다는 것이 강조되고 있는 것이다. 이와 관련해서 『삼론현의』와 『중관론소』에는 다음과 같은 기술이 있다.

ⓘ 만약 마음에 내외內外가 있고, 생각이 대소大小에 의지하면, 곧 편사偏邪에 떨어져 정리正理를 잃게 된다. 이미 정리를 잃었으니 정관正觀이 일어나지 않는다. 정관이 일어나지 않으면 단상斷常이 소멸하지 않는다. 단상이 소멸하지 않으면 고통이 끊어지지 않는다. 내외가 모두 모두 고요해지고, 대소가 모두 사라지면 처음으로 정리正理라고 부른다. 정리를 깨달으면 정관이 일어난다. 정관이 일어나면 희론이 소멸한다. 희론이 소멸하면 고통도 사라진다. 삼론三論의 대종大宗과 의미는 이와 같다. (대정 45권, 6하)

ⓙ 본래 유有의 병에 대해서 무無를 설한 것이니, 유의 병이 소멸하면 공空의 약藥도 소용이 없다. 곧 성도聖道에는 일찍이 유와 무가 없었음을 알게 되니, 어떻게 망설임이 있겠는가? (대정 45권, 6하)

ⓚ 성인이 세간에 일으키고, 베푼 것들을 찾아보면 중도를 드러내기 위한 것이다. 중[도]를 원인으로 하여 관觀을 일으켜 여러 번뇌를 멸하도록 한 것이니, 만약 언어에 집착한다면 불타의 뜻을 해치게 될 것이다. (대정 제42권, 32상)

기술 ⓘ에서는 마음이 불교 내외에 머물고, 생각이 대소승에 의지하면, 편협한 사견邪見에 빠지게 되어 정리를 잃게 되고, 정리를 잃으면 정관이 일어나지 않으며, 정관이 일어나지 않으면, 단상의 2견이 소멸하지 않아서 윤회의 고통이 영원히 끊어지지 않는다고 설하고 있다. 이것은 기술 ⓒ와도 호응한다. 그리고 길장은 '삼론의 대종'이란 그 반대의 흐름에 따르는 자라는 것을 설하고 있다. 이로 미루어 길장에게 중요한 것은 '마음이 머물지 않는 것'과 '생각이 의지하지 않는 것'임을 알 수 있다. 이것이 기술 ⓘ에서는 '내외가 모두 모두 고요해지고, 대소가 모두 사라지면'이라고 표현되었다.

기술 ⓙ가 기술 ⓗ와 같은 이야기라는 것은 발견하기 어렵지 않다. 기술 ⓚ는 성인이 이 세간에 일으킨 것을 찾아보면, 그것은 중도를 드러내기 위한 것이라고 하며, '중中'에 의해서 '관觀'을 일으켜서, 여러 번뇌를 소멸하는 것이고, 만약 언어에 붙잡혀 집착한다면, 그것은 불타의 뜻을 손상하는 것이 된다고 말하고 있다. 길장의 주장은 일관하고 있어서, 그가 주장하는 의도가 어디에 있는가 하는 것을 분명하게 파악할 수 있다.

4.
길장의 사중이제설

길장의 이제설에 대한 특징적인 학설은 '사중이제설 四重二諦說'이다. 이것은 길장의 초기 저술인 『이제의』와 『법화현론』이 주로 강남 江南의 성실학파 成實學派를 대상으로 하여 삼중이제설 三重二諦說을 설했던 것에 비하여, 그 만년에 지론학파와 섭론학파를 대상으로 하여 더욱 가중해서 설한 것으로서, 『중관론소』에서 설해진 것이다. 그 책의 제2권 말미의 언급을 바탕으로[25] 그의 사중이제설을 그림으로 그리면 다음과 같다.

[길장의 사중이제설]

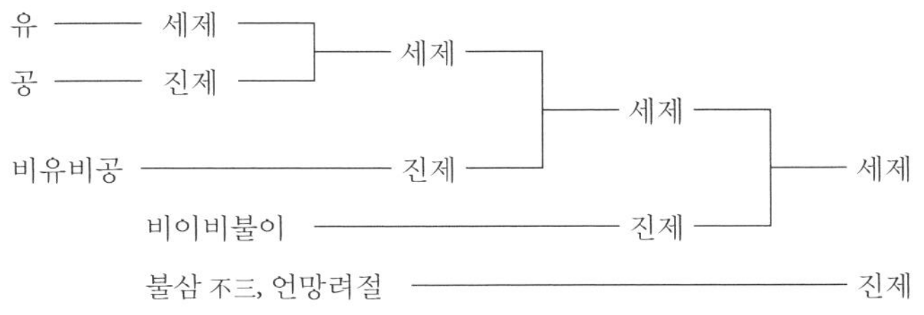

길장은 이 사중이제설이 설해진 이유를 다음과 같이 설명한다.

① 묻는다. 무슨 이유로 이 사중이제 四重二諦를 지었는가?
답한다. 이근 利根인 사람은 첫 번째 [이제 二諦]를 듣고서 정도 正道를 깨달으며, 뒤의 두 가지를 기다리지 않는다. 중근 中根인 사람은 첫 번째 [이제]를

> 듣고서 깨닫지 못하고, 두 번째 [이제]를 듣고서 도에 들어간다. 하근 下根인 사람은 세 번째 [이제]에 이르러 처음으로 이해하게 된다.
>
> 또한 경론을 주석하기 위해서이다. 경론 가운데 혹은 이렇게 말한다. '유는 세속이고, 공은 제일의이다.' 『대품』에서 이렇게 말하는 것과 같다. '보살은 이제 二諦 가운데 머물면서 중생을 위해서 설법한다. 유 有에 집착하는 자에게는 공 空을 설하고, 공에 집착하는 자에게는 유를 설한다.' 이것이 초중 初重의 의미이다. 또한 『대품』은 이렇게 말한다. '혹은 유 有라고 혹은 무 無라고 세제로서 설하지만, 비유비무 非有非無가 제일의제이다.' 이것은 이중 二重의 의미이다. 또 『화엄』은 이렇게 말한다. '불이 不二의 법에도 집착하지 않는다. 일이 一二가 없기 때문이다.' 이것이 삼중 三重의 의미이다.
>
> 또 『화엄』은 이렇게 말한다. '자세히 여러 법을 분별해보면, 자성은 존재하지 않지만, 가명 假名으로 설하여, 세제 世諦의 의미를 남김없이 분별하고자 한다. 보살은 이를 원인으로 하여 초발심 初發心을 일으킨다. 일체의 여러 법은 언어가 끊어져 있고, 심행 心行이 적멸하여 허공과 같으니, 진제 眞諦의 의미를 남김없이 분별하고자 한다. 보살은 이를 원인으로 하여 초발심을 일으킨다.' 이것은 일체의 언설을 가지고 세제로 하고, 언망려절 言妄慮絕을 제일의제 第一義諦로 한 것이니, 이것이 제사중 第四重의 의미이다. (대정 42권, 28중)

즉, 위의 언급에 의하면 근기가 예리한 사람은 유 有를 세속으로 하고, 공(空=無)을 제일의제로 하는 제1중에서 깨닫지만, 그것에 집착하는 중근기 中根機의 사람은 제2중에서, 또한 하근기 下根機의 사람은 제 3중에서 깨닫는다는 식으로 차례로 진행해가는 것이다. 이것을 길장은 여러 경론에[26] 배대해서 설명하고 있다. 히라카와

平川彰 박사는 이 사중이제설을 설명하면서 이렇게 말한다.

> 제4중의 이제 二諦는 제3중의 이제를 합해서 속제로 하고, 비비불유 非非不有·비비불공 非非不空을 진제로 한다. 이 진제는 진여가 언어의 표현을 넘어선 것을 보여주는 것이고, 언어로 표현하고자 하는 입장을 모두 버리는 것을 보여주는 것이다. 그러나 거기에도 집착이 있다면 다시 제5중, 제6중, 나아가 무한의 부정이 설해지게 될 것이다. 그러나 깨달음은 초중 初重에서도 깨달을 수 있다.[27]

히라카와 박사의 설명은 길장의 의도를 훌륭하게 포착하고 있다고 생각된다. 요컨대 '사중이제설'이라고 해도 그것은 형식상의 것이고, 중생의 집착은 다함이 없기 때문에 집착이 무거우면 무한의 부정이 계속된다는 것이다. 길장은 이와 같은 중생의 상태를 『중관론소』에서 『열반경』에서 설해지는 '보굴충'의 비유를 인용하면서[28] 다음과 같이 말하고 있다.

> ⓜ 지금 외인은 논주의 논파를 붙들어서 [자신의] 입장으로 삼는다. 그러므로 논파되지 않으면 유 有에 집착하고, 논주의 논파를 들으면 무 無에 집착한다. [중생은] 무시 이래로 번뇌의 죄가 무거워서 소의 所依를 없애기가 어렵다. 그러므로 『열반경』에서 말하기를 '중생은 보굴충 步屈虫처럼 요컨대 유有를 원인으로 하여 무견 無見을 일으키고, 무 無를 원인으로 하여 유견 有見을 일으킨다.'라고 하였다. 또한 중생은 일체법 중에서 유견과 무견을 일으킨다. 이제 [중생은] 허공이라는 한 법 法에 대해서 유와 무의 견해를 일으킨다. [그러나] 유견과 무견을 일으키는 것은 중도를 장애하는 뿌리이다. (대정42권, 72상)

이 언급 ⓜ은 『중관론소』의 다음 언급과 함께 읽을 때, 그 의미가 더욱 분명해진다.

ⓝ 또한 불성佛性은 곧 중도이다. 불타가 '내가 이전에 중도를 불성이라고 말하지 않았던가? 그대는 무슨 이유로 그 뜻을 모르고 다시 묻는 것인가?'라고 가섭을 꾸짖은 것과 같다. 또한 중도는 불타의 법신이다. 이와 같이 일승一乘의 실상實相은 모두 중도이다. [그런데] 이제 유有와 무無[의 견해]를 일으켜 단斷과 상常을 이루니 중도를 장애하는 것이다.

또한 여래는 항상 이제二諦에 의지해서 설법하신다. 그러나 이제는 인연의 공空과 [인연의] 유有이다. 그러나 외인은 유有를 듣고 유라고 이해하니 자성自性의 유가 되고, 무無를 듣고 무라고 이해하니 자성의 무가 된다. [그러나 그와 같은 유와 무는] 이제二諦를 훼손한다. 이제를 훼손하면 두 가지 지혜가 생겨나지 않으니, 삼세三世의 여러 불보살이 없어진다. [중생들은] 이와 같은 병이 매우 깊으니 거듭 논파하는 것이다. (대정42권, 111중)

여기서는 불성佛性이 중도中道라고 규정되어 있는 것이 주목된다. 또한 중도는 법신法身, 일승一乘, 실상實相과 동의어로 되어 있는 것을 알 수 있다. 삼론학파가 목표로 했던 '인연상즉因緣相卽의 이제'란 이미 언급했던 것처럼 유有에 바탕을 둔 무(=空), 무無에 바탕을 둔 유이지만, 외인은 유라고 듣고서 그것을 고정적인 유라고 생각하고, 무라고 듣고서 그것을 고정적인 무라고 집착하기 때문에, '인연상즉인 이제'의 의미를 훼손한다. 그리고 이제를 훼손하면 두 가지 지혜가 생겨나지 않는다는 것이다.

5.
길장의 중관 이해와 불성

그런데 길장이 활약했던 수隋의 시대는 전대前代의 열반학파의 유행을 받아들여 『열반경』이 널리 유포되고, 또한 천태 지의智顗의 강설의 영향 때문에 법화학이 융성하였던 시대였다. 길장은 그와 같은 불교계의 상황을 무시하지 않고, 삼론과 함께 법화의 해석에 힘썼고, 그의 교학에 『열반경』의 영향이 컸던 것은 이미 지적되어 있다.[29] 따라서 당연한 것이지만 기술 ⓝ에서 발견되는 것처럼 그의 중관 해석에도 『열반경』이 큰 영향을 주었던 것은 필연적인 것이었다.

예를 들면 다음과 같은 『승만보굴』의 언급은 길장에 있어서 반야 공관과 불성설의 융합을 보여주는 좋은 예로서 지적되는 유명한 문구이다.

> ⓞ 또한 파야波若를 설하기 위하여 불성을 설한다. 파야는 중도의 지혜이다. 중도의 지혜는 중생들이 유有와 무無의 두 가지 견해를 멀리 떠나도록 한다. [또한] 생사 가운데 허망한 자아가 없는 것을 알도록 하여 유견有見을 멈추고, 여래장이 있는 것을 [알도록 하여] 무견無見을 멈추도록 한다. (중략) 이와 같은 여러 인연으로 여래장을 설하는 것이니, 이것이야말로 불법佛法의 대의이다. (대정37권, 67중)

여기서 길장은 불성(=如來藏)을 설하는 것은 반야(=波若)를 설하기 위한 것이고, 반야는 곧 중도의 지혜에 다름 아니며, 중도의 지혜는 중생을 유有와 무無의 두 가지 견해를 멀리 떠나도록 하지만, 그것은 무아無我에 의해서 유견을 멈추고, 여래장에 의해서 무견을 멈추는 것이라고 말하고 있다. 또한 길장은 이와 같은 인연에 의해서 여래장이 설해졌으며, 그것이 '불법의 대의大意'라고 말하고 있다.

또한 『법화유의』에서는 『법화경』이 중도를 밝히고 있다고 하는 다음과 같은 기술이 있다.

> ⓟ 도道는 일찍이 편偏과 중中이었던 적이 없다. 다만 이전의 편병偏病을 대치하기 위하여 중中이라고 설한 것이다. 그런 이유로 예전에 오[승五乘이] 아님을 드러내기 위하여 오승을 설한 것이다. 이미 오[승]이 없으니 오[승]이 아닌 것도 없다. 본성本性은 적연寂然하여 의지하는 바가 없으므로 중도라고 부른다. 중도는 곧 묘법妙法이다. 다만 품교稟教의 무리들은 [불타가] 예전에 오승을 설한 것을 듣고서, 오승이 다르다고 이해했기 때문에 여러 극단에 떨어진 것이다. 인승人乘과 천승天乘을 받은 자는 생사生死의 극단에 떨어지고, 성문[승]과 연각승을 구하는 자는 열반의 극단에 떨어지며, 삼장교三藏教를 공부하는 자는 소[승]의 극단에 떨어지고, 마하연을 배우는 자는 대[승]의 극단에 떨어지며, 지금 일승一乘을 듣고서 일승이라고 이해하는 자는 일[승]의 극단에 떨어진다. <u>이제 이와 같은 여러 극단을 논파하여 마음에 집착이 없도록 하니, 그것이 곧 『묘법연화경』이다.</u> 그러므로 중도라고 부르는 것이다. (대정34권, 635하)

여기서는 '본성이 적연하여 의지하는 바가 없는 것'이 중도로 되어 있지만, 그것은 지금까지 본장에서 여러 가지로 확인해왔던 것이다. 그리고 여기서는 각각의 승乘에서 극단에 떨어지는 것을 파척하고 있고, 특히 일승一乘조차도 그것을 듣고서 그것에 집착하면 파척되어야 한다고 하는 것은 '사중이제설四重二諦說'에서 보았던 논법과 동일하다. 또한 그것은 '이변중관설離邊中觀說'의 특색으로 되어 있는 '어떤 올바르다고 생각되는 견해도 부정하는 것'에 해당할 것이다. 다만 그와 같은 무한의 부정을 계속해 나가면 도미노처럼, 부정이 반복되어 결국 일체가 긍정되어지게 될 것이다.

또 길장은 『십이문론소』에서는 삼론의 어디에 일승을 설한 증거가 있는가라는 물음에 대하여 다음과 같이 답하고 있다.

> ⑨ 답한다. 『중론中論』「사제품四諦品」에서 말하기를 '세존은 이 법이 심심미묘상深深微妙相이어서, 둔근鈍根은 미치지 못할 것을 아셨기 때문에 설하지 않으려고 하셨다.'라고 하였다. 이는 곧 『법화』의 문구와 같다. 법화는 또한 처음 성도할 때의 『화엄』에 대한 일을 서술한다. 화엄과 법화는 『중론』 속에 있음을 분명하게 알아야 한다. 또한 게송에서 말하기를 '비록 부지런히 정진하여 보리도菩提道를 수행한다고 해도, 먼저 불성佛性이 없다면 끝내 성불하지 못할 것이다.'라고 하였고, 장행석에서 말하기를 '철에는 금金의 본성이 없으니, 단련한다고 해도 끝내 금이 되지는 못할 것이다.'라고 하였다. 이는 곧 불성에 대한 문구이다. [또한] 「관여래품」은 법신이 사구四句를 끊어 없애고, 백비百非를 넘어선 것을 밝혀, 『열반경』의 「금강신품」과 다를 바가 없으니, 이것이 곧 법신에 대한 문구이다. (대정42권, 177중)

길장에 의하면 『중론』 「관사제품」 제12송(대정30권 33상)은 심심미묘한 법을 설한 유명한 『법화경』 「방편품」의 교설과 의미에 있어서 동일하고, 『법화경』은 초성도 初成道의 일을 설하는 것이기 때문에, 『화엄경』의 교설을 함의한다. 따라서 『중론』에는 『법화경』과 『화엄경』의 의미가 모두 포함하고 있는 것이 된다. 여기서 길장이 『법화경』이 『화엄경』과 동일하게 초성도의 일도 설하고 있다고 말하는 것은 필시 『법화경』이 근본 법륜을 설하고 있음을 가리키는 것이라고 생각된다.[30] 계속해서 길장은 『청목석』 「관사제품」 제32송을 인용해서 증명하고,[31] 그것이 『중론』에서 불성이 설해지고 있는 가장 중요한 증거라고 주장한다. 그러나 여기서 길장이 불성을 포착한 「관사제품」의 '若先無佛性'에 대응하는 산스크리트문이 소위 '불성'의 원어에 상당하지 않는다는 것은 이미 기무라 木村清孝 박사가 지적했던 것과 같다.[32] 따라서 여기서 불성을 포착한 길장의 해석은 산스크리트 원전을 존중하는 한에 있어서는 정확하지 못한 것이라고 말하지 않으면 안 될 것이다. 그러나 필자는 '若先無佛性 云何得成佛'이라는 한문 번역과 『청목석』을 읽고 거기서 불성을 파악한 길장의 해석이 반드시 부당하다고는 생각하지 않는다. 그것은 오독 誤讀이라기보다는 오히려 한역으로밖에 불교를 공부할 수 없었던 당시 중국불교의 숙명이었다고 생각된다. 계속해서 길장은 『중론』이 「관여래품」에서 '법신이 백비 百非를 넘어서고, 사구 四句를 끊어 없앤 것'[33]을 밝힌 것이 『열반경』의 「금강신품」[34]과 다르지 않음을 주장하고 있다. 결국 길장은 『중론』에 『법화경』, 『화엄경』, 『열반경』의 의미가 모두 포함되어 있음을 강조한 것인데, 그와 같은 길장의 자세는 앞에서 보았던 경론에 대한 그의 입장과 공통되는 점이 있다고 생각된다. 그와 같은 길장의 주장은 논리적이라고 말하기보다는 다소 억지스러운 느낌이 들기도 하지만, 그것이 바로 길장의 불교 이해, 혹은 중관 이해의 본모습이었던 것이다.

---

1 鎌田茂雄, 『中國佛教史』(岩波全書, 1978), p.61 참조.

2 『대지도론』에 대해서는 武田浩學, 『大智度論の研究』(山喜房佛書林, 2005)를 보라. 그리고 다케다 武田 박사의 설은 '용수 저술(라집 가필)설'이다. 『십이문론』에 대해서는 본권 제2장을 참조하라.

3 예를 들면 『십이문론』에 대해서 길장은 『십이문론소』 권상본 「관유무문」에서 다음과 같이 말하고 있다. '용수가 스스로 [지은] 삼론三論이 있다. 첫째로 『무외론』 10만송이다. 둘째로 『무외론』으로부터 그 요의要義 오백게를 가려 뽑았는데 [그것을] 『중론』이라고 부른다. [셋째로] 『십이문[론]』에는 두 가지 해석이 있다. 그 가운데 첫째는 『중론』과 마찬가지로 『무외[론]』으로부터 가려 뽑았다는 것이고, 둘째는 『중론』에서 정현精玄한 것을 뽑아서 『십이문[론]』이라고 부른다는 것이다.' 대정 제42권, 177중. 또 길장은 후문後文의 문답에서 『십이문론』이 『중론』의 뒤에 성립했다고 주장하고 있다. 대정 제42권, 177하.

4 塚本善隆, 「佛教史上における『肇論』の意義」(『肇論研究』, 法藏館, 1955)를 보라.

5 伊藤隆壽, 「鳩摩羅什の中觀思想–『青目釋中論』を中心に」, 『平井俊榮博士古稀記念論集, 三論教學と佛教諸思想』(春秋社, 2000)를 보라.

6 이것들의 서문은 다음의 책에서 현대어로 번역되어 있다. 中嶋隆藏編, 『出三藏記集序卷譯注』(平樂寺書店, 1997)를 보라.

7 현존하는 『중론』의 주석서는 길장의 『중관론소』(대정 42권, no.1824)와 그에 대한 주석인 안징의 『중관론소기』(대정 65권, no.2255), 그리고 길장의 『중관론소』에 근거해서 『중론』의 강요를 가려 뽑은 쾌헌快憲(1481-1537)의 『중관론이십칠품별석』(일본대장경·신판 51권, no.181)이 있다.

8 平井俊榮, 「三論教學の歷史的展開」, 平井俊榮監修, 『三論教學の研究』(春秋社, 1990)를 보라.

9 『中觀論疏記』에 인용된 여러 문헌에 대해서는 伊藤隆壽, 「安澄の引用せる諸注釋書の研究」, 『駒澤大學佛教學部論集』 제8호(1977)를 보라.

10 平井俊榮, 「中論疏記引用の中論注釋書」, 『印度學佛教學研究』 제21권 제2호(1973) 및 미주 9)에서 소개한 이토우伊藤의 논문을 보라.

11 松本史朗, 『チベット佛教哲學』 제6장 「離邊中觀說について」(大藏出版, 1997); 『緣起と空—如來藏思想批判』 「二 緣起について」(大藏出版, 1989), p.84 주 30); 그리고 末光愛正, 「吉藏の「無礙無方」について」, 『駒澤大學佛教學部論集』 제16호(1985년 10월)를 보라.

12 이토우伊藤 박사는 앞에서 소개한 논문에서 마츠모토松本의 설에 따라 '쫑카파의 이변중관설 비판에 의하면 이변중관설을 설하는 사람들은 좋은 분별과 나쁜 분별을 모두 부정한다고 되어 있으므로, 무분별을 중시하여 어떤 올바르다고 생각되는 견해도 부정한다.'라고 말하고 있다. 伊藤隆壽, 「鳩摩羅什の中觀思想–『青目釋中論』を中心に」, 『平井俊榮博士古稀記念論集, 三論教學と佛教諸思想』(春秋社, 2000), p.13.

13 瓜生津隆眞, 『ナーガールジュナ研究』(春秋社, 1985), pp.8-9.

14 우류우즈 瓜生津 박사는 '이 게송은 『중론』 총 445송 가운데 원시불교의 출전을 명시하고 있는 유일한 것이고, 그런 이유로 특히 주목되었다. 또한 이 가르침은 불타의 최초 설법으로 알려져 있는 『초전법륜경』의 중도와 깊이 관련되어 있다.'라고도 말하고 있다. 瓜生津隆眞, 『龍樹—空の論理と菩薩の道』(大法輪閣, 2004), p.11. 또한 여기서 언급되고 있는 『가전연경』은 『잡아함경』 권12, 대정 2권, 85하를 보라.

15 『중관론소』의 후문 後文에는 '또한 대소승의 학인 學人들은 유무 有無가 도를 가로막는 장애의 뿌리이고, 여러 견해의 뿌리라고 [하는 말을] 듣고서 유와 무의 두 가지 견해를 소멸하려고 한다. 이제 다시 이 사람의 병을 없애기 위하여 "유와 무는 본래 불생 不生이니, 지금 무엇이 소멸하겠는가?"라고 밝히는 것이다.'라고도 말하고 있다. 대정 42권, 111하.

16 계속해서 「관유무품」의 게송 및 그에 대한 『청목석』에서는 '결정적인 유 有라면 상주에 집착하는 것이고, 결정적인 무 無라면 단멸에 집착하는 것이다. <u>그러므로 지혜로운 사람은 응당 유와 무에 집착해서는 안 된다.</u> 만약 법이 결정적인 유상 有相을 가진다면, 끝내 무상 無相을 갖지 못할 것이다. [그러면] 그것은 상주常住가 된다. 왜인가? 그것은 삼세 三世를 설하는 자들이 미래에서 자상 自相[을 가지고] 존재하는 법, 그 법이 현재로 도달해서 왔다가 과거로 들어가지만, 본래의 자상을 버리지 않는다고 하면, 그것이 상주가 되는 것과 같다. 또 원인 가운데 미리 결과가 있다고 주장하는 것, 그것도 역시 상주가 된다. 만약 결정적으로 존재하던 것이 없어진다고 말하면, 그 무無는 반드시 이전에 있던 것이 지금은 없는 것을 말하는 것이다. 그것을 단멸 斷滅이라고 한다. 단멸이란 무상속 無相續을 말하는 것이다. <u>이와 같은 두 가지 견해 때문에 불법 佛法에서 멀어지게 된다.</u>'라고 말한다. 대정 30권, 20중. 양쪽 모두 이변중관설을 설하고 있다고 볼 수 있다. 또한 나카무라 하지메 中村元 박사는 『ナーガールジュナ』(人類の知的遺産13, 講談社, 1980), II-2 「空觀はニヒリズムか」에서 '「有·無を排斥する『中論』」이라는 항목을 세워서 『중론』이 유와 무의 두 가지 극단을 배척하고 있는 것을 보여주고 있다.

17 『중관론소』 권2본에 '무릇 마음에 유 有가 생하면 의지하는 것이 있게 되고, 의지하는 것이 있으면 속박하는 것이 있게 된다. [만약] 속박하는 것이 있으면 생로병사와 우비고뇌를 떠나지 못한다. 또한 이승 二乘을 얻지 못하면 어떻게 불도를 얻겠는가?'(대정 42권, 24하)라고 말하는 것은 본문에서 인용한 『삼론현의』의 내용과 동일한 취지이다.

18 『유마경의소』 권제1에는 '고해 苦海에 떠도는 것은 취상 取相의 사용을 근원으로 삼고, 피안 彼岸에 초연함은 무착 無著을 뿌리로 삼는다. 그러나 누근 累根은 하나가 아니기 때문에 미혹을 소탕함에도 많은 방법이 있다.'고 말한다. 대정 38권, 909중. 『유의』의 주착 住著이 취상 取相으로, 무득 無得이 무착 無著으로 되어 있지만 그 의미에는 변함이 없다.

19 앞의 주 18)에서 제시했던 『유마경의소』에서는 '무득 無得'이 '무착 無著'으로 되어 있다.

20 이와 같은 사고가 필연적으로 길장의 독자적 경전관이라고 말해지는 '諸大乘經顯道無異'로 이어지게 된다. 길장의 경전관에 대해서는 平井俊榮, 『中國般若思想史硏究—吉藏と三論學派』, 제2편 제3장 제1절 「吉藏の經典觀」(春秋社, 1976); 伊藤隆壽, 「吉藏の經典觀と時機觀」, 『日本佛教學會年報』 제49호(1984)를 보라.

21 이와 같은 사고는 『リグ·ヴェダ』 8. 58. 2의 '진리는 하나이지만, 성자들은 그것을 여러 가지로 설한다.'라는 사고와 기본적으로 동일한 것이다. 그런 사고에 대한 비판적 견해에 대해서는 松本史朗, 『佛教への道』(東京書籍, 1993), pp.16-19을 보라.

22 『승만보굴』 권상본은 다음과 같이 말한다. '또한 지극한 도道는 유일하지만, 상황에 따라 바꾸어 설법하기 때문에, 여러 문이 있게 되는 것이다. 마치 병자에 따라 음식을 조절하는 것과 같다.' 대정 37권 4하.

23 『석론』의 인용은 『대지도론』 권제43, 대정 25권, 372상을 보라. 『대반열반경』 권제1 「서품」, 대정 12권, 607중에서는 '마치 우박이 초목을 꺾는 것과 같다.'라고 말한다.

24 대정 55권, 77중.

25 『중관론소』 권제2말, 대정 42권, 28중.

26 인용되어 있는 경전은 다음과 같다. 『마하반야바라밀경』 권제25, 대정 8권, 405중; 동 권제22, 대정 8권, 378하; 『대방광불화엄경』 권제32, 대정 9권, 610상; 동 권제8, 대정 9권, 447상.

27 平川彰, 『佛典講座39, 八宗綱要(下)』(大藏出版, 1981), p.549.

28 『대반열반경』 권제8 「여래성품」에 있는 다음 문구를 참조하라. '일체법의 상주常住를 닦는 자는 단견斷見에 떨어지고, 일체법의 단멸斷滅을 닦는 자는 상견常見에 떨어진다. 보굴충(步屈蟲=자벌레)이 앞다리를 원인으로 하여 뒷다리를 옮기는 것과 같다. 상주와 단멸을 [함께] 닦는 자도 또한 그와 같다. [그것은] 단멸과 상주를 원인으로 하는 것이다.' 대정 12권, 651중. 또한 『중관론소』 권제2말에서는 중생의 마음속에 집착이 끝이 없는 것을 '보굴충'에 비유하여 다음과 같이 말하고 있다. '묻는다. 어째서 마음에 소의所依가 있는가? 답한다. 마음은 보굴충과 같다. 하나를 버리고 [다시] 하나를 취하니 무소의無所依를 얻지 못한다. 그러므로 외도를 버리면 소승에 집착하고, 소승을 버리면 대승에 집착하고, 생生을 버리면 다시 무생無生에 집착하는 것이다. 그러므로 집착하는 바가 있는 것은 팔불八不의 의미가 아니다.' 대정 42권, 32상.

29 平井俊榮, 『中國般若思想史硏究—吉藏と三論學派』, 제2편 제3장 제4절 「吉藏における『涅槃經』引用の形態と特質」(春秋社, 1976); 安井廣濟, 『中國思想の硏究』, 附錄, 「中論の二諦說と三論と二諦說」(法藏館, 1970)을 보라.

30 『법화현론』 권제1, 대정 34권, 366상–366하를 보라. 여기서 길장은 『법화경』과 『화엄경』의 특징을 14항목으로 정리하고 있다.

31 이 『중론』 「관사제품」의 게송은 길장이 즐겨 인용하는 것으로서 이에 대해서는 졸저, 『佛性思想の展開—吉藏における『法華論』受容史』(大藏出版, 2002), pp.176-178을 보라.

32 木村淸孝, 「吉藏における我と無我」, 『前田專學博士還曆記念論集, [我]の思想』(春秋社, 1991; 이 논문은 나중에 木村淸孝, 『東アジア佛教思想の基礎構造』 春秋社, 2001년에 재록)을 보라. 기무라木村 박사는 이 논문에서 '"若先非佛性"에 대응하는 산스크리트문은 "yaścābuddhaḥ svabhāvena sa ……"(또한 본성으로서 부처가 아닌 자, 그는 ……)이고, 불성佛性에 해당하는 개념을 세운 것은 아니다.'라고 지적하는데, 이것은 말할 것도 없기 기무라 박사가 지적하는 대로이다. 이와 같은

점을 의식했는지 사이구사 미츠요시 三枝充悳 박사는 『中論(下)』(レグルス文庫, p.667)에서 이 게송을 '다시 열심히 정진해서 보리도를 수행한다고 해도, 만약 먼저 부처의 자성이 없다면 마땅히 성불하지 못할 것이다.'라고 설명하고 있다. 그러나 '若先非佛性 云何得成佛'이라는 한역만을 보면, '만약 먼저 불성이 없으면'이라고 이해하는 편이 더 자연스럽다.

33 『중론』 권제4 「관여래품」 제16송, 대정 30권, 31상을 보라. 길장은 이 문구를 『중관론소』 권제9말, 대정 42권, 144상에서 다음과 같이 주석하고 있다. '곧 부처님은 사구 四句의 틀을 벗어나고 백비 百非의 밖에 머물고 있음을 말한 것이다. …… 부처님은 다만 사구만 벗어난 것이 아니라 백비를 넘어서 있다.' 그 의미는 본문에서 인용한 『십이문론소』의 경우와 동일하다.

34 『대반열반경』 권제3 「금강신품」, 대정 12권, 622하.

색인

[ㅇ]

[ㅈ]

[ㅊ]

저자 소개

사이토 아키라(齋藤明)

1950년 도쿄도(東京都)에서 출생. 도쿄(東京)대학 대학원 박사과정 단위취득 퇴학. 오스트레일리아국립대학 박사 졸업(Ph. D.) 현재 도쿄대학 대학원 인문사회계 연구과 교수.

고시마 기요타카(五島清隆)

1948년 후쿠오카현(福岡縣) 출생. 교토(京都)대학 대학원 박사과정 단위취득 만기퇴학. 현재 붓쿄(佛敎)대학 비상근 강사.

기시네 도시유키(岸根敏幸)

1963년 히로시마현(廣島縣) 출생. 도쿄대학 대학원 박사 졸업(문학박사). 현재 후쿠오카(福岡)대학 인문학부 교수.

게이라 류우세이(計良龍成)

1963년 미야기현(宮城縣) 출생. 도쿄대학 대학원 박사과정 단위취득 만기퇴학. 로잔느대학 문학부 동양언어 문화학과 박사 졸업(D. Litt). 현재 호우세이(法政)대학 법학부 교수.

아카바 리츠(赤羽律)

1972년 나가노현(長野縣) 출생. 교토대학 대학원 박사과정 단위취득 퇴학. 문학박사. 현재 오스트리아과학아카데미 아시아문화 · 사상사연구소 연구원.

미야자키 이즈미(宮崎泉)

1968년 와카야마현(和歌山縣) 출생. 교토대학 대학원 문학연구과 박사졸업. 현재 교토대학 대학원 문학연구과 준교수.

요시미즈 지즈코(吉水千鶴子)

1959년 도쿄도 출생. 도쿄대학 대학원 박사과정 단위취득 퇴학. 빈대학 박사졸업(Dr. Phil). 현재 쯔쿠바(筑波)대학 인문사회계 교수.

오쿠노 미츠요시(奧野光賢)

1958년 미야기현(宮城縣) 출생. 고마자와(駒澤)대학 대학원 박사과정 단위취득 만기퇴학. 현재 고마자와대학 불교학부 교수.

• 역자 소개

남수영

동국대학교 인도철학과를 졸업하고, 같은 대학교 대학원에서 석사 학위와 박사 학위를 취득하였다. 그 후 동경대학에서 포스트 닥터 연구원으로 근무하였으며, 현재 동국대학교와 중앙승가대학교 강사로 재직 중이다. 주요 논문으로 「초기 불교의 중도 개념 재검토」, 「중관학파와 삼론학파의 중도설과 연기설」, 「반야중관경론에서 무상정등각과 열반의 성취」, 「용수의 연기설 재검토 및 중도적 이해」, 「실유론자들의 불상부단설에 대한 용수의 비판」, 「중관학파의 공사상에서 자비의 성립과 완성」, 「인도불교에서 중관학파 공사상의 철학적 의미에 대한 연구」 등이 있고, 저 · 역서로 『중관사상의 이해 』(여래), 『용수의 중관사상』(여래), 『브리하다라냐카 우파니샤드』(여래), 『중관학파의 실유 비판 연구』(한국학술정보) 등이 있다.

시리즈 대승불교 6

공과 중관

초판발행 2015년 12월 7일
초판 2쇄 2019년 3월 7일

저 자 사이토 아키라 외
역 자 남수영
펴 낸 이 김성배
펴 낸 곳 도서출판 씨아이알

책임편집 박영지, 서보경
디 자 인 구수연, 윤미경
제작책임 이헌상

등록번호 제2-3285호
등 록 일 2001년 3월 19일
주 소 (04626) 서울특별시 중구 필동로8길 43(예장동 1-151)
전화번호 02-2275-8603(대표)
팩스번호 02-2275-8604
홈페이지 www.circom.co.kr

I S B N 979-11-5610-084-3 94220
979-11-5610-078-2 (세트)
정 가 20,000원

시리즈 대승불교 도서 안내(저자/역자/출간일/쪽수(판형)/가격순)

시리즈 대승불교 1 대승불교란 무엇인가

사이토 아키라 외 저 / 안성두 역 / 2015년 8월 / 296쪽(152*224) / 20,000원

시리즈 대승불교 2 대승불교의 탄생

사이토 아키라 외 저 / 이자랑 역 / 2016년 3월 / 280쪽(152*224) / 20,000원

시리즈 대승불교 3 대승불교의 실천

스에키 후미히코 외 저 / 김재권 역 / 2016년 12월 / 296쪽(152*224) / 20,000원

시리즈 대승불교 4 지혜 · 세계 · 언어_대승불전 I

시모다 마사히로 외 저 / 김천학, 김경남 역 / 2017년 4월 / 368쪽(152*224) / 22,000원

시리즈 대승불교 5 붓다와 정토_대승불전 II

시모다 마사히로 외 저 / 원영상 역 / 2017년 10월 / 352쪽(152*224) / 22,000원